美学基础与艺术欣赏

（第二版）

主　编　胡先祥　张永敢
副主编　沈　阳　谢昌兵
参　编　朱　琳　谢　辉
　　　　李小雨　朱梦莹
　　　　肖琼霞

华中科技大学出版社
http://www.hustp.com
中国·武汉

内容简介

本书共分两大部分。第一部分为美学基础,主要介绍美的本质与形态特征、形式美、美感等,这些都是美学理论的基本问题;第二部分为艺术欣赏,从众多的艺术门类中选取了美术、建筑艺术、景观艺术、花艺、书法艺术、音乐艺术、影视艺术等贴近大学生活实际的艺术形式做简单介绍。

本书图文并茂,语言简练,实用性、可读性强,可作为艺术设计类专业、园林设计类专业、建筑设计类专业、环境艺术设计类专业、室内设计等专业的基础课程教材。

图书在版编目(CIP)数据

美学基础与艺术欣赏/胡先祥,张永敢主编. —2版.—武汉:华中科技大学出版社,2021.9(2024.1 重印)
ISBN 978-7-5680-7558-9

I.①美… Ⅱ.①胡… ②张… Ⅲ.①美学-教材 ②艺术-鉴赏-教材 Ⅳ.①B83②J05

中国版本图书馆 CIP 数据核字(2021)第 198468 号

美学基础与艺术欣赏(第二版) 　　　　　　　　　　　　　胡先祥　张永敢　主编
Meixue Jichu yu Yishu Xinshang(Di-er Ban)

策划编辑:	袁　冲
责任编辑:	段亚萍
封面设计:	孢　子
责任监印:	朱　玢
出版发行:	华中科技大学出版社(中国·武汉)　　电话:(027)81321913
	武汉市东湖新技术开发区华工科技园　　邮编:430223
录　　排:	武汉创易图文工作室
印　　刷:	武汉科源印刷设计有限公司
开　　本:	880 mm×1230 mm　1/16
印　　张:	12
字　　数:	389 千字
版　　次:	2024 年 1 月第 2 版第 4 次印刷
定　　价:	58.00 元

本书若有印装质量问题,请向出版社营销中心调换
全国免费服务热线:400-6679-118　竭诚为您服务
版权所有　侵权必究

前言
Preface

人类按照美的规律改造世界,也按照美的规律改造自己。人类异于其他物种,在于人类意识到有自我,在于在劳动中发展思维,在劳动中认识美、发现美并创造了美。人类为美而生活,为美而创造。

研究美的规律的科学称为美学。

美与艺术有着千丝万缕的联系,美的不一定是艺术的,但艺术的一般认为是美的。在现实生活中如果缺少艺术,生活将变得单调而枯燥,人们审美也将受到影响。在人类文明发展史上,艺术和艺术美历来受到特别的重视。

大学生学习美学和欣赏艺术,是大学素质教育的重要内容,是大众整体审美素质提高的重要途径。文化艺术作为重要的精神展示与审美表现形式,与社会生活息息相关,良好的文化艺术不仅能为公众提供丰富健康的精神食粮,还能为树立文化自信、提升中国文化软实力服务。十九大报告中,已将扩大和引导文化消费作为其中的重要内容。文化艺术作为一种特殊的精神生产方式,要与当下的市场机制相适应,大力推广"互联网+文化艺术"的模式,才有可能成为文化产业发展中新的发力点。通过艺术欣赏教育陶冶情操,提高审美素养,可以激发学生的创新意识和创造能力。鉴于此,我们组织编写了这本《美学基础与艺术欣赏》教材,以期对大学生的素质教育尽绵薄之力。

本书在第一版的基础上有部分改动,删除了部分理论性较强的表述,增补、更换了部分图片和案例,特别是增补了"花艺欣赏"一章作为第七章。花艺是一门既古老又年轻的艺术,现代社会,花艺不再是少数达官贵人和文人骚客的专利,花艺已经走进了千家万户,深受老百姓的喜爱,因此大学生学习了解花艺是非常有必要的。

本书的编写突出了以下几个特点。

1. 注重实用性,原则上不做深入的理论探讨,符合大学生认知和审美习惯。

2. 本书的基本结构是:前三章是美学基础部分,后七章是几种主要艺术的欣赏。中外美学思想源远流长,美学理论博大精深,但我们只选取了美学理论中的几个基本问题做简明扼要的探讨,以期抛砖引玉。艺术门类繁多,特别是现代艺术形式多元化,我们也只选取了几种重要的艺术形式。这些艺术形式符合大学生的审美习惯,对培养大学生的审美意识起到非常重要的作用。

3. 可读性强。本书的编写特别注重这一点,为方便学生阅读,本书深入浅出、图文并茂,通过大量实例赏析和图片展示使学生获得直观印象,从而提高学习兴趣。

本书由湖北生态工程职业技术学院组织编写,参与编写的人员均为该院一线教师。具体职责和分工如下:胡先祥和张永敢共同担任本书的主编,确定编写思路和编写提纲,负责统稿和部分文字校对工作;沈阳、谢昌兵任副主编,参与部分统稿和文字校对工作。其中,胡先祥编写第五章,张永敢编写第一、二章,沈阳编写第六章,谢昌兵编写第九章,朱琳编写第三章,谢辉编写第四章,李小雨编写第七章,朱梦莹编写第十章,肖琼霞编写第八章。

本书在编写过程中,得到了湖北生态工程职业技术学院有关领导的亲切关怀和指导,同时也参考了有关资料和著作,在此谨向有关领导和作者表示衷心的感谢!

本书编写组
2021年6月

目录 Contents

第一章　美的本质与特征　/1
　第一节　美学学科的建立　/2
　第二节　美学史上的探讨　/5
　第三节　关于美的本质的认识　/7
　第四节　美的形态与特征　/9
　第五节　美的基本范畴　/14

第二章　美的形式与形式美　/18
　第一节　美的形式与形式美　/19
　第二节　构成形式美的感性质料　/20
　第三节　形式美的法则　/22

第三章　美感　/28
　第一节　美感的基本特征　/29
　第二节　审美心理结构　/31
　第三节　审美心理过程　/34

第四章　美术欣赏　/37
　第一节　美术概述　/38
　第二节　美术欣赏常识　/43
　第三节　美术作品的构成要素　/45
　第四节　中外美术发展及名作欣赏　/49

第五章　建筑艺术欣赏　/60
　第一节　建筑的种类与审美特征　/61
　第二节　中外古典建筑艺术欣赏　/63
　第三节　中外现代建筑艺术欣赏　/83

第六章　景观艺术欣赏　/90
　第一节　景观艺术的特点与审美　/91
　第二节　景观要素欣赏　/95
　第三节　中外景观艺术赏析举例　/107

第七章　花艺欣赏　/114

第八章　书法艺术欣赏　/126
　第一节　书法欣赏的规律与方法　/127
　第二节　各类书体的特点与欣赏　/131

第九章　音乐艺术欣赏　/141
　第一节　音乐的起源及类别　/142
　第二节　音乐艺术的特征　/153
　第三节　音乐审美　/156
　第四节　中外音乐艺术作品欣赏　/158

第十章　影视艺术欣赏　/167
　第一节　电影艺术　/168
　第二节　电视艺术　/177
　第三节　中外影视作品欣赏　/183

参考文献　/188

Meixue Jichu yu Yishu Xinshang

第一章
美的本质与特征

> 学习目标

了解美学的研究范围、美学与其他学科的关系、中外美学思想发展概况。掌握美的本质、美的三种形态（自然美、社会美、艺术美）及其特征,掌握美的四个范畴及其特点。

美的世界是令人向往的世界,美是到处存在的,我们的世界充满了美。学习美学基础的根本目的,是培养审美的人,创造美的世界。美究竟是什么,它来自何处,有什么特点,美和真、善有什么区别,这些都是学习美学基础首先要了解的内容。只有认真地研究了这些问题,我们才会善于发现美、认识美、感受美、创造美,才能开展真正意义上的审美活动。

第一节 美学学科的建立

一、既古老而又年轻的美学

人类的审美意识和美学思想的历史是很古老的,但是美学作为一门科学,又是十分年轻的。

从历史上看,人类发现美、欣赏美直至从不自觉到自觉地在实践中创造美,是由来已久的。据考古学证明,人类创造原始艺术品的时间,大致是在离现今数万年的旧石器时代。自1879年发现西班牙阿尔塔米拉洞穴的壁画以后,美学界就认为一种比较成熟的艺术至少在三万年前的冰河期就已经产生。其开始是以粗略的轮廓和抽象的符号表现动物和人体的图画和雕刻,后来图像变得比较细致和清晰。出土的石器时代的各种遗留物,包括建筑、墓葬群、石器、陶器及最初的装饰品等,生动形象地向人们展示了古代居民的审美意识和审美观念的演变,代表着人类文明所经历过的一个重要的历史阶段。

从对具体的美的事物的欣赏,到凝聚为一种较为抽象的美的观念,无疑经历了一个漫长的发展过程。标志着这一演变过程进入新阶段的重要成果,是在语言文字中出现了"美"。以汉语来说,"美"字最早见于殷代的甲骨文。东汉时代的许慎在《说文解字》中解释说:"美,甘也,从羊从大,羊在六畜,主给膳也。"徐铉注释说:"羊大则美,故从大。"可见古代美与善(即实用意义)同义。在我国首先注意到美与善有所不同的,当推孔子。他对《韶》乐的评价是"尽美矣,又尽善也",而对《武》乐的评价则为"尽美矣,未尽善也"。孟子继承和发展了孔子的美学思想,提出了"充实之谓美,充实而有光辉之谓大",而且从内容和形式两个方面对美的内涵做了规定。此外,先秦时代其他一些思想家如老子、庄子、荀子等人已经广泛涉及人类审美活动的许多方面,并取得了一系列重要成就。事实上,从战国后期开始,随着物质生产的发展、精神生活的丰富,特别是文学艺术的繁荣,美学不仅得到了更为普遍的重视,而且深入到了文学、音乐、绘画、戏剧等各个艺术领域。

在西方,美学研究的历史也是源远流长的。早在公元前6世纪末,古希腊的毕达哥拉斯学派,就根据"数的原则"来剖析美,认为美在于"对立因素的和谐的统一,把杂多导致统一,把不协调导致协调"。这一观念,对后世美学产生了深远的影响。此后,柏拉图、亚里士多德等人从哲学和艺术的角度阐释"什么是美",他们卓越的见解在美学发展史上具有十分重要的价值。在中世纪的欧洲,哲学成为"神学的婢女",美学研究当然也处于停滞状态。直到适应资本主义要求的文艺复兴运动兴起后,西方美学才又进入了新的繁荣时期。

如果仅就历史渊源而论,无论在古代的中国还是在古代的西方,美学思想的确是十分丰富的。我国先秦诸子和古希腊学者关于美的问题的论述,尽管都有不少精辟的见解,但这些思想毕竟还比较零碎,没有独立构成一门完整的学科。在以后很长的历史时期内,美学虽然在不断发展着,却仍然未能从根本上摆脱这种状态。一直到18世纪,由于当时哲学和自然科学的推动,美学发展才进入了新的阶段。1750年,德国哲学家鲍姆加登的美学专著《美学》第一卷的出版,在美学发展史上具有划时代的意义。鲍姆加登认为,人的心理活动包括知、情、意三个方面,应该有相应的三门学科来加以研究。研究"知"的学科是逻辑学,研究"意"的学科是伦理学,研究"情"的学科则是"美学"。从此,"美学"这一名称才逐渐获得学术界的公认,美学也就成了一门有别于哲学、逻辑学、伦理学、艺术理论等的独立的学科。鲍姆加登本人也被誉为"美学之父"。以后,随着康德、黑格尔、车尔尼雪夫斯基等人的努力,美学研究又逐步深入,使这门学科获得了更为严格的理论形态。如果从形成独立的学科算起,美学的历史不过两百多年,因此,它又是一门非常年轻的科学。

二、美学研究的对象和范围

审美对象问题是美学研究中的一个核心问题,但人们对它的认识,一直以来,却是众说纷纭。概括起来,主要有以下几种观点。

1. 美学就是艺术哲学

不少美学家认为美学就是艺术哲学,它的研究对象就是艺术。黑格尔就公开声称,只有艺术才是真正的美,他说:"我们这门科学的正当名称应是'艺术哲学',或更确切一点,'美的艺术的哲学'。"

2. 美学就是关于美的哲学

一些美学家认为美学除了研究艺术中的美与丑外,还要研究生活中的美与丑,并以后者为主要对象,所以美学就是关于美的科学。

3. 美学的研究对象是审美经验和审美心理

随着19世纪心理学的产生,一些美学家主张用心理学的观点和方法来解释和研究一切审美现象,把审美心理和审美经验置于美学研究的中心。

以上关于美学研究对象的各种观点虽都有其一定的道理,但亦有各自的缺陷,因而都难以获得学术界的公认。我们认为,美学就是研究人与现实之间审美关系的一门科学,它是在人类历史的发展中,随着社会生产的发展,随着其他科学研究的不断深入,而逐步丰富和发展起来的。

美学既然要研究人与现实的审美关系,它的研究范围自然首先要包括构成这一关系的客体(美)和主体(美感)这两大方面。同时,人类的实践活动,绝不仅仅局限于认识世界,更重要的还在于改造世界,以适应人类发展的需要。因此,美学研究的范围,还应包括美的创造的问题。这样,围绕着审美关系这一轴心而出现的美、美感、美的创造三大方面,便构成了美学研究的三大领域。

就客体方面而言,美学要揭示美与丑的区别,研究美的本质与特性、美的内容与形式、美的形态、美的范畴等。就主体方面而言,美学要研究美感的本质、美感产生和发展的一般规律、美感的心理要素、审美标准等基本问题。美的创造,是美学研究中的一个极为重要的领域。它不仅包括艺术美的创造,而且包括现实美的创造——例如环境的美化、劳动产品的美化、社会生活的美化、人的美化(美育)等。对于这些,美学都应认真地加以研究。

综上所述,我们可以说,美学就是研究美及人对美的感受和创造的一般规律的学科。

三、美学与其他学科的关系

美学是一门社会科学,它同哲学、伦理学、心理学、艺术理论和自然科学等都有密切的关系。研究这种关系,明确它们之间的联系与区别,有助于我们进一步准确地把握美学的特殊性质。

1. 美学与哲学的关系

美学曾经长期隶属于哲学,随着社会的发展,科学的进步,才逐渐分立为独立的学科,所以,它与哲学的关系极为密切。哲学为美学研究提供了世界观和方法论的基础,对美学研究起着指导的作用。美学中的许多基本问题,往往会直接涉及哲学中的许多基本原理,有的就是哲学问题在审美领域中的具体表现。正因如此,人们又认为美学是研究人与现实审美关系的一门哲学性学科,但是,美学却不是哲学的附庸,它有自己的研究对象,是一门独立的学科。

2. 美学与伦理学的关系

美学与伦理学的关系十分密切。伦理学研究人的社会行为的准则,研究人与人之间的义务、个人对国家和社会的义务等。简言之,伦理学研究人们之间的道德关系,它的基本范畴是"善"及其对立面"恶"。美与善的关系非常密切。一般来说,美的对象应当是善的,恶的事物不可能美(恶可以采取美的形式,那是另一个问题)。所以,不能把美学与伦理学截然分开。但是,美、善分属不同范畴,相互不能混淆,善只是美的基础,并不是说任何善的事物都是美的。因此,伦理学与美学是有严格区别的。我们既不赞成割断美学与伦理学的联系,也不赞成把美学与伦理学机械地等同起来。

3. 美学与心理学的关系

美学与心理学也有着相当密切的关系。心理学是探讨人类心理活动一般规律的学科,而人类的审美活动从认识上说是一种特殊的心理活动,因此,美学的发展就离不开心理学的发展。但美学研究范围又不仅仅限于审美心理,因此,绝不能简单地把美学等同于心理学。

4. 美学与艺术理论的关系

美学与艺术理论的关系尤为密切。我们知道,一切真正有价值的艺术作品应该是美的,而对于艺术美的欣赏和创造,又是人类审美活动的一个重要方面,这样,美学和艺术理论势必都会研究艺术美的本质和特征、艺术美与现实美的关系、艺术美的欣赏和创造的一般规律等问题。可是,美学的研究范围又远远不止艺术美,现实生活中的美及人对美的欣赏和创造等问题,在美学研究中都占有重要的地位。至于分门别类的艺术理论,有时也被称为音乐美学、绘画美学、戏剧美学、电影美学等,这是因为它们研究的内容确实很多也是某一艺术领域中的美学问题,鉴于这个原因,它们也可以在美学的殿堂中占有自己的地位;但是,由于其研究的范围毕竟只是局限于某一艺术领域,因此,它们的内容也只是通常所说的美学在特定艺术领域的具体化。

第二节 美学史上的探讨

一、"美是难的"

美是什么？乍一看，这似乎是个不假思索就可回答的问题。在我们每个人的现实生活中，谁不曾为美的事物激动过、感叹过？美的事物往往一眼就能使我们得到美的感受。例如，张家界、九寨沟、黄山、泰山，使你感受到自然风光的美；雷锋、焦裕禄，使你感受到人物心灵的美；曹雪芹的《红楼梦》、贝多芬的交响乐，使你感受到艺术作品的美。但是，这都只是对具体事物的美的感受和评价，并没有回答"美是什么"这一问题，即美的本质问题。

古希腊思想家柏拉图曾经在他的名著《大希比阿斯篇》中记述他的老师苏格拉底和诡辩派学者希比阿斯关于"美是什么"的讨论。在讨论中提出了关于美的各种定义，但这些定义又在讨论中被一一否定，因为它们都没有准确地概括出美的本质，说明所有的美的事物。最后，柏拉图不得不感慨地用一句谚语结束他们的讨论："美是难的。"

自此，人们不断地在探索美的本质，却始终未找到满意的答案，以致这个美学上的首要问题成为千古之谜。直到今天，这个谜还是尚未完全揭开，还需要人们继续探索。

为什么美的本质是一个难解的理论之谜？这一方面是因为美存在着各种各样的表现形态。自然界中有美，社会生活中有美，艺术作品中也有美，这些美的个别的具体的形式是比较容易感受的，但它们的特点又千差万别，很难找到它们的普遍性和共同的、类似的品质，因此就难以概括出美的本质问题。另一方面，人们对美的感受也不尽相同。不同的人会对同一事物做出不同的审美评价；甚至同一个人由于环境、心境等的变化，也会对同一事物在不同时间做出不同的审美评价。这都增加了对美的本质认识的困难。

然而，世界的一切都是可探究的。尽管"美是难的"，美的本质仍然是可以逐步被认识的。数千年来人们的探索，虽然还未能彻底揭开这个谜，但毕竟提出了不少见解，为后人的探究开辟了许多途径。因此，回顾一下美学史上对美的本质的探索无疑是有益的。

二、关于美的本质问题的代表性观点

关于美的本质问题，美学史上影响较大的观点主要有以下几种。

（一）美是理念

这种观点最早是由柏拉图提出的。他正确地区分了"什么东西是美的"和"什么是美"这两个不同的概念，但他从精神世界中去寻找美，认为美是永恒的理念。柏拉图把世界分为三层：理念是第一层世界，即最高层的世界、最真实的世界；现实是第二层世界，是对理念世界的模仿，是理念世界的影子；艺术则是第三层世界，是对现实世界的模仿，是影子的影子。而美便是在事物之外，又不依赖于人的主观存在的一种理

念——"美本身"。它是永恒的、真正的美,现实生活中一切美的事物都是由它派生出来的,因此它是美的本源。

柏拉图的观点显然是客观唯心主义的观点。后来,新柏拉图主义的创始人普洛丁进一步把"美是理念"说神秘化,甚至直接用"神"这个词来代表"理念",认为物质世界的美不在物质本身,而在反映神的光辉;神是美的来源。

到了近代,德国古典美学大师黑格尔发展和完善了"美是理念"说,认为美就是理念的感性显现。在柏拉图那里,"理念"是空洞的、抽象的,是脱离了个别的一般,是永恒不变的万物的模式;而黑格尔所谓的"理念",则是与具体事物相结合的,是自身矛盾着的辩证统一体。黑格尔认为美是具体的,是理性和感性的统一、内容和形式的统一、主观和客观的统一。黑格尔对于美的本质的认识,具有合理的内核;但他的出发点仍然是抽象的"理念"(黑格尔又把它称作"绝对精神""神""普遍力量"等),是唯心的。

(二)美是主观观念

这种观点认为不能脱离人去寻找美的本源,美是人的某种生理、心理机制,是心灵的产物,是人的主观精神现象。例如18世纪英国经验主义美学家休谟说:"美并不是事物本身的一种性质。它只存在于观赏者的心里,每一个人心见出一种不同的美。"德国与黑格尔齐名的另一位古典美学大师康德从先验论出发,一再强调:"至于审美的规定根据,我们认为它只能是主观的,不可能是别的。"西方现代以来,这种主观论十分流行,其他如叔本华认为美是意志的客体化,克罗齐认为美是心灵的表象、是直觉成功的表现,桑塔亚纳认为美是客观化了的快感,等等,都是把人的主观心理看作美的本源。

美是主观观念的观点,直到今天在东西方影响仍然很大。这种观点,把"美"从神秘的"理念"中解脱出来,肯定了美与人的联系,重视对审美主体的研究,这对我们认识美的本质有借鉴意义。但是,它由人们美感的差异性推论出美是主观观念,从而混淆了美和美感,用美感来代替美,用审美情趣、审美经验来代替美的事物、美的属性,这是错误的。它把美说成是心灵的产物,否定了美的客观存在,颠倒了物和心的关系。

(三)美是事物的属性

与上述两种从精神世界去探寻美的本质不同,这种观点主张从美的事物本身去寻找美的本质,美是事物本身的某些属性、形式、结构或法则等。亚里士多德认为,美就在事物之中,主要是在事物的"秩序、匀称与明确"的形式方面,"美就在于体积大小与秩序"。文艺复兴时期的巨人达·芬奇也认为美是可以用感官认识到的事物的性质,他认为美感"完全建立在各部分之间神圣的比例关系上"。

18世纪英国的经验主义美学家博克也肯定美是事物本身的性质。他说:"我们所谓美,是指物体中能引起爱或类似情感的某一性质或某些性质。"例如比较小、光滑、柔和、纤细、颜色鲜明等,就是美所依存的特质。

这些看法,坚持了唯物论,反对了唯心论,有它的进步意义。但是它把美仅仅看作事物本身的某种特性,割断了美和人、美和社会的联系,是对美的本质机械的认识,同样不能科学地回答美是什么的问题。

(四)美是关系

这是法国唯物主义哲学家狄德罗提出的观点。他说:"就哲学观点来说,一切能在我们心里引起对关系的知觉的,就是美的。"狄德罗认为,美是事物的客观关系,不是人们想象所虚构的关系,美是随着关系而开始、增长、变化、衰落、消失的。

狄德罗的"美是关系"学说在美学史上的意义在于:它不仅坚持了唯物论,而且强调了美的社会内容,强调了要从各种事物的相互关系中,从和社会生活的联系中去看待美、寻找美。但是,狄德罗并没有真正理解人类的历史和社会实践的意义,他关于"关系"的概念没有完全和社会历史深刻地联系起来,因此是模糊的、宽泛的。

（五）美是生活

这是19世纪俄国革命民主主义美学家车尔尼雪夫斯基提出的著名论断。他在《生活与美学》一文中写道：任何事物，凡是我们在那里面看得见依照我们的理解应当如此的生活，那就是美的；任何东西，凡是显示出生活或使我们想起生活，那就是美的。车尔尼雪夫斯基的这一观点，在美的本质问题上获得了前人所未曾取得的成就，体现了马克思主义美学出现之前的最高水平。第一，他肯定了美的客观实在性，批驳了黑格尔学派"美是理念的感性显现"的唯心主义美学观；第二，他肯定了美的社会性，认为美是人类社会的现象；第三，他肯定了人生理想，表现了要求改革现实、进行革命的愿望。但是，由于车尔尼雪夫斯基还不是辩证唯物主义者，他的哲学思想是人本主义，不懂得实践是人类生活的基本内容和本质，因此，他的"美是生活"学说不可避免地存在着局限性。

综上所述，在美学史上千百年来无数哲人对美的本质做了有益的探讨，发表了许多精辟的见解，留下了丰富而又宝贵的思想资料，正是由于前人的努力，"美的本质"之谜才有可能一步步被揭开。但是，前人由于受时代和阶级的局限，受唯心主义和形而上学的束缚，在探讨美的本质时存在各种缺陷，使他们不可能全面地、科学地解开这个美学难题。要想解开这个难题，必须站在辩证唯物主义和历史唯物主义的高度，从研究人的本质入手，研究人与社会的关系入手，正确区分美的事物与其他事物的区别，正确区分美和美感，才有可能得出正确的结论。

第三节
关于美的本质的认识

一、美的本质和人的本质

关于美的本质，马克思主义创始人虽然并未做出直接的、明确的阐释，但是他们所创立的科学的世界观和方法论，为我们打开"美的本质"的奥秘之门提供了钥匙。在他们的著作中也表达了对美学问题独到而又精辟的哲学思考，这对我们认识美的本质有着深刻的指导意义。

根据对马克思主义美学理论的学习，我们认为，美是一种社会现象，美根源于社会实践；美是人类通过社会实践在对象上显现出对人的本质力量的肯定和确证。

要认识美的本质首先要认识人的本质。那么什么是人的本质呢？

所谓"人的本质"，就是人的规定性，人与其他物类相区别、人之所以为人的地方。

关于人的本质，马克思不仅从物种关系方面揭示了人的自由自觉的活动的特性，更从社会关系方面揭示了人的社会性，人是社会的人。马克思说："人的本质不是单个人所固有的抽象物，在其现实性上，它是一切社会关系的总和。"离开了人的社会性、离开人的历史发展，把人仅仅看作生物学上的人，而不是"一切社会关系的总和"，就不可能科学地认识人的本质。

以上从物种关系和社会关系两个方面对人的本质的揭示，应该而且可以统一起来理解：人能在一定的社会关系中展开自由自觉的活动,即合规律性、合目的性的创造活动。

二、美的本质在于对人的本质力量的肯定和确证

了解了人的本质规定后,对美的本质问题的探讨才能进一步深入。美的本质并不等于人的本质,而在于人的本质力量的对象化,在于人的本质力量的肯定和确证。所谓人的本质力量的对象化,人的本质力量的肯定和确证,就是指人在一定社会关系中展开自由自觉的活动的特性及具体表现这一特性的人的创造才能、智慧、勇敢、思想、情感等本质力量,通过社会实践(首先是生产劳动,还包括社会斗争、科学实验、艺术活动等),在人类的实践对象(自然和社会)、人类创造的产品(物质产品和精神产品)上体现出来。从主体来看,这是人的本质力量的对象化;从客体来看,这是实践对象、自然,被加工、被改造,被打上人的印记,从原始的自然成为人化的自然。

例如,人的艺术活动能够创作出反映生活、表现进取精神的艺术作品,这样的艺术作品(人类创造的精神产品)同样表现了人的智慧、才能、意志、目的、思想、情感等主体特征,显现了人的本质力量,也就是人的本质力量凝结、物化在艺术作品中了,即被对象化了;艺术作品成为对人的本质力量的肯定和确证。相反,如果艺术作品技巧平庸、情调低下或者歪曲生活、情调颓废,那么就没有显现和肯定人的本质力量。对于前者,我们感到美;对于后者,我们感到不美甚至丑。

为什么显现了人的本质力量的实践对象和产品我们就感到美,反之,就感到不美甚至丑呢?这是因为显现了人的本质力量的实践对象和产品,由于肯定了人自身、复现了人自身,人可以从中直接观照到自身的创造活动的本质、自身的力量,因而会由衷地感到自豪,产生喜爱、愉悦的情感,即美感。这样,实践对象和产品也就成为审美对象,成为美的事物了。而不显现人的本质力量,甚或表现出对人的本质力量的否定和歪曲的对象和产品,人们对其或者冷漠,或者厌恶,是不会对其产生美感的。这样的对象或产品就不是美的,甚至是丑的。

三、美是以宜人的感性形式显现出对人的本质力量的肯定和确证

美是由一定的内容和相应的形式构成的。美的本质,即美的内在品格,是美的内容。但美还要以宜人的感性形式显现出来,才能让人感受到美。美的形式是美的内容的存在方式,离开了美的形式,美的内容无从显现,美也就不可能存在。正因为美具有宜人的感性形式,美的内容所蕴含的对人的本质力量的肯定和确证才能显现出来,美才是具体的、实在的、可感的、充满魅力的,所以形象性和感染性是美的显著特征。

所谓形象性,是说美具有一种能以自己的具体、生动的感性形式为人们的感官所感知的特性,而不是关于事物性质的抽象的概念。抽象的概念可以说明某种观点或认识,但不能给人以活生生的具体感受,它只有正误之分,而无美丑之别,不能引起人们的美感。而美却不同,美无不以具体可感、生动鲜明的形象呈现在我们面前。美对人的本质力量的肯定和确证,不是抽象的逻辑推理,而是要以宜人的感性形式显现出来,美的本质是融合和表现在形象之中的。没有了形象,也就没有了美。

所谓感染性,是说美具有一种怡情悦性、感动人、愉悦人、使人喜爱的特性。美具有形象性,但不是具有形象性的事物都美。美是对人的本质力量的肯定和确证,使人们看到自身的力量、自己的智慧和勇敢、自己的创造才能,因而能激起感情的波澜,得到极大的满足和愉悦。如果一个形象没有肯定人的本质力量,尽管它可能有漂亮的外壳,但只是没有生命、没有灵魂的形象,而不是美的形象。例如作为医学教具用的人体模

型,没有表现对人的生活的肯定,没有传达任何情感,虽然是形象的,但不是美的形象;而雕像《断臂的维纳斯》塑造的女神维纳斯形象,尽管残缺不全,然而那恬静典雅的表情、柔美秀丽的身姿、充满生气和活力的形象,表现出一种人性的尊严和对自由、幸福的追求,因而具有极大的感染力,这就是美的形象。

美是内容和形式的统一体,美的形象性和感染性都是从这种统一中体现出来的。美的事物如果没有以宜人的感性形式显现对人的本质力量的肯定和确证,便不能称其为美,也无所谓形象性和感染性。

第四节 美的形态与特征

虽然美的世界纷繁复杂,美的形态多种多样,但一些美学家仍然将美分为自然美、社会美和艺术美三类,其中自然美和社会美同属现实美,它是艺术美的源泉和基础,有着使艺术美相形见绌的最生动、最丰富、最基本的美。下面介绍这三种美的形态。

一、自然美及其特征

自然美是自然界中非人工创造的现象、形象、景物美的总和。它植根于人类的社会实践,是在人类的生产实践——劳动中产生的。正是由于劳动,人类逐渐认识、利用、改造了自然,使自然物和自然现象逐渐从与人为敌的恐怖对象或与人无关的冷漠对象成为亲和对象、审美对象,自然美才逐渐从无到有,不断地丰富、发展起来。而且随着人类实践的深入和扩展,科学技术水平的提高,一些潜在的审美价值得以转化为现实的审美价值。自然美具有如下特征。

(一)自然美以自然属性为存在的必要条件,一般具有全人类性

自然美一般分为两类,即原生自然美和人工自然美。前者是指没有经过人类的加工改造,呈原始状态的美,如张家界的山、九寨沟的水,人们喜爱它们的是那种原始的、返璞归真的美,这种美最能陶冶人的情操。后者是指虽经过人类的加工改造,但总体上仍显自然气息、自然状态的美。如园林中的花草树木、春天里满山的油菜花、夏天金黄的稻浪等。上述两种类型的美,都是社会实践的产物,在本质上是离不开社会的,只是前者与社会的联系是间接的,而后者是直接的。但任何自然事物、自然现象,都以其自然属性(质料、形状、线条、色彩、光泽、声音等)为存在的必要条件,从而构成自然美的物质基础,使自然美具有了不同于社会美的质的规定性。

由于自然美以自然属性为其物质基础,它虽然和人类生活相联系,但从根本上说,它同人类之间的关系是一种自然关系,因此自然美多为共同美,一般不受时代、民族、阶级的制约。例如庐山之美,李白、白居易、苏轼、岳飞、毛泽东等人都为其放歌赋诗,不同时代、不同阶层的人都为庐山的美景迷恋。庐山的美是属于全人类的美。

(二)自然美一般不具有明显的功利意义,偏重于形式美

就自然美的一般情况而言,决定自然物、自然现象是否美,主要的并不在是否具有对人有实用价值的功利意义,而在于它的形式是否让人赏心悦目。在自然美中,美的形式占据突出、显要的位置,而内容却往往

模糊,无关大局。最能说明自然美偏重于形式美这一特征的是,有些自然物虽然对人类有益,但只因为外形难看,而不能成为审美对象。例如蟾蜍能捕食害虫,保护农作物,但因为外形丑陋,让人见而生厌,因而被称作"癞蛤蟆",成为丑的典型。而有些自然物虽然对人有某些害处,但只要不十分严重,能被人控制、治理,那么却会由于外形美观,得到人们的喜爱。例如鹤是一种害鸟,但它的长脚、细嘴,特别是那白雪一般的羽毛,非常惹人喜爱,所以被冠以"仙"字,誉为"仙鹤",自古以来就受人们喜爱。

由于自然美偏重于形式美,也就具有直观性,比较容易被观赏者发现和感受,可以立即引起审美愉悦。

(三)自然美具有联想性、多方面性和变异性

俄国著名作家和美学家车尔尼雪夫斯基说过:自然界的美的事物,只有作为人的一种暗示,才有美的意义。因此自然美具有联想性。某些自然物之所以获得审美价值,往往是因为它的某些特征,可以让人联想起人的某种精神、品格、理想等,联想起人的生活,因而被人称道、赞美。我国自古以来就称颂松、竹、梅是"岁寒三友",梅、兰、竹、菊为"四君子",写诗、作画赞美它们,是因为从这些植物的自然特点上联想到了人的美好情操和品德。

由于自然物的属性是多方面的,自然物可以和人类生活构成不同的联系,因而使人产生不同的联想,自然美也就是不确定的,具有多方面性和变异性。例如古代士大夫多以竹为美,居必有竹,晋有竹林七贤,唐有竹溪六逸。但竹子的特性是多方面的,可以引起多方面的联想,它的美也就具有多方面性。唐代裴说赋诗赞美竹子先于野花争春斗翠的强大生命力;宋代文同由它的内心虚空的形象联想到人的虚怀若谷的品质,由它的节节分明联想到人的气节;清代郑燮的《竹石》,"咬定青山不放松,立根原在破岩中。千磨万击还坚劲,任尔东西南北风。"则是赞美竹的坚韧、坚定、坚强的精神。可见竹之美的丰富性。而杜甫,有时珍爱竹子,有时却把它当作丑的象征咒骂。可见竹子的美与丑是人联想的结果,而不是它本身固有的、确定不移的特性。

自然美的多方面性和变异性,还表现在自然物所显示的美不是单一的,而是多角度、多侧面、多层次、变化不定的。苏轼的《题西林壁》:"横看成岭侧成峰,远近高低各不同。"同一座山岩,由于观赏的距离、角度的不同,它所呈现的景观和美也就不同,所谓"步移景异",也是这个意思。

二、社会美及其特征

社会美是存在于社会领域中的美。马克思主义美学理论认为,美本来就是社会的,是社会实践的产物;而社会美则是美的本质的最直接的展现,是作为社会实践产物的美最直接的存在形式。关于社会美的特征,在考察了自然美的特征之后,就可以通过对照和比较来加以把握了。

(一)社会美具有强烈的社会性,一般显示出时代、民族、阶级的特征

社会美的社会性突出地表现在它渗透着人与人之间的社会关系,并与一定时代、一定民族、一定阶级的政治理想、道德观念、生活习俗、文化背景直接联系,因此具有时代、民族、阶级的特征。如汉代以瘦为美,而唐代以肥胖为美,因此就有了"燕瘦环肥"的说法。再如,我们说封建帝王骄奢淫逸的生活是丑恶的,劳动人民反抗剥削阶级的斗争是壮美的,这是从人民的观念、先进阶级的立场来认识和判断的,不会为没落阶级所接受。而同是反抗剥削阶级的英雄,古罗马奴隶起义领袖斯巴达克斯和中国第一次农民起义领袖陈胜、吴广所表现出来的崇高美和悲剧美,又有着自己的时代、民族、阶级的烙印。

这里必须指出的是,肯定社会美具有时代、民族、阶级的特征,是就一般情况而言的,也有一些社会事

物、社会现象，往往不明显地反映特定时代、特定民族、特定阶级的利益或风貌，而是反映了全人类的利益或感情，因而便带有某种全人类性。例如恋母之情、思乡之情、夫妻之情、朋友之情等，虽然在具体对象上仍然带有时代、民族、阶级的烙印，但一般来说，可以作为共同美来欣赏，引起不同时代、不同民族、不同阶级的人的共鸣。

（二）社会美具有明显的功利性，侧重于内容美

自然美主要是以其美的形式取悦于人，而不一定对人有益，不一定具有功利性。与之相反，社会美内容重于形式。所谓内容，主要是指它的社会功利性，即对社会有益、有利、有用，也就是通常所说的"善"。亚里士多德认为："美是一种善，其所以引起快感正因为它是善。"社会美的本质和基础就是善，虽然善并不等于美，但善确确实实是社会美的决定性的因素。人们感受和评价社会事物、社会现象是否美，首先要考虑其内容是否富有生命力，是否符合善，是否体现了历史的发展规律，否则，如果一个社会事物或者一个人，徒有漂亮、诱人的外表，却有碍于人类的健康发展和社会进步，就不能认为是美的。

（三）社会美的核心是人的美

社会是人组成的，社会只能是人的社会。离开了人，也就无所谓社会美。形式多样、表现不一的社会美，归根到底，都是人的美。因此社会美的核心是人的美。

人的美的要素可以分为内在美和外在美两种。人的内在美是属于人的本质、人的精神的深层的美；外在美是借以显现人的本质、精神的外露的美。

1. 人的外在美

人的外在美主要包括人体美、姿态美、服饰美、语言美、风度美等。

人体美是人的相貌、身材、肤色的美，主要由遗传自然形成，以自然性因素为其基础，基本上属于自然美。但它并不是如太阳、月亮那样的纯粹的自然美，而是社会化了的自然美，带有社会的烙印。例如不同时代、不同民族、不同地区、不同阶级的人对人体美有不同观念，有的以文身断发为美，有的以束腰缠足为美，有的以皮肤黝黑为美等，这些不同的审美观念必然表现为在人体上留下不同的痕迹。

姿态美是姿势、动作的美，是人体的具有造型性因素的静态美和动态美。由于它比人的相貌更能表现出人的精神气质，所以美学家认为人的姿态美高于相貌的美。但姿态动作还应自然大方，忸怩作态就不可能美。

服饰美是服装和修饰的美。俗话说："三分长相，七分打扮。"服饰美，归根结底是为了显露和增添人体之美，因此也是人的外在美的组成部分。但并不是任何服饰都可以对人体扬美遮丑，也不是服饰越时髦、贵重、豪华，就越能增添美。恰恰相反，不得体的服饰往往弄巧成拙。服饰是一种文化的表征，能够反映出时代风貌和个性特征，服饰是否美，主要在于是否和人的身份、体型、气质、性格以及所处的环境合适、协调。

语言美也是人的外在美。语言是思想的直接现实，是心灵的外化表现。我国古语："言为心声"，"慧于心而秀于言"。在讲究人的躯体美、姿态美、服饰美的同时，更要讲究人的语言美，它更能体现人的美的形象。一个长得俊俏、衣着入时的人，如果出言不逊，马上会使人失去美感。

风度美是人在长期生活中形成的风采、气度，主要是指在神态表情、举止行动、待人接物中显露出来的美。它偏重于修养，比较内向，但又不同于品格、情操，仍然属于外露的、感性的外在美。各人风度不同，有指挥若定的大将风度，有睿智渊博的学者风度，有谈笑风生的外交家风度等。普通人的温文尔雅、落落大方的风度，机智幽默、处变不惊的风度等都会给人以不同的美感。

2. 人的内在美

人的内在美是人的精神、心灵方面的美，是人的美的灵魂。它主要包括正确的人生观和人生理想、高尚

的品德和情操、丰富的学识和修养等方面。

正确的人生观和人生理想是人的内在美的核心。各个时代、各个阶级有着各种各样的人生观和人生理想,它们究竟美不美,有个客观的社会标准,这就是看是否有利于人的创造能力的发挥和人的全面发展,是否有利于人类物质文明和精神文明的进步,是否符合大多数人民的利益和要求。如周恩来在年轻时就立下"为中华之崛起而读书"的人生理想;北宋时范仲淹提出"先天下之忧而忧,后天下之乐而乐"的人生观;大科学家爱因斯坦认为,生命的意义在于设身处地替人着想,忧他人之忧,乐他人之乐。可见古今中外都是赞美先人后己、为天下谋幸福的人生理想,虽然这种人生理想在各个时代、各个阶级有着各自的具体内容,但都起着推动社会进步的作用,因而都是美的。

高尚的品德和情操,也是人的内在美的重要内容。品德是人的自觉的道德意识、道德行为,情操是由思想、感情、意志等构成的、相对稳定的心理状态。它们都受人生观的指导和制约,都通过人们的言行表现出来,从而显示出心灵的状况。品德优秀、情操高尚,必定具有美的心灵。我国古代诗人屈原忧国忧民、正直高洁的德行,不与世俗同流合污的品格,一直是后世学习的楷模。

丰富的学识和修养,也是人的内在美所不可缺少的。特别是在科学技术迅猛发展的今天,博学多闻、聪慧能干、富有修养的人,为人们尊敬、仰慕。每一个现代人,不仅要培养正确的人生观、高尚的品德,还要有开拓性的性格和创造性的思维能力,不断地丰富自己的学识和修养,这样内在美才会更加充实。

3. 人的内在美与外在美的关系

人的美有外在美和内在美两个方面,但二者不是等量齐观的。外在美是现象,是形式,不起主要的决定的作用;内在美是本质,是内容,从根本上决定了一个人是美还是丑。所以古希腊哲学家德谟克利特说:"身体的美,若不与聪明才智相结合,是某种动物性的东西。"19世纪法国美学家丹纳在其名著《艺术哲学》中写道:"缺少精神,肉体就残缺不全,像流产的植物一样无法开花结果;一个无论如何完美的身体,必须有完美的灵魂才算完备。"正因为如此,俊俏的躯壳不能给心术不正的人增光添彩,但内在精神美却可以弥补外在形体美的不足。另外,内在美还表现在它对外在美产生深刻的影响。"诚于中而形于外",人的思想、情操、旨趣等内在的东西,必然要在姿态、服饰、仪表、风度、言行举止等外在形态上反映出来。心灵美好的人,一定不会放弃在一切方面,自然也包括人的外在形态,对美的不懈追求。内在美虽然不像外在美那样一目了然、易于发现,却比外在美丰富、深刻,可以长存不灭、历久弥新。历史上许许多多伟人,虽然早已与世长辞,但他们的崇高精神却至今还在鼓舞人们为美好的理想而奋斗。

内在美是人的美的主要决定因素,当然不等于说,外在美是微不足道的,可以不予重视。如前所述,心灵美必定影响外在美;人的外在美是人的内在精神的外化,是它的感性形式。既具有美的内在精神,又重视美的外在表现,努力达到内在美和外在美的高度统一,这才是我们所要追求的人的美。这种人的美,是自然美和社会美统一的最高表现形态,是现实美的最高表现形态。

三、艺术美及其特征

与自然美、社会美等美的形态不同,艺术美是艺术家所创造的美,是艺术作品所呈现的美,较之其他各类美的形态,它更为集中、更为强烈、更为普遍,也更为纯粹。艺术家根据自己对现实社会的审美认识和审美理想,利用在社会生活中所体验到的丰富素材,通过审美想象,创造出"源于生活、高于生活"的,意蕴丰富、形象生动的艺术作品,为欣赏者提供审美的精神享受。艺术美的表现形态丰富多样,存在于一切艺术门类、样式的作品之中,如绘画、雕塑、建筑、书法、景观园林、舞蹈、影视戏剧、诗歌、小说等。艺术鉴赏是审美教育的主要渠道,大学生可以通过具体生动的审美形式,在愉快的审美过程中,使情感得到升华,精神得到陶冶,素质得到提高。

艺术美具有以下几个基本特征。

1. 独创性

艺术美的首要特征就是独特新颖、不可重复。真正的艺术家所创作的任何一部作品,不仅不重复别人,也不重复自己。他总是不懈地追求,顽强地探索,竭力为社会提供独特新颖的作品。例如,在中国绘画史上有许多画马的名家,虽然他们画的都是马,却风格各异,迥然有别。比较唐代的韩干、元代的赵孟頫、宋代的李公麟,乃至现代的徐悲鸿等艺术大师所画的马,就是有力的佐证。作家也一样,鲁迅的《狂人日记》和果戈理的《狂人日记》,虽然是连篇名都一样的小说,但思想意蕴和艺术风格却完全不同。所以法国雕塑大师罗丹说,艺术大师总是"用自己的眼睛去看别人见过的东西,在别人司空见惯的东西上能够发现出美来"。这就要求艺术家独具慧眼,善于从普通中发现特殊,从平凡中看到不凡,这样才能不断创新。

但是,艺术美的独特新颖并不意味着要猎"奇"求"怪",而是在遵循艺术规律的基础上,努力汲取中外艺术的优良传统,进而大胆地开拓、创新。艺术作品应该是"新"的,又是"美"的,是新与美的有机融合。

2. 形象性

形象性是指艺术作品的具体、鲜明、可感的程度。作为一种审美的意识形态,艺术与其他意识形态的重要区别之一,就在于它以具体、形象的感性形式显现其深刻丰富的内容。它是让人看到、听到、闻到、感受到,从而在审美体验过程中领悟到作品所包含的某些深刻的意蕴。这种意蕴,与哲学、社会学、伦理学、经济学等理论研究所提供的逻辑结论是迥然不同的。艺术的内容,是为栩栩如生的艺术形象所拥有的,是为形象的特性所赋予的。

艺术创造的形象性,就是艺术家运用某种特定的材料所创造的反映生活的某种直观的形式,就是艺术家根据现实生活重新创造出来的具体生动的生活图画。如音乐运用旋律、节奏等手段塑造听觉形象;绘画通过线条、色彩等手段创造视觉形象;影视则运用镜头的组接构造直观视觉形象;文学则以语言文字为工具,实现想象中的多维形象。虽然不同种类的艺术,运用的基本艺术手段不同,因而塑造的感性形象所作用的感官也不尽相同,但具体可感的形象性却是共同的艺术要求。

3. 情感性

艺术美是创作主体投之以生命所创造的美,因而洋溢着强烈而真挚的情感体验。可以说,情感的真挚与真诚,是艺术魅力的最重要源泉。无论是创作还是欣赏,如果不动感情,缺乏体验,就很难创造出真正的艺术作品,很难获得真正的审美享受。因为在艺术作品中,情感与形象是相互依托、水乳交融的。如"发愤而抒情"的《离骚》和"发愤之所作"的《史记》,都因情感强烈而光照千秋,对后世作家的创作与理论,产生了深远的影响。再如罗丹的雕塑作品造型精确、形象生动、意蕴丰富。罗丹就认为,形象要蕴藏一种思想、一种感情,并且强调"艺术就是感情"。他把感情视作雕塑艺术的生命。美国现代舞蹈家邓肯也说:"真正的舞蹈是一种恬静的表现,它受制于内心情感的深层节奏。"这些艺术大师运用的是不同的艺术语言,可是得出的结论却是相似的、一致的。

可见,无论中外,各类艺术都离不开情感,没有情感的灌注,艺术家们就不可能在各自的领域,创造出有血有肉、栩栩如生的艺术形象。鲁迅说:"创作总根于爱。"这是对任何艺术都适用的一个准则。没有强烈的爱憎,没有火焰般炽热的情感,艺术就会丧失其生命,就会失去其美。

4. 典型性

典型性是艺术美在内容与形式上的有机结合中所体现出来的深刻而生动的程度。艺术美是现实美的升华,较之现实美,它更高、更集中、更强烈、更普遍,因而更美。这里所说的典型,是指艺术家所创造的艺术形象的特殊性和个性的鲜明突出。原来艺术家在创作艺术形象时都会运用一个"典型化"的方法,就是艺术家把实际生活中本来比较普遍的东西,按照艺术的特殊规律和艺术家的审美理想,通过想象和虚构,进行加工改造,使之成为个性鲜明突出、意蕴丰富深刻的典型形象的方法。如各种形式的"精神胜利法",尽管在实际生活中屡见不鲜,却并没有引起我们的强烈感受,而经过鲁迅先生的"典型化",阿Q的精神胜利法就变得何等鲜明、醒目、强烈!法国著名作家福楼拜说:"必须永远把自己的人物提高到典型上去,伟大的天才与常人的不同特点在于:他有综合和创造的能力,他能结合一系列人物的特征而创造某一个典型。"小说创作需要典型化,艺术作品也不可或缺。画家在写生时,总会有意无意地运用色彩、透视等各种手法加强原来风景的美点,掩饰它的缺点。无论西洋画还是中国画,无论雕塑还是工艺品,美术创作都离不开典型化过程。音乐、戏剧、影视等艺术更离不开典型性,这是不言而喻的。

总之,没有典型性,任何艺术作品都收不到"一以当十"的艺术效果;任何真正美的、经得起历史检验的作品,都是艺术家自觉或不自觉地按照艺术典型化的要求创作出来的具有典型意义的作品。

5. 理想性

理想性是艺术作品所体现的创作主体的目的和愿望所达到的程度。作为一种创造美,艺术美中体现了创作主体的目的与要求、理想与愿望,这是艺术美区别于现实美的一个重要方面。黑格尔认为,现实美是有缺陷的,艺术美则能弥补其缺陷,成为一种理想的美。艺术家根据现实所提供的创作材料,按照艺术的要求,融入自己的目的与愿望,从而形成带有主观理想色彩的艺术美。

艺术美的理想性,首先体现在创作主体强烈的爱憎感情上。爱与憎,体现了主体对某种理想的追求。如八大山人朱耷所绘的花、鸟、草、木、鱼、石,就寄寓着明末遗臣对明朝覆没的哀痛,对满族统治者的愤懑。他所画的鱼、鸭,往往有"白眼向人"状;他所画的鸟类,往往有股倔强悲愤的狂态;他所画的山水,则每每潇疏清凉、淡泊空灵。这些都体现了画家在特定历史环境中的爱憎感情与理想追求。

艺术美的理想性还体现在创作主体对美的愿望的追求上。如李白的浪漫主义诗歌反映了作者对理想生活的追求。再如,《西游记》虽是神话小说,但其中的孙悟空大闹天宫的情节反映了封建社会人民敢于向权贵挑战,追求自由生活的精神;其后的唐僧师徒历经千辛万苦,最终取经成功的情节,反映了封建社会人民对美好生活的向往。艺术家就是把蕴藏在现实生活中和审美想象中的美的碎块集中起来,按艺术美的逻辑予以重新组合,使之鲜明、强烈,成为理想的美的形象。因此艺术家应在艺术创造中融入创作主体的愿望和理想,赋予艺术美以理想性的色彩。

总之,独创性、形象性、情感性、典型性与理想性,是创作主体根据社会现实生活重新创造出来的艺术美的基本特征,它们彼此相互交织、不可分割地隶属于艺术美这一有机整体。全面而辩证地把握艺术美的本质特征及它们之间的关系,对于艺术美的创造与欣赏,都是至关重要的。

第五节 美的基本范畴

美的范畴是人们对美的表现形态的一种概念表述,它的出现,表明了人们对美的各种表现形态所达到的认识程度。美的范畴从不同的方面、不同的角度揭示出美和审美的本质。了解美的范畴,有助于对客观事物做出正确的审美判断。

在西方传统美学思想中,美的基本范畴有优美、崇高、悲剧、喜剧等。它们在西方美学思想史上形成的时间早,流传久远,影响重大,成为西方传统美学整个体系的基石,是美学中不可缺少的基本概念。

一、优美

优美是美的一种最常见、最普遍的表现形态,它的基本特性就是和谐。"美在于和谐",这是人们最初对美的认识。优美的特性之所以是和谐,就是因为主客体的矛盾没有表现为激烈的抗争,而是处于一种统一、平衡、协调的状态。如风和日丽、鸟语花香、莺歌燕舞、山清水秀的自然景色表现的美就是优美。优美还体现在艺术作品中。在我国古代的雕塑中,如汉代舞俑,充分表现了舞女长袖善舞、翩翩起舞的形象;现代舞蹈家杨丽萍表演的《孔雀舞》,达到了惟妙惟肖、活灵活现的地步;西方文艺复兴时期的艺术大师达·芬奇创作的油画《蒙娜丽莎》,看后令人心境平和、赏心悦目。

优美带给人一种平静、安适、和谐的愉快,其中感性功能较为明显,因而,优美感的特点表现为和谐感、爱恋感与松弛感。和谐感表现为主体的诸多心理因素的和谐统一,从而主体产生了一种悠然自得、适情、顺性的情感愉悦。爱恋感是指主体对审美对象的亲近,对象引起了主体的喜爱,这是一种无功利、不带占有欲的无私的爱。松弛感是指优美感的效果。优美感的发生,绝不会使主体在生理和心理上造成任何激荡不安与紧张,它只会使人全身心地松弛舒畅、轻松愉快,让人获得一种恬淡、温馨、宁静之感。

二、崇高

崇高是与优美相对应的另一种美的表现形态,其审美特点与优美相对立。

崇高的基本特性是严峻的冲突。它往往表现为粗犷、豪放、激荡、刚健、庄严、雄伟、悲壮等特征,给人以惊心动魄的审美感受。如咆哮的大海、高耸入云的山峰等,就是自然界中的崇高美。在社会生活中,崇高通过人类艰苦卓绝的伟大实践,展示出人类征服自然、改造社会的巨大力量。由于斗争的严峻与艰苦,在矛盾的激化中显示出人的本质力量和英雄人物的英雄气概。在革命战争年代,无数革命先烈抛头颅、洒热血,他们大义凛然,宁死不屈;在当代社会中,军民团结奋战、抢险救灾的事例屡见不鲜;在古代雄伟的建筑艺术中,如中国的长城、中世纪的大教堂、罗马斗兽场、埃及的金字塔等,都以雄伟、壮观的气势展现在世人面前,这些都是崇高美。

崇高感的特点在于紧张感、崇敬感和奋发感。紧张感是指崇高感给人带来了震荡、不安,人的整个身心似乎都紧绷绷的。崇敬感是指人在崇高感中,唤起了自己对整个人类的使命和终极目的的关怀、尊崇与敬佩,对人的力量的尊重,对人的精神境界的追求。奋发感是指主体在崇高感中产生的一种鞭策与激励。

三、悲剧

悲剧作为一个美学范畴,在审美中有着重要的地位。但美学意义上的悲剧与日常生活中发生的令人悲痛的事件不同,日常生活中发生的悲剧,由于其不具备历史的和时代的矛盾冲突的客观必然性,因而不具备现实意义和美学意义。俄国著名文学评论家别林斯基说:"偶然的事件,例如一个人出其不意的死亡,或者其他未预料到的与作品主要思想没有直接关系的情况,都不能在悲剧中占有地位。"美学范畴的悲剧是指具有美学的社会意义的悲剧现象、事件和人物,它在本质上与崇高相同,或者类似;它尽管给人带来无限的悲痛和哀伤,但人们却能从中化悲痛为力量,振奋精神,激励斗志,给人以悲壮的审美感受。鲁迅先生曾说:"悲剧是将人生的有价值的东西毁灭给人看。"这里所谓有价值的东西,就是指悲剧人物在与恶势力的斗争中所表现出来的美好的理想、愿望和要求,它们与社会的历史进程相一致,一旦遭受毁灭,给人看了,往往就产生了悲剧效果。如《红楼梦》中贾宝玉和林黛玉的爱情悲剧,表现了封建社会中的青年人为了追求婚姻的自由与封建势力的对抗,这样的悲剧就具有强烈的现实意义和美学意义,能引起人们的警醒和思索。相反如电影《泰坦尼克号》中的船撞冰山、人船俱毁的故事情节,堪称悲剧,但由于它不具有必然的斗争与冲突,并不具有真正悲剧的性质,因而激不起真正悲剧的崇高之情。

悲剧感在很大程度上都类似于崇高感,给人一种激荡、动人心魄的复杂感受。它的特点是震颤感、畏惧感、超越感。震颤感是指人在悲剧面前,因目睹人间大苦难、悲惨死亡而产生的一种震颤,唤醒人的麻木不仁,引起人的高度警觉,使其不致在尘世中沉沦。畏惧感是指人在强烈的震撼之中,不能不为悲剧人物的悲惨不幸而生畏惧。超越感是指人面对灾难、死亡之时,虽然畏惧,但终因忧患而奋起反抗,走出平凡、庸俗,使自己昂扬奋发、超越个体,从而更好地把握人生。

四、喜剧

喜剧是与悲剧相对应的一个重要美学范畴,它广泛地存在于社会生活和艺术领域中。鲁迅曾指出,喜剧是将那无价值的东西撕破给人看。所谓无价值的东西,也即假、丑、恶的东西,它们被撕破,即假象被揭穿,真相现形,丑恶的东西被鞭挞,必定会令人忍俊不禁。因此喜剧的效果是笑,但喜剧的笑与生理反应的笑、单纯的笑不同。生理上的笑是人的一种本能,如看见别人笑自己也笑,这仅是一种条件反射;单纯的笑也并非人对事物的一种审美评价;喜剧的笑是人对事物的一种情感态度,它包含着人的审美评价,蕴含着深刻的人生哲理与社会意义。因此,喜剧的重要特点是寓庄于谐,也就是说,在诙谐可笑的喜剧艺术中,寄寓着人生的美好希望与憧憬。显然,"庄"与"谐"二者缺一不可。如果缺少"庄",即便有"谐",难免让人产生庸俗和无聊之感;但如果缺少"谐"而只有"庄",那又多少给人板起面孔训人之感。喜剧恰好是"庄"与"谐"的水乳交融、相得益彰:"庄"寓于"谐"之中,"谐"表现着"庄"。可见,喜剧并非是为了逗乐而逗乐,为笑而引人笑,它是让人在笑声中否定丑、肯定美;在笑声中轻松、愉快地告别过去,以迎接幸福的未来。

喜剧的存在形态多种多样,表现为机智、幽默、讽刺、闹剧、小品、相声等,甚至日常生活中的揶揄、打诨等也不乏喜剧。下面简要介绍机智、讽刺、幽默。

1. 机智

机智是带有强烈理智要素的一种滑稽。它把看似悖理的现象进行巧妙的串接,使人在意料之外有所启迪,因而机智常常富于灵感,带有迷人的效果,引人探索。如《阿凡提的故事》就是通过阿凡提的聪明、机智,解决了看似不可解决的难题,同时也嘲弄了权贵们的愚蠢。

2. 讽刺

讽刺是以真实、简练而夸张的手法,对生活中一切不合理的现象做出嘲弄和批判,使人在否定丑、针砭恶中得到审美愉悦。讽刺分两种:一种是对敌人的揭露与批判;一种是对人民内部的缺点和错误进行批评。前者的讽刺较为辛辣,鲁迅先生的一部分杂文是这种讽刺艺术的典范;后者的讽刺较为温和,这种讽刺是善意的,它即便揭示现实生活中的不良风气与不良习俗,也正是为了使人在笑声中发现错误、改正缺点,从而愉快地告别过去。相声、小品、漫画等艺术中都曾出现过这类优秀作品,引起社会的巨大反响,起到了教育人们、净化社会、提高人的精神境界的重要作用。

3. 幽默

幽默是指用含蓄、凝练、机智、风趣的方式,揭示生活中的矛盾与哲理,令人发出会心的微笑的喜剧形式。它常常通过含蓄、曲折的形式,通过比喻、夸张、象征、寓意、双关等手法来褒贬是非。因此,幽默常令人深思,蕴含着深刻的审美意义,不应视幽默为戏耍、玩笑,那种为逗乐而逗乐的相声、玩笑并非幽默。有时,幽默还含有苦涩之泪。俄国著名讽刺文学作家果戈理在挖掘生活的笑料时,就把一种哀怨与愁苦交融在笑声中,使笑不免变为一种带有淡淡苦涩的"含泪之笑"。

幽默是生活中的润滑剂,它使人的生活更加风趣,更富人情味。它在艺术中常作为加强艺术效果的重要手段,成为艺术家创作个性与创作风格的一种鲜明表现。

小结

本章对美的本质与特征做了大致介绍。了解美的本质、美的形态和美的基本范畴等美学基本问题,能帮助我们更好地发现美、欣赏美、创造美。关于美的本质问题,自古以来众说纷纭,马克思主义美学观认为,美是以宜人的感性形式显现出对人的本质力量的肯定和确证。美包含自然美、社会美、艺术美,其中自然美和社会美同属现实美的范畴;艺术美是人工创作的美,它源于生活,高于生活,因此是更高层次的美。美的基本范畴包括优美、崇高、悲剧、喜剧等,它们是西方传统美学体系的基石,是美学中不可缺少的基本概念。

第二章
美的形式与形式美

> **学习目标**

了解美的形式与内容的辩证关系,了解形式美的特点。

掌握形式美的感性质料,理解形式美诸法则的含义。

形式美同艺术美、社会美、自然美一样,是美的一种形态或种类。在审美活动和审美教育中,形式美占有重要地位。这是因为,促成人类审美意识的发生首先是形式美;形式美诸法则的掌握是艺术美的创造与欣赏的重要前提。

第一节
美的形式与形式美

一、形式与内容

形式与内容是一对重要的哲学范畴。在自然界和社会生活中,一切事物都可以分解为形式与内容两部分。所谓内容,就是构成事物内在要素的总和,是事物的实质所在。所谓形式,就是内容的内部结构(或结构方式)及外观所在。二者虽有区别,却是一种统一存在的关系。在这种统一关系中,内容是主要的,起决定作用。但这种决定与被决定的关系不是机械的,而是辩证的。形式对于内容不是消极的、可有可无的,而是积极的、必不可少的。没有一定的形式,内容就无法表现,人们也无法感知和掌握它。人们要认识事物的本质(内容),掌握事物的运动规律,必须经由事物的形式,尤其是事物的运动形式。总之,内容离不开形式,形式必须表现一定的内容才有意义,二者密不可分,不可偏废,是一种相互依存、对立统一的关系。

形式作为内容的存在方式,又分为内形式与外形式。内形式是内容诸要素的内在结构方式,与内容的关系是直接的、有机的、密不可分的;外形式是与内在结构相关联的外部表现形态,与内容的关系比较间接,可以同内容相分离。例如一座富丽堂皇的建筑物,它采用的砖石结构、土木结构、混凝土结构、钢铁结构及它们的各种组合关系,便构成了建筑物的内形式,这主要是由建筑物的实用功能和经济规律决定的。建筑物的外形式则是由一系列装饰性处理和附属装饰部件构成的外观风貌,直接作用于人们的视知觉,这种外形式与其内容的关系是间接的,但与审美的关系却是直接的、密切的。如建筑物的层次、色彩、门窗式样等,都起着一种装饰美化或表现某种象征意义的作用。一般来说,事物的外形式往往都是美的形式。

二、美的形式

以上关于形式与内容的基本规定性,也是美的形式与内容的基本关系。人们在审美活动和艺术创造中,往往都追求一种美的形式。因为形式不美,内容再好,再正确,也不是艺术,也不可能成为审美对象。所以,艺术创造和审美活动从一定意义上说,是一种美的形式的创造与运用,也就是如何创造出最充分、最恰当地表现内容的美的形式来。当然,在日常生活和生产劳动实践中人们也尽可能地美化各种形式,例如,生活器皿、生产工具、作战武器等的造型,不仅要求方便实用,也要求美观或符合某种特定的审美要求。这种美的形式创造服务于实用功利需要,与社会目的紧紧结合在一起,同纯粹的审美活动和艺术创造是不同的。

这里要弄清楚美的形式与形式美的区别。美的形式不能离开具体内容,离开了具体内容,也就无美可言。所以,美的形式只是美的对象的感性外观,不是美的独立存在;形式美却可以不依赖具体内容,而具有独立的审美价值。美的形式是表现一定内容的,是具体事物的感性形式,内涵具体而有限;形式美却表现一种抽象意义,是抽象事物的感性形式,其内涵宽泛而界限模糊。

三、形式美的特点

社会实践的历史积淀,使美的形式所涵盖的具体社会内容渐渐远去,而演变为独立存在的形式美。由于没有具体社会内容的制约,形式美比其他形态的美更富于表现性,更自由、更灵活,从而形成性能上的独特之处。

第一,具有装饰性。形式美不仅是独立存在的审美对象,更经常附着于其他事物之上,起一种装饰美化作用,而且运用的范围非常广泛,这是其他形态的美不太可能做到的。

第二,形式美虽然也是一种感性具体的美,但却具有很高的抽象性,它是一种"抽象的具象"。

第三,具有象征性。形式美经常成为一种象征标志,用于宗教、政治、社会中。

第二节
构成形式美的感性质料

黑格尔将形式美构成因素划分为两大部分:一部分是构成形式美的感性质料,一部分是构成形式美的感性质料的组合规则,即形式美法则。我们也按照这种划分。在这里先谈第一部分——构成形式美的感性质料。

构成形式美的感性质料,主要是指色彩、形状、声音。

一、色 彩

在这个世界上,因为色彩的存在,自然与社会才变得辉煌灿烂、绚丽多姿。如果没有色彩的装点,世界将失去现在的美丽而变得单调乏味。

色彩,从科学的眼光看,不过是光的不同波长,但这种科学认识并不能代替美学分析。人类在长期生产实践中凭借色彩经验去认识和改造世界,传达信息,并赋予它一定的生活意义和观念情感意味,将其逐渐规范化为独立的审美对象,以至于在表现某种情感方面远胜于形状。

一般来说,各种色彩都积淀着某种人生意味。如科学家所说的三原色,从美学家的眼光看,红色具有一种热烈兴奋的情调,绿色有一种冷静稳定的情调,蓝色有一种抑郁悲哀的情调。当然,不同的视角,不同的心理经验,对色彩的审美属性也有种种不同的体验。例如,有的研究者把色彩分为"冷色"和"暖色"两类:红色和接近、趋向红色的色彩(橙色、黄色等)为暖色;蓝色和接近、趋向蓝色的色彩(绿色、黑色、紫色等)为冷色。色彩的这种"冷""暖"性质,当然是指色彩本身的性质,但似乎也涉及视觉和肤觉的共同结构的性质,因而才有它们之间的互换现象。

色彩之美所包含的种种不同意义和意味,主要是它们与不同的生活实践的不同方面相联系的结果。如红与太阳、鲜血相联系而派生出热烈,绿与植物相联系而派生出安静,蓝与天空、大海相联系而派生出深沉,黄与大地相联系而派生出尊贵,白与白昼相联系而派生出明朗,黑与黑夜相联系而派生出严肃、恐怖。各种色彩美,原始的意义和情绪是否如此尚无据可考,但是,从生活实践出发去思考这个问题是符合形式美诞生的事实的。随着社会的前进,色彩在生活实践中更广泛地被利用,它的意义也将逐渐增多(见图2-1和图2-2)。

图2-1 自然界中的色彩美

图2-2 餐饮搭配的色彩美

二、形状

形状包括点、线、面、体各部分,也是构成形式美的重要感性质料。形状不仅像色彩一样诉诸视觉感官,而且还可诉诸躯体感官。形状可以成为独立的审美对象而引起人们的审美感受,但形状的美并不就是形状本身。从形状本身看,它不过是事物的一种空间形式,其基本特性是物体的边界线。

在形状诸要素中,线是最重要的要素。因为线是由点构成的,是点的移动轨迹,而线的围绕又构成各种物体的形状,线本身也是一种形状,也可以独立成为审美对象。线只有位置与长度,却可以构成具有广度和厚度的空间形体。线有直线、曲线、折线等。

作为形式美的形状各种各样,所包含的意味也各不相同,因而用于艺术创作可以成为决定某种风格的因素。如希腊式建筑多用直线,罗马式建筑多用弧线,而哥特式建筑则多用相交成锐角的斜线(见图2-3),其风格的不同一目了然。一般来说,直线令人感到坚硬,竖线令人觉得挺拔,横线显得平实,斜线显得有力,折线显得生硬,曲线则使人感到流畅;三角形显得稳固、安定,倒三角形则显得危险、不安,正方形令人觉得公正大方,圆形则令人觉得柔和自如,等等,不一而足。但由于人们经验不同、情趣不同、所处的环境不同,看法也可能各异。同时,美与丑都不是绝对的,线条的美丑也是如此。例如直线显得坚硬,却又显得呆板、单调;曲线显得流畅,却也令人觉得轻飘;正方形显得公正大方,却也有些固执;圆形柔和自如,似又令人觉得圆滑。形状所包含的审美意味如此多变,正表明形式美乃属于社会历史范畴。

图 2-3　哥特式建筑

三、声音

声音也是构成形式美的重要感性质料，但它不像色彩、形状都是通过视觉感官而获得审美感受，而是诉诸听觉感官。单就声音而言，它也可以作为独立的审美对象，引起人们的审美愉悦。但声音之美也不在它本身，而在于它包含的某种人生意味。声音的高低、强弱、快慢、纯与不纯，都可能显示某种意味，传达某种信息，或表达某种情感，情况是很复杂、细微的。一般来说，低音凝重深沉，高音亢奋激昂；强音振作，轻音柔和；急促的声音显得紧凑，缓慢的声音显得舒展；纯正之音悦耳动听，令人愉快，反之，则令人不畅。在生活和音乐艺术中，声音所表现的人生意味实在太丰富、太复杂了。而人们对声音或音乐的领会也各异。一首乐曲完结时，可能全场的人都表示满意，但满意的理由却很不一致。有的人可能是因此而唤起许多良辰美景的联想，有的人可能因此而引起惆怅之感，另外的人可能是赞美其演奏技巧的高超、完美。

第三节　形式美的法则

构成形式美的第二部分，就是各个感性质料的组合规律，也就是形式美的创造规律，我们称之为形式美的法则。形式美的法则，是人类在创造美的活动中不断地熟悉和掌握各种形式因素的特点，并对各种形式因素之间的联系不断地进行研究而总结得出的。形式美有诸多法则，这里只提出主要的六项加以讨论。

一、整齐一律

整齐一律是一种最简单的形式美。在这种单纯的形式中不见明显的差异和对立因素。如蔚蓝的天空，碧绿的大海，广阔无垠；皎洁的月光，皑皑的白雪，纯洁晶莹，都是色彩中的某一单色。单纯能使人产生明快的感觉。再如仪仗队，整齐的队伍，同等的身材，迈着一致的步伐，显示出一种整齐雄壮之美。整齐之美，主要是靠"反复"实现的。"反复"也属于"整齐"的范畴。"反复"即同一形式的连续出现,也指"整体"中的局部连续再现,"反复"能显示出秩序和节奏,从而引起美感(见图2-4和图2-5)。

图2-4 梯田的整齐之美

图2-5 建筑中重复构成图案

二、对称均衡

与整齐一律不同,对称均衡的形式美鲜明地显现出差异与对立,在差异与对立中求得一致和均衡,此种一致与均衡符合相辅相成或相反相成的道理。对称有左右对称、旋转对称、中心对称等形式,最常见的是左右对称。左右对称是指以一线为中轴,左右(或上下)两侧均等,如人体以鼻梁和肚脐上下一线为中轴,眼、耳、手、足,乃至鼻孔都是对称的,又是左右排列,就出现了位置、方向上的差异。大多数的动物的躯体也是如此对称的。均衡形式是对称形式的一种变体,它的特点是:中轴线两侧的形体不必完全等同,不必一一相对,但在量上大体相当。均衡较对称有变化,比较自由一些。例如树的树枝、树叶多是均衡而不是对称的。对称具有较安静的特性,均衡则在静中倾向于动,二者都给人以稳妥感,都可以起衬托中心、突出主干的作用(见图2-6至图2-9)。

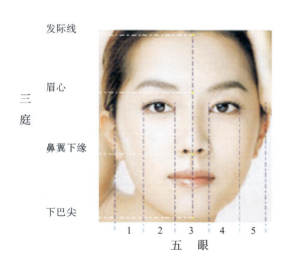

图2-6 人物面部五官的"三庭五眼"

图2-7 米兰大教堂的对称布局

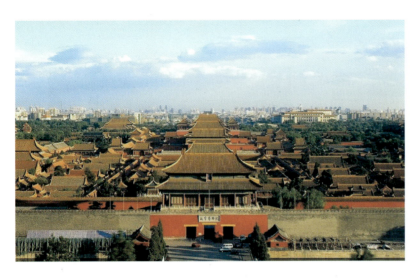

图 2-8　故宫的对称布局

图 2-9　油画《西斯廷圣母》（拉斐尔）采用均衡构图

三、调和对比

调和对比是指两种（或多种）不同事物的关系而言，反映着两种矛盾状态，或者说是处理矛盾的两种方式。调和是异中求同（一致），对比则是异中更突出异（对立）。调和是把两个（或多个）相接近的东西相并列相交接，例如色彩中的红与橙、橙与黄、黄与绿、绿与蓝、蓝与青、青与紫、紫与红都是邻近的色彩，可调和运用。事物经过调和，会给人以协调、融合之感。对比是把两种极不相同的东西并列、比较，突出其差异，明确其界限，这是文学创作很常用的一种表现方法。"接天莲叶无穷碧，映日荷花别样红"（杨万里），这种"万绿丛中一点红"的红与绿的对比，取得十分鲜明、醒目的审美效果。"黑云翻墨未遮山，白雨跳珠乱入船"（苏轼）也是运用如此手法，不仅有色彩对比，还有声音对比、形体对比，通过对比使形象更鲜明，气氛更活跃，感受更深刻。在绘画中如意大利著名画家提香的油画《达娜伊》，画家运用了光的明暗对比（达娜伊通体明亮，老妇人则暗淡）、色调的冷暖对比（达娜伊色调暖，老妇人色调冷），突出了达娜伊，加强了艺术形象的美丑对比，有力地鞭笞了老妇人的贪婪，歌颂了达娜伊的爱情。再如我国著名画家吴作人先生的《犁奔》则用墨的浓淡干湿，加强了四头犁牛的对比关系，拉开了空间距离，造成四头犁牛在辽阔深远的草原上勇往奔驰的强烈视觉效果，同时也丰富了画面墨色变化（见图 2-10）。

图 2-10　吴作人的国画《犁奔》

四、节奏韵律

节奏并非仅指音乐艺术的美。任何事物,按一定的时空反复连续出现就称为节奏。如一年四季的周而复始、日出日落、潮涨潮落、钟摆的摆动、道路两边行道树的布局等,都是节奏美。节奏是韵律的基础,韵律是节奏的深化。在节奏的基础上赋予一定的情趣和神韵,便成了韵律。一幅书法作品,从它的布局、结构、运笔、用墨及其所形成的气势、风骨、神采,都可以看出或感觉到它的韵律之美,或如行云流水,或如蓝天雁阵,或如众星捧月……这里如果没有节奏,看不出秩序与韵律,便是什么也不是的杂乱一团。任何艺术形式都离不开节奏与韵律。从一定意义上讲,节奏与韵律决定着艺术作品的成败与高下,它们之于艺术,是外形,更是生命。美术作品中如吴冠中的《长城》,线条的粗细曲直,跳跃的不同大小的黑、白、灰色块,形成一种恢宏的节奏韵律,令人心旷神怡;再如油画《白桦林》,树干的粗细、长短、疏密,色块的斑斓、明暗,都在视觉上产生一定的节奏感(见图2-11)。

图2-11　油画《白桦林》

五、比例匀称

比例是指事物的整体与局部或局部与局部之间的对比关系。比例,可以有量的比例,也可以有质的比例。有属于整齐一律,如正方形各边长的比例;有属于平衡对称,如长方形的长与宽的比例。合乎某种比例要求就会产生"匀称"的效果,匀称也是一种形式美。

著名的"黄金分割"律,正是从比例关系中总结出来的一项法则。"黄金分割"律,源于古希腊毕达哥拉斯学派,研究的是线段采用何种比例才能匀称,才使人满意。近代西方实验美学用各种长方形做实验,证明长方形的长与宽之比为1.618∶1最令人满意,能产生美感,这种比例就叫作"黄金分割"。一般认为,人体以肚脐为界分上下两部分,其比例符合"黄金分割"律就是匀称,就是美;上部以咽喉为界分为两部分,下部以膝盖为界分为两部分,如果也都符合"黄金分割"律,就是匀称,就是美。当然,人体的比例是否如此就匀称、就美,"黄金分割"律只能是大致标准,并不能说是衡量一切人的身材匀称的唯一标准。又如,在中国古代画论中有"立七、坐五、盘三半"的说法,是说人在不同姿态中头部与身高之比例为1∶7、1∶5、1∶3.5才算恰当、匀称。还有"丈山、尺树、寸马、分人"之说。这些说法都是从审美创作经验中总结出来的,是有借鉴意义的。但是,这些都是一般的分析,在形式美的创造与欣赏中不能机械照搬这些说法。对于"黄金分割"也是一样(见图 2-12 和图 2-13)。

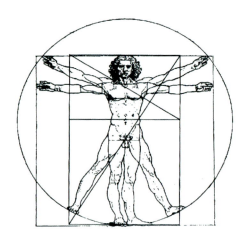

图 2-12　人体的黄金分割比例

图 2-13　摄影构图的黄金分割比例

六、多样统一

多样统一是形式美的基本法则,其主要意义是要求在艺术形式的多样变化中,要有其内在的和谐与统一关系,既显示形式美的独特性,又具有艺术的整体性。多样而不统一必然杂乱无章;统一而无变化,则呆板单调。所以既多样又统一才会使人感到优美而自然。如景观园林是由建筑、植物、山石、道路等多种要素组成的空间艺术,山水地形变化万千,建筑的形态、风格各样,植物千姿百态、五彩缤纷,要想在同一个空间里达到和谐统一,必须要注意多样统一规律的应用(见图 2-14)。多样统一所产生的美感效果是和谐,体现了自然界中对立统一的规律。事物本身的形体有大小、方圆、高低、长短、曲直、正斜,质地有刚柔、粗细、强弱、润燥、轻重,势有疾徐、动静、聚散、抑扬、进退、升沉等,这些对立的因素统一在具体事物上面,形成了和谐。过于统一易使整体单调无味、缺乏表情,变化过多则易使整体杂乱无章、无法把握。在美术作品中如《自由引导人民》是符合多样统一法则的经典性构图,战场上冲锋陷阵的各阶层人民,横七竖八的尸体,滚滚"多样"的硝烟,被处于构图中心的自由女神和她手中的旗帜"统一"着,奏出了一支响亮的革命进行曲(见图 2-15)。

图 2-14　园林中的布局符合多样统一原则

图 2-15　油画《自由引导人民》(德拉克洛瓦)

以上这些形式美的法则,都不是绝对不变的。无论从历史的角度还是从逻辑的角度看,形式美的法则都存在一种从简单到复杂、从低级向高级的变化发展。诸法则既是互相区别的,又是密切联系的。

小结

美的形式与内容是一对重要的基本关系,任何好的艺术作品都是内容与形式的完美统一。形式美具有独立的审美价值,它具有象征性和装饰性等特点。构成形式美的感性质料有色彩、形状和声音。形式美的创造规律,即形式美的法则,包括整齐一律、对称均衡、调和对比、节奏韵律、比例匀称、多样统一等,其中最重要的法则是多样统一,它是形式美法则的统帅。

第三章

美 感

> 学习目标

了解美感的起源与特征,了解审美心理过程,掌握审美心理结构,熟悉审美知觉、审美想象、审美理解、审美态度等重要概念。

第一节
美感的基本特征

美感也称为审美感受,是人类高级的情感体验。它与动物的单纯的感觉活动(快感)是有区别的。人类是借助高级的神经系统的条件反射而产生的感觉,也就是脱离了动物的快感而上升到人类的理性层面。比人的审美感受更高一层次的是人类的审美意识,它与其他社会意识一样,都是人类反映现实的一种特有的精神现象。

一、美感的起源与发展

美感的起源是研究美感本质的出发点,因为美感的历史也是它的逻辑起点。那么美感是什么时候产生的、在哪里产生的和怎样产生的?这确实需要一些想象成分,而且也带有一些神秘的色彩。马克思说过:"社会生活在本质上是实践的。凡是把理论导致神秘主义方面去的神秘东西,都能在人的实践中以及对这个实践的理解中得到合理的解决。"因此,我们在研究美感的起源时,要坚持实践的观点,这是理论前提和哲学基础。

人类起源于劳动,劳动创造了世界和人本身,人们在劳动实践中产生的审美愉快成为一种社会需要,于是诗、歌、舞等艺术形式相继出现,它们的出现直接发展了人们的观察能力和想象力,丰富了人们的情感领域,并且以一种对象化的形态更集中地体现人们的美感。

在自然美的审美意识没有出现之前,人们把与自己生活有关的自然美的现象当作社会美来欣赏;随着劳动实践和社会生活的发展,人的本质力量的不断丰富,人们才开始欣赏与社会美没有直接联系的自然美的对象,如奇山、秀水和花朵等,产生了对自然美的美感。因此,对社会美的美感早于对自然美的美感而存在。所以人们最早的画像都是以动物为主题的,而以山水入诗入画在中国是六朝时期,在西方,有独立意义的风景画则在17世纪时才出现。

二、美感的特征

人的美感活动作为一种复杂而特殊的精神活动,主要有如下几个特征。

1. 美感的直觉性

美的事物和现象都具有具体可感的、富有感染性的形象特征。美感活动始于对这些形象特征的直觉并始终不脱离这种生动的直觉。这种所谓直觉,指的是审美主体对审美客体的一种不假思索而能立即把握与领悟的能力。每当我们看到一处秀丽奇妙的自然景色,听到一首悦耳动听的乐曲,欣赏一幅风格隽永、诗意盎然的绘画作品,或赏玩一件巧夺天工、玲珑剔透的工艺珍品时,往往会情不自禁地发出由衷的赞叹,这就是所谓直觉性的审美愉悦。人们在开始获得这种审美感受时,既没有经过理智的思考准备,也没有进行逻辑的判断和推理,而是刹那间就做出对对象美或不美的判断。这就是普列汉诺夫所说的真正的艺术家总是求助于直观能力的原因所在。

审美直觉从本质上说具有双重性。一方面就审美个体而言,这种审美具有直观性质;另一方面在直观的背后渗透着理性的内容。在审美实践中人类创造了自身的审美经验,使理性的东西融化在感性中,历史的东西融化在心里。也就是说,直觉的审美是人们长期经验的积累,是以人们对某些审美对象早有的思索与理解为基础的。所以,直觉审美可分为初级直觉和高级直觉。初级直觉是往往带有片面性和表面性的审美活动的起点。只有当直觉渗透着理性因素时,也就是经过积淀,达到理性认识的直觉阶段,才能构成高级的直觉。

2. 美感的愉悦性

美感的愉悦性,是指在审美活动中,审美主体总是充满感情色彩,表现了对审美对象的一定的审美态度。而对各种美的事物,审美主体若能全身心地去感受,就会被深深地打动,从而感到愉快、喜悦、惬意、舒畅、满足,乃至陶醉。美感的愉悦性就其根源来说,与美的感染性密不可分。如果客观事物不美,没有感染力,就很难激起人们内心情感的波澜。车尔尼雪夫斯基认为,美感的主要特征是一种赏心悦目的快感,美感之所以被说成是一种审美快感、一种精神享受,指的就是这种愉悦身心、陶冶情操的满足。而审美的最终效果,也就是表现在这种精神满足的实现和所能达到的程度。美感的愉悦性是美感直觉的深化和扩展,这也是审美意识区别于其他意识形式的突出特征。

美感和一般的生理快感有本质的区别。生理快感与人的生理活动相联系,而美感则与人的心理活动相联系。一般来说,生理快感只是物质作用在生理感官上所引起的舒适、快乐,并没有美感所反映的理性认识的内容和精神性的东西。但美感也以生理快感为基础,美感包含着生理感官的快感,因为美感的产生也要依赖耳目的活动,依赖大脑的记忆和其他意识的生理功能。美感是从对象的感性形象中意识到人的自由创造,理解到事物美的内涵,从而在精神上感到喜悦与快乐。它是自由的、无私的,有无穷的意味,所以能给人精神上美的愉悦和享受。

3. 美感的非功利性

美感活动与科学活动、实用活动的根本区别在于,美感活动是一种非功利性的活动。它具体表现在:个人在审美时,一般都不抱有明确的实用目的,无论是看一场电影,听一支曲子,或是欣赏一幅画,都不是为了满足某种实用功利的需要,相反还要付出精力和金钱等代价,但人们仍然乐意为之。在审美时,尽管可能产生强烈的情感体验,却不是以直接实践的态度来对待对象,也就是说并不要求立即付诸行动。美感无关个人的利害得失,它不是自私的享乐,而是一种无私的、社会性的精神享受。所以当人们一旦获得了美感,就急于与他人分享。这种美感的非功利性在自然美的观赏中表现得尤为突出。自然美侧重于形式美,具有全人类性,因而它的社会功利性并不明显。在各种审美活动中,人们对美的鉴赏应持一种审美的态度去观照对象,而不应该把直接占有欲念混杂进去,这样才能获得美的享受;反之,则无美感可言。美感活动不是自私的、低级的物质享受,而是一种无私的、自由的、社会性的精神活动。

第二节 审美心理结构

审美心理是美学研究的中心问题之一。美感就是人们在审美欣赏和创造中的一种心理现象。审美心理主要研究美感心理,亦即审美经验。审美心理结构,即审美心理机能、审美心理形式,由审美感知、审美想象、审美理解、审美情感等多种心理要素构成,它们互相协调、作用,共同促成美感的实现。审美心理过程是审美欣赏、创造和批评的有机统一过程,也就是情感对意象的构建和体验的过程。

一、审美感知

在审美心理学中把审美感觉和审美知觉合在一起,统称为审美感知。

1. 审美感觉

感觉,按心理学的分析,是对事物个别特性的反应,如对事物的色彩、线条、声音、质地的感官印象。它是通过感官与对象的直接接触而获得的。人的眼、耳、鼻、舌、身和大脑神经系统专门组成了视、听、嗅、味、触的感觉分析器官,接收和传达外界各种信息。当我们感觉到某种色彩、声音、线条、质地而产生愉悦感时,这种愉悦感就起于感觉。美国美学家帕克在《美学原理》中写道:"感觉是我们进入审美经验的门户;而且,它又是整个结构所依赖的基础。"

2. 审美知觉

知觉,按心理学的分析,是对事物个别特性组成的完整形象的反应。

审美知觉是多种感觉的综合活动。其中,视觉和听觉是主要的审美器官,味觉、嗅觉、躯体觉、运动觉、皮肤觉,在审美知觉中只起辅助作用。但审美知觉乃是各种感觉的协同活动,在这种长期的协同活动中,各种感觉之间经常出现暂时联系,形成彼此沟通、转移、互渗现象,从而丰富了审美知觉的功能。心理学把这种沟通、转移、互渗现象叫作"联觉",就是说,某一个感受器受到刺激可以引起另一个感受器的反应,如声音刺激唤起视觉形象。"联觉"也称"通感",如宋词中的名句"红杏枝头春意闹",这一"闹"字就把事物的无声状态说成好像有声音的波动,仿佛在视觉里获得了听觉的感受,这正与禅宗所说的"耳中见色,眼里闻声"的道理相同。联觉或通感现象的存在,极大地突破了直接知觉经验的界限,丰富了知觉经验的内容,而这正是审美知觉。

二、审美想象

审美想象是审美心理结构的一个十分重要的因素。审美知觉提供的形式(表象)虽然已是经过选择、抽象了的,但是要真正构成审美意象还必须经过想象引向理性。审美想象作为高级的审美能力,始终以表象为前提展开活动,以审美意象的形成为活动目标。它是审美欣赏和审美创造的关键因素。根据其活动领域不同,审美想象又分为知觉想象、再造性想象和创造性想象三种形式。

（一）知觉想象

审美想象可以活动在审美知觉之中，渗入审美知觉中的想象，称为知觉想象。它表现为在直接把握对象形式结构的活动中展开联想，或是充实、扩展知觉经验，或是赋予知觉经验以新意。如看到晴空万里，联想到光明，随之而感到舒畅、开朗；看到阴云密布，联想到黑暗，随之便感到沉闷、抑郁；看到暴风骤雨，联想到革命，随之则感到昂扬激动，这都是想象渗入知觉与对象的对应活动的产物。这里边有情感因素，是想象、联想把情感经验移入知觉之中，从而使物理形式变为审美对象。

（二）再造性想象

审美想象可以活动在记忆表象之中，渗入记忆表象中的想象，通常称为再造性想象。它的基本趋向是最大限度地恢复、复现原来的知觉印象，即最终接近于复制过去被知觉的对象形式。通过复现，原来伴随对象形式的情感也将或多或少地再现出来，使主体重温一次那早已消逝的情感体验。正是这种记忆想象在心中留下的印象痕迹不时浮现，才构成一种强烈的审美欲望。例如唐五代崔护的《题都城南庄》："去年今日此门中，人面桃花相映红。人面不知何处去，桃花依旧笑春风。"就是运用的再造性想象创作的一首情意真挚的抒情诗。再如苏轼看到大江东去的壮美气势，创作的《念奴娇·赤壁怀古》："遥想公瑾当年，小乔初嫁了，雄姿英发。羽扇纶巾，谈笑间，樯橹灰飞烟灭。"也是通过再造性想象创作出的千古绝唱。

（三）创造性想象

审美想象可以活动在创造表象之中，对表象的改造制作，通常称为创造性想象。它的基本趋向是通过记忆表象的改造，创制出一种从来没有存在过的新的意象。这种创造性想象不是任意的，而是根据审美需要和审美理想创造的，并渗透着理性因素，多是自觉的，有时也带有非自觉性。

创造性想象可以借助不同的手段或方法建立新的表象，在审美欣赏或创造中运用比较广泛的有下列几种。

1. 黏合

黏合是表象最简单的组合形式，它把现实生活中缺少因果关系的部分、属性、品质拼合在一起，从而创造出一个从未有过的新意象。如埃及金字塔前的狮身人面像、中国宗教艺术中的牛头马面、外国神话传说中的美人鱼等。

2. 夸张

与黏合这种形式很相近，夸张表现为借助一个新的表象与原表象的连接，对原表象加以夸大或缩小，相连接的表象之间应该在某些性质、属性方面相似，做到合情合理，所以又与黏合不同。如李白的诗句"白发三千丈"，极言白发之长，虽夸张但很形象。

3. 变形

变形是将原表象的某些部分的数量加以改变，位置加以移动，创造出现实中不可能有的怪异表象。如九头鸟、千手观音、夜叉等。或是利用梦中光怪陆离、荒诞不经的幻影，经过想象创造出某种怪诞的表象。如毕加索在油画《三个舞蹈者》中，把人物变成鬼魂和精灵，舞蹈变成类似丧葬时捶胸顿足的哀号。

4. 浓缩

浓缩是将许多具有共同本质特性的表象加以综合、集中、提炼，具体概括为一个具有深刻含义的意象。如巴尔扎克笔下的守财奴形象，卡夫卡《城堡》中的主人公 K、《审判》中的主人公约瑟夫·K 等。

5. 抽象

抽象是将表象中的某些部分、特性抽取出来,加以简化、形式化,如图案、纹样、装饰等。

实现创造性想象的手段还有很多,如小说中的荒诞与意识流、戏剧中的奇特与梦幻、诗歌中的陌生与朦胧、绘画中的扭曲与律动、音乐中的快速与不和谐音、电影中的夸张与反常等。它们大多数采用无意识、非理性的想象,其表象之间的联系是非逻辑的。总之,想象是自由的、广阔的,没有想象就没有艺术创造,正是因为想象,艺术的真实与生活的真实的关系变得复杂和深刻。

三、审美理解

审美理解是指审美中的理性能力,是审美经验中的认识因素。它作为一种心理机能、一种审美心理能力,是与感知、想象、情感等机能协调活动的。它具有认识功能,但不是概念认识,它不是通过概念的判断、推理去进行抽象的理解,它是一种直觉、领悟,是在各种心理机能自由协调的运动中得到的一种对本质的把握。

审美理解有以下两个特性。

1. 非概念性

审美中的理解表现为超感性而又离不开感性,趋向概念而又无确定的概念。这是因为审美中的理解,是理性积淀在感性之中,理解融化在想象和情感之中,它不是通过概念而是通过表象,来表达某种本质性的东西,给人以一种不脱离具体形象的深切感受和体会。司空图说"不著一字,尽得风流。语不涉难,已不堪忧。"诗词本是用字的,偏说不著一字,意思不是说不用一字,而是说不必用概念性的词语,就能把本质的东西表现出来。诗人作家的选词造句,都是为了求得形象感染力的明确,而不是为了求得明确的概念。李白诗:"玉阶生白露,夜久侵罗袜。却下水晶帘,玲珑望秋月。"后人评论:"无一字言怨,而隐然幽怨之意见于言外。"就是说他没有一个概念性的语言写思妇的哀怨,但却通过白露、秋月、玉阶生露、夜侵罗袜、下帘、望月等富有形象感染力的语言,把思妇写活了,把她的哀怨明确而深沉地表现出来了。在中国绘画中曾有不少趣谈,这里举一例。如以"深山幽谷藏古寺"为题作画,众人纷纷在寺庙上下功夫,唯有一画家没画寺庙,只画一个和尚在溪涧边挑水,反而使人从画面上深深感受到坐落在深山幽谷中那座僻静古寺的意境。上述例子说明,审美和艺术中的理解,是非概念性的认识,而不是确定性的概念认识。

2. 意无穷性

审美理解具有"意无穷性",而非任何确定性的概念所能表达和穷尽。如欣赏徐悲鸿画作中的马,人们不仅仅看到画面上奔腾的马,往往还激起对生活和理想的无限向往,尽管画面上没有把它直接画出来,但其中却包含着更广阔、更丰富的内涵。读《阿Q正传》,疑心到"像是自己",同时感到"又像是写一切人"。看《红楼梦》,林黛玉临死的时候说:"宝玉、宝玉,你好——"便不作声了,到底你好什么?里面包含的意义太多了,很难用概念讲出来。审美理解的这种难确定性、多义性等特点,使我们"可喻不可喻","可言不可言",只能领悟,难以言喻,这正是审美的妙处。齐白石所说,"作画妙在似与不似之间",也是这个道理。正因为有这种"领悟"、"妙处",才使审美理解比确定的概念认识要丰富和广阔,可以让人反复捉摸,玩赏不已。

当然,审美理解的非确定性,既朦胧多义而又难以言喻,只是说难以用概念语言确切表达,不是没有确定性的趋向。在非确定性的认识中仍包含着确定性的趋向,在朦胧多义中仍包含着一定意义的明确性。有时,审美理解的确定性、明晰性还相当突出,特别是在一定的审美观念和审美理想控制下的那种审美经验中。可以说,审美理解始终表现为非确定性趋向确定性认识,而又达不到确定性认识的动态心理特征。

四、审美情感

审美情感在审美心理结构中是最活跃的因素,它广泛地渗入其他心理结构之中,使整个审美过程侵染着情感色彩。审美情感不同于日常生活情感,它是经过理解与想象共同对日常生活情感进行"剪裁",并加以理性规范,使之有序和净化,是日常生活情感的形式化、秩序化、组织化。也就是说,审美情感是经过多种心理机能的处理,渗透着理解和想象的情感。它常常表现为一种欲望、一种状态、一种体验、一种态度,因此对审美情感要做多角度、多层次的分析和理解。审美情感具有下列特性。

1. 表现性

审美情感主要是借形式表现的,或是赋予形式以情感,或是创造形式以表现情感。审美情感具有表现性,这正说明审美情感是一种动力,说明审美并非单纯应对,而是表现,是创造。"移情"说认为,情感表现性是主体把自我感觉、情感和生命移植到客体上,并在客体身上感受体验到自我感觉、情感和生命。凡·高的创作多用强烈的色彩、笔触,所以能表现他那似火的热情;八大山人画枯枝、昏鸦,所以能发泄他那满腔悲愤;李后主悲吟"一江春水向东流",所以能表达他那亡国忧愁;苏东坡豪唱"大江东去",所以能抒发他那怀古幽情,这都是因为物我同一、主客同构对应,才使他们的情感得到表现。

审美情感由于想象和理解的参与、渗入,因而不是盲目冲动,它的表现性是一种有序、自由、超越的表现性,不同于一般情感的表现性。

2. 体验性

审美情感不仅具有表现性、创造性,而且具有一种深沉的体验性,值得玩味,从而引导人们进入一个更高的审美境界。美国著名心理学家马斯洛把审美情感体验称为高峰体验,也叫作超越性的快乐、生命的快乐,实际上就是超越功利的自由快乐和对它的体验。当这种审美情感进入高峰体验时,就超越了感官机能之乐、心意机能之乐、人格伦理之乐,从而进入一种忘怀得失、跨越生死的心灵境界之乐。审美情感的体验性,引导人们进入审美极境。

第三节 审美心理过程

审美心理是一个很复杂的过程。它既是对对象的形式结构的接纳、感受、体验的过程,即所谓欣赏过程,又是对审美对象的创造和评价过程,即所谓审美创造和审美鉴赏的过程。一句话,审美心理过程是欣赏、创造、批评三位一体的过程。

一、审美心理发生的条件

审美心理的发生,要有客观和主观两个方面的条件。

审美的客观条件,是说必须有一个客体对象,即审美客体。但它还不是审美对象,只是具有某些审美性质(形式结构)的实在客体,只是引起审美心理的起点,构成审美对象的基础。审美对象只有在审美心理中才能构成,并且只有在它构成之后才产生情感上的反应,即审美观照和欣赏。如果审美客体已经被审美主体欣赏了,已经处在欣赏者的审美心理之中,那么它已非原来的审美客体,已包含欣赏者审美心理的再创造的因素,从而形成审美对象了,这正说明审美绝非单纯静观,也是一种创造。

审美的主观条件,是说必须有一个审美主体,这个主体除了须具备一定文化修养外,还应当有一定的审美需要和一定的审美能力,甚至一定的审美理想。没有审美需要和审美能力,就不是审美主体,就不能对客体对象的形式结构(审美性质)做出相应的反应。马克思说过:"只有音乐才能激起人的音乐感;对于没有音乐感的耳朵来说,最美的音乐也毫无意义,不是对象。"没有审美能力,审美态度不能形成,审美心理不能发生,客体也不可能构成审美对象。

二、审美心理的准备

审美心理的准备,是审美心理发生前的预备阶段,或叫作初始阶段。审美心理最重要的准备,就是从一个实在对象的日常感知向审美心理的过渡,其中的关键环节就是审美态度的出现。什么是审美态度?德国著名哲学家叔本华认为,审美态度是一种摆脱欲求、排除意志、超然因果的专注理念的宁静观照,是解脱人生痛苦的一种心境。古代庄子主张的齐生死、忘得失、泯是非的心境,司空图所说的"超以象外"的超越、自由态度,也都具有审美态度的含义。

审美态度的出现,首先要引起审美注意。审美注意是审美态度的具体化,是审美态度碰到具体对象的时候,把注意力集中或停留在对象上面。这种注意力与一般注意力不完全一样,如植物学家对细胞形态的注意,很快就会过渡到逻辑思考;公安人员对嫌疑人手印、足迹等形式方面的注意,很快就会过渡到实用的考虑,判断嫌疑人是朝哪个方向逃跑等。审美注意则不同,它不是把注意力指向与主体实用目的有关的问题,而是把注意力集中在对象形式本身,这里包括线条、形状、色彩、声音、时间、空间、节奏、韵律、变化、平衡、统一等方面,使知觉本身充分地享受对象形式方面的这些东西,并把主观方面的各种心理因素如情感、想象、意念等也投入进去,以加强主体对外在事物感性特征和形式的感受。

总之,审美态度是暂时摆脱日常生活意识影响的一种超然态度,是对对象形式结构、特质的感知,是审美欲望的激活和满足,是对对象形式的直接情感交流,是审美价值意识的朦胧渗入。可以说,审美态度已经是一种融合着复杂因素的心理状态。

三、审美心理的实现

审美态度的出现或形成,预示着审美心理准备的完成,进入审美心理的实现过程。审美心理不是单一的欣赏过程、感受过程,而是一个复杂过程。就是说,审美心理应当是审美欣赏、审美创造、审美批评相互交织而成的过程。在一个实际的审美心理过程中,这三种因素的比例并不均等,有时只有一种因素占主要地位。

1. 审美欣赏的实现

审美欣赏的实现过程,大体包括先后有序、程度有别的三个层次。第一个层次是直觉,第二个层次是领悟,第三个层次是超越。审美欣赏的这三个层次,呈现出一种情感状态和体验的递进关系,又各自具有相对独立性。每一个层次都标志着审美欣赏的一次实现,有时还标志着一次审美欣赏的终结。在一个具体的审美欣赏过程中,并不一定要经历这三个层次,即使没有进入第三个层次,依然是审美欣赏的实现。

直觉(直观)来自对审美客体的直接的审美感觉,具有特殊价值。直觉往往是在瞬间完成的,只发生一次,不可重复。

领悟是来自审美理解对对象形式蕴含的意味的领会和品味。领悟不是一次实现,而是反复多次才可实现。进入此审美境界,理解和想象因素相对突出。由于想象的活跃,理解带有非确定性;由于理解的规范,非确定性又倾向于理性和概念化。正是因为审美领悟这种非确定性趋向确定性的态势,才更加令人寻味、兴起、欢快。这种领悟,是审美欣赏较高层次的实现。

审美超越是审美心理实现的最高境界。它来自对生命永恒不朽的精神追求和体验,是对个体生命感性存在的超越,对自我人格的超越。这种超越引起的愉悦,不是感官机能之乐,不是心意机能之乐,不是伦理人格之乐,而是一种不计利害、跨越生死之乐,实现与大自然合为一体的心灵境界之乐。

2. 审美创造的实现

在审美欣赏过程中,主体主要通过静观的方式从对象获得感受和体验;而在审美创造过程中,主体对表象进行加工制作、重新组合,构成一个新的意象。在这个过程中,审美欲望是一个强大动力,加上审美理想的引导,审美想象的参与,主体对表象进行符合理想的选择、提炼、组合,偶尔也有灵感突发,为审美意象的构成平添几分意外的机缘。

审美创造还包括审美意象物态化、客观化的阶段,这个过程通常称为传达阶段。它主要是运用才能和技巧,去克服物质媒介的束缚和局限,为审美意象寻找最为合适的审美手段(形式)。从本质上说,它属于审美操作活动,即审美行为经验。审美意象经物态化,由心象转为物象,而成为审美客体或艺术品。因此,就审美创造的全过程看,审美心理的实现应该有两次:一次是审美意象的形成,即心象;一次是审美意象的物态化,即物象。

3. 审美批评的实现

审美批评不是一个独立的心理过程,它是以审美欣赏、审美创造为基础而进行的审美鉴赏或价值批评。人们在进行审美批评时总是以一定的审美观念、审美理想为价值尺度或标准,就是说以一定的审美价值标准去衡量提供审美心理(情感反应)的那个对象(意象),然后给予审美评价。因此,审美批评尽管是意象性的情感批评,却又显示出较强的理性倾向。它所采取的方式,则是语言表达,而非形象传达。另外,审美批评的实现跟审美主体的主观条件,特别是审美修养有密切关系。如果审美主体的文化素质高、生活阅历深、审美经验丰富,便容易做出审美批评。

小结

美感是美学的三个基本问题(美、美感、美的创造)之一。研究美感,是为了让人们在审美欣赏过程中得到更充实、更丰富的愉悦感和超脱感。审美心理活动是一个很复杂的活动,它包括审美感知、审美想象、审美情感、审美理解等多方面的内容。其中审美感知是审美的门户;审美想象是审美创造性的源泉;审美情感在审美心理结构中是最活跃的因素,它广泛地渗入其他心理因素之中;而审美理解的参与,使审美活动表现为一种有序的自由超越。审美心理过程是欣赏、创造、批评三位一体的过程。

Meixue Jichu yu Yishu Xinshang

第四章
美术欣赏

> 学习目标

　　了解美术领域的基本知识,内容涉及美术的含义、美术的起源、美术的分类、美术作品的构成要素、中外美术史、美术名家名作等方面。了解、掌握美术作品的构成要素,重点学习中外美术名家名作及其风格流派。

第一节 美 术 概 述

一、美术的含义

　　美术的英文——"art"一词来源于拉丁语 ars,原义是指一种技能、本领。直到文艺复兴时期,艺术逐渐同"美的"等同起来。18世纪中期,基于"美的"艺术概念体系的正式建立,艺术成了审美的主要对象。法国艺术理论家巴托1746年的著作《统一原则下的美的艺术》在确立近代"美的艺术"体系上起到了决定性的作用。他所说的"美的艺术"包括音乐、诗歌、绘画、雕刻和舞蹈五种艺术。巴托为现代意义上的艺术确立了一个全新的、统一的原则——"美的"原则,并以此来取代古希腊的"模仿"原则。

　　后来"美的艺术"逐渐由它的简化形式"艺术"(art 或 kunst)来表达,现代意义上的"艺术"概念便最后确立下来。

　　古汉语中没有"美术"二字,如鲁迅在《拟播布美术意见书》中曾说:"美术为词,中国古所不道,此之所用,译自英之爱忒(art or fine art)。"汉语中的"美术"是19世纪末出现的。1872年,日本在参加维也纳万国博览会前夕,开始用"美术"来翻译西方的"art":"西洋将音乐、画学、制像术、诗学等谓之美术。"中国现代汉语中的美术概念是从日本移植的,而其含义基本上包括了文学、音乐、绘画、雕刻、建筑、园林、工艺美术等范畴。五四新文化运动前后,"美术"开始被文艺家和教育家普遍运用。王国维、蔡元培、鲁迅等人运用的"美术"这个术语也包括了诗歌和音乐,在用法上常常和"艺术"互换。

　　其后,随着现代教育事业的发展,中国文艺界、教育界把"美术"和"艺术"的概念逐渐分离开来。"艺术"是一切艺术门类的总称,它是用不同的形象化手段来反映自然和社会、表现人类情感的一门大的学科,包括了美术、音乐、诗歌、舞蹈、戏剧、电影、书法等,也包括服饰、园林设计等很大的范围;而"美术"则专门用来指艺术的一个重要分支,即视觉艺术部分。

二、艺术的起源

　　关于艺术的起源问题主要有以下五种学说。

1. 模仿说

　　模仿说是关于艺术起源问题的最古老的理论,在古希腊哲学家中比较流行。这种学说认为:模仿是人类的固有天性和本能,艺术起源于人类对自然或现实生活的模仿。在古希腊哲学家看来,所有的艺术都是模仿的产物。德谟克利特、亚里士多德、狄德罗、车尔尼雪夫斯基等人均持这种观点。直到19世纪末这种观点仍然具有极大的影响。

2. 游戏说

游戏说认为,艺术活动起源于人类所具有的游戏本能。一方面是人类具有过剩的精力,另一方面是由于人类可以将这种过剩的精力运用到没有功利性的活动中,于是体现为一种自由的"游戏"。游戏说是包括美术在内的艺术发生理论中较有影响的一种理论,德国的席勒、英国的斯宾塞、德国的谷鲁斯均持这一观点,又称"席勒-斯宾塞理论"。席勒在他著名的《美育书简》中首先提出了艺术起源于游戏的观点,认为艺术是一种以创造形式外观为目的的审美自由的游戏。

3. 表现说

表现说认为艺术起源于人类情感表现和交流的需要。情感表现是艺术最主要的功能,也是艺术发生的主要动因。持这一观点的主要有英国诗人雪莱、俄国文学家托尔斯泰、意大利美学家克罗齐、英国史学家科林伍德、美国学者苏珊·朗格等。《毛诗序》中就讲到:"情动于中而形于言,言之不足,故嗟叹之,嗟叹之不足,故咏歌之,咏歌之不足,不知手之舞之,足之蹈之也。"19世纪后期以来,艺术起源于"表现"的说法,在西方文艺界具有较大的影响。

4. 巫术说

巫术说是近代西方关于艺术起源理论中最有影响力的一种观点。这种观点认为艺术起源于原始民族的巫术仪式活动,最早由英国著名学者、人类学家爱德华·泰勒在他的《原始文化》一书中提出,英国学者詹姆斯·弗雷泽也支持这一观点。

5. 劳动说

劳动说认为艺术产生的根本动力和原因在于人类的实践活动,尤其是占主导地位的物质生产实践活动。这是对艺术产生根本原因的最具影响的揭示。19世纪末,在欧洲大陆许多民族学家与艺术史家中广为流传艺术起源于劳动的理论。俄国的普列汉诺夫等人对此进行过阐释。

艺术的起源应当是多因的,但归根结底艺术是人类社会实践活动的必然产物。

从总体上讲,艺术的产生经历了一个由实用到审美、以巫术为中介、以劳动为前提的漫长历史发展过程,其中也渗透着人类模仿的本能、表现的欲望和游戏的冲动。艺术的起源应是多因的,而不是单因的,但艺术产生的原因,归根结底是人类的社会实践活动。

三、美术的功能

由于美术与社会生活联系的广泛性及美术创作的多样性,美术的社会功能主要有认知功能、教育功能和审美功能。这三个方面是相互联系的,美术的认知作用和教育作用主要是依靠情感的引导和美的感染潜移默化地实现的,而培养美感和陶冶情操也起着认知和教育的作用。事实上,具体作品更加明显地体现哪种功能,是各有侧重的。

1. 认知功能

从美术的认知功能来说,由于美术本身就是对现实生活的全面的、能动的反映,所以所有美术作品都能使人获得程度不同的由感性到理性的认识,从而有助于人们智能的形成、发展与情感、意志的培养。

2. 教育功能

美术的教育功能不同于理论的说服,而主要在于通过形象的感染与激发效能,启发观者的意识与情感活动,从而达到提高思想品德和情操的目的。

3. 审美功能

审美功能是美术最本质而又最普遍的功能,它使人在审美享受和审美愉悦中达到自我教育培养,发展美感,形成审美观念、审美理想和陶冶性情与人格。

总的来说,美术的社会作用就在于它可以帮助人们认识世界、普及教育、开拓文明、陶冶情操,全面提高人的精神素质。

四、美术的基本特征

美术是以一定的物质材料和手段,在实在的三维空间或平面上塑造可视的静态艺术形象,以此来反映社会生活和表达艺术家思想情感的一门艺术。它又被称为造型艺术、视觉艺术、空间艺术和静态艺术。从广义上讲,美术包括绘画、雕塑、建筑、园林、工艺美术、设计、书法、篆刻等种类。

美术的基本特征可以从造型性、空间性、静态性、视觉性四个方面来把握。

1. 美术的造型性

造型性是美术的主要形态特征之一。

所谓造型,就是塑造形体的能力。造型性的特点是用一定的物质材料在平面上或三维空间里将客观事物本身所固有的视觉形象固定下来,以静态方式再现世界的可视的、感性的真实存在。

美术善于造型,善于反映客观事物可视的外部形象,但美术的任务并不局限于此,而是要突破对物象外形的表面模仿,深刻地反映事物内在的本质和揭示人们丰富复杂的内心世界。

造型这个概念是在不断变化、发展的,它的含义很广,有立体造型,也有平面造型;有色彩造型,也有黑白造型;在现代观念中,既有具象形式的造型,也有抽象形式的造型。在当代造型艺术中,艺术形象是具象与非具象并存、模仿性与非直接模仿性共存。

2. 美术的空间性和静态性

空间性和静态性分别是对美术的存在方式和存在状态的把握。美术的空间意识产生于视觉、触觉和运动觉之中,这些感觉感知的空间,其性质是不同的。一般来说,绘画的空间性质依靠视觉,是通过透视、色彩、明暗等手段,在平面上产生现实空间的假象;雕塑和建筑除视觉外,还分别依靠触觉和运动觉,雕塑是以实空间为主,建筑是虚、实两种空间同时具备的立体艺术。

不论是绘画还是雕塑,它们都只能反映客观事物发展过程中的某一瞬间的状态,只能塑造存在于空间的静止的形态,而不能像舞蹈等时间艺术那样表现动态过程中的活动形象,这就使美术作品的形象具有一种瞬间性和静止性特点。这一特点是美术造型的一种局限,同时,正因有此局限,美术创作便朝着形象的深层发掘,追求造型的凝练和运动感的凝聚,创造出鲜明、突出和高度概括的艺术形象,从而形成了造型艺术所独具的魅力。

3. 美术的视觉性

美术的视觉性是审美主体(观众)与美术作品之间的感知媒介,主要是就视觉而言的,美术的创作和欣赏都必须通过视觉来进行,离开了视觉,也就谈不上什么造型艺术及欣赏了。

五、美术门类的划分

美术是人类艺术中最主要的种类之一,也是一种十分古老的艺术形式。古今中外的美术门类丰富多彩、形态各异,但又具有一定的相似性和共同性,集中统一于美术的总体特征之中。

1. 广义的美术

美术在广义上一般包括建筑、工艺美术、雕塑、绘画、设计、园林、书法、雕刻等几大门类,每个门类又都可以细分为许多品种。如绘画又可以分为国画、油画、版画、水彩画等,这是按照它们所使用的物质材料及其制作方法的不同来划分的(见图 4-1 至图 4-4)。

图 4-1　水彩(作者:罗兰德·罗依克那夫特)

图 4-2　版画:《龙池古宅》(作者:汪兆良)

图 4-3　油画:《暴风雪扫过冻原》(作者:艾轩)

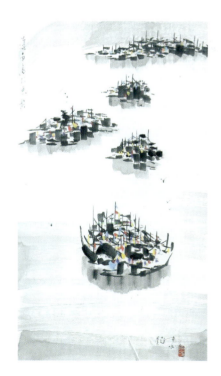

图 4-4　国画:《海南岛打鱼船》(作者:吴冠中)

2. 按功能划分的美术

根据功能的不同,美术可以分为纯美术和实用美术两大类。所谓纯美术,主要指满足欣赏和娱乐等精神需求,以审美为目的的美术,主要包括雕塑、绘画、书法、篆刻;所谓实用美术,主要指以实用为目的,实用与审美相结合的美术,包括建筑、园林、工艺美术和工业设计等(见图4-5和图4-6)。应该说,这种划分是相对的,纯美术并不排斥功利目的,实用美术也要追求审美目的,只不过各有侧重而已。

图4-5 室内设计手绘效果图

图4-6 园林景观设计手绘效果图

3. 再现的美术与表现的美术

由于受到物质材料、媒介及不同功能要求的影响,各门类艺术在创作中在对待主客观关系上也有所不同,绘画、雕塑可以较为随心所欲地模仿、再现自然界中的各种具体物象,侧重于反映现实生活的客观面貌(见图4-7);而建筑、工艺美术、书法等只能通过与其物质功能相适应的抽象物态和形式组合来概括地反映现实生活,从而偏重于表现从现实生活中得来的主观感受和情感。

图4-7 雕塑

4. 具象美术与抽象美术

具象美术模拟自然中原有的形象,抽象美术则创造非模拟的、高度提炼的形象(见图4-8)。

图 4-8　抽象绘画（作者：康定斯基）

第二节
美术欣赏常识

一、美术欣赏的含义

美术欣赏的重要性直接关系到我们自身的素质和生活的质量。正所谓爱美之心，人皆有之。人的生活，美无处不有，无时不在。欣赏美术，确实是人生的一件快事！那么怎样才能让自己成为一个懂得美并且能够欣赏美、创造美的高雅的人呢？马克思曾告诉我们一个方法：艺术对象创造出懂得艺术和能够欣赏美的大众。那就让我们拜"艺术对象"为师，做一个合格虔诚的美术欣赏者，做一个新世纪的高素质的优秀的公民。

欣赏美术作品的意义，首先是对人类文明史和人的智慧及创造力的认识、学习和继承，进一步认知人类自我的发展进程；其次是开阔眼界、增长知识、陶冶情操，培养审美能力及艺术素养。

欣赏美术作品有其自身的基本规律，应注意以下几点：①艺术形式与时代、环境的关系；②美术与美术作品的产生有着明显的民族性；③宗教、信念对美术的影响。

欣赏美术作品有以下几种基本方法：①比较法；②博览法；③重点法。除此之外，还有综合法、休闲式欣赏法、联想法等各类欣赏方法。

二、美术欣赏的主体性

美术欣赏的主体性主要表现在对作品审美娱乐属性的享用；对美术作品审美认知属性的认知；对作品文化价值的阐释；对艺术作品形象或意境的再创造。

艺术修养与欣赏力的培养与提高主要有以下几个途径：一是大量欣赏优秀作品；二是熟悉和掌握艺术的基本知识和规律；三是不断积累社会、历史、哲学等方面的文化科学知识；四是在生活经验与生活阅历中积累审美体验；五是重视审美教育与艺术教育在培养和提高艺术鉴赏力方面的特别重要的地位和作用。

三、美术欣赏的过程

美术欣赏过程是一种思想情操潜移默化的陶冶过程，大致分以下几个阶段：审美期待、欣赏流程、审美效应。

1. 审美期待

审美期待是指人们在欣赏之前或欣赏过程之中，基于个人和社会宣传的原因，在心理上会有一个既成的结构图式，它使人们具有了期待视野，并希望在欣赏中得到满足。审美期待可以分为文体期待、意象期待和意蕴期待。

（1）文体期待。

欣赏者由美术作品的类型或形式特征而产生的期待指向。如国画展和油画展的文体期待显然是不同的。

（2）意象期待。

欣赏者由作品中特定的意象或形象而产生的期待指向。基于对作品信息的初步了解，如宣传单、展览预告、邀请函等，接收人会对艺术作品产生意象期待。

（3）意蕴期待。

欣赏人由作品呈现的深层的审美意蕴、人生哲理和情感境界而产生的期待指向。

2. 欣赏流程

（1）直觉与感知。

人们在审美活动中对于审美对象具有一种不假思索而即刻把握与领悟的能力，称为艺术直觉；人们在注意审美对象形式特点的同时，也开始关注审美对象的意义的行为叫作审美感知。鉴赏活动往往是在直觉与感知的心理基础上开始的，它将使鉴赏者完成对作品形式美的注意和对其意义的直观感受过程。

（2）体验与想象。

在欣赏过程中，主体以自身审美经验为基础，潜入作品规定情境之中进行审美体验，不断推进与作品中情感的交流与融合。同时由于审美想象和联想的展开，欣赏人可以与作品或艺术家进行对话，洞察其深层意蕴，并使审美愉悦逐渐生成。

（3）理解与创造。

理解既包括对作品形象、情境、形式、语言的审美认知，也包括对作品整体价值的追寻。美术欣赏的目标是欣赏者再创造的完成。欣赏者对作品中的形象、情境、典型和意境的补充、完善与变异，正是再创造的结晶。

3. 审美效应

（1）共鸣，是指在欣赏过程中，欣赏者被作品中的思想情感、理想愿望及人物命运所打动，从而形成的一种强烈的心灵感应状态。不同时代、阶级、民族的欣赏者，在欣赏同一部艺术作品时可能会产生相同或相近的审美感受，也可以称为共鸣。

（2）净化，是指欣赏者通过对艺术作品的鉴赏及对其产生共鸣，使情感得到陶冶、精神得以调节、人格得到提升的状态。

（3）领悟，是指欣赏者在欣赏艺术作品时，对世界奥秘的洞悉、对人生真谛的彻悟及精神境界的升华，这是一种最高层次的审美效应。

艺术欣赏过程是一个完整的审美的过程，也是一个动态的过程。上述各个阶段并不是截然分开的，也不是依次递进的，事实上它们总是相互联系、相互渗透的。

第三节 美术作品的构成要素

一、内容与形式

内容是构成艺术形象的客观因素和主观因素的总和，形式是作品的存在方式。任何作品，没有无形式的内容，也没有无内容的形式，二者相互依存，密不可分。作品的客观因素，即艺术家在作品中所描写的现实生活和对象；主观因素，即艺术家对现实生活和对象的认识、评价、思想情感和审美理想。作品内容的客观因素和主观因素通常是紧密融合、不可分割的。在具体分析美术作品的内容时，通常把其客观因素称为题材，把其主观因素称为主题。

美术作品内容的特征，取决于反映对象的特殊性和艺术表现方式特殊性的统一。一般表现为具体可感的现象形态，通过视觉形象唤起人的想象。美术作品的内容同艺术家的创作个性密切相关，艺术家在他所特有的思想情感、个人气质、生活经验和审美理想规定的范围内，表现能够为他所深刻感受、体验和引起他创作冲动的东西，艺术家在表现这些东西的同时，也在作品中表现他自己的精神面貌、审美意识、艺术素养和艺术才能。

作品的形式，包含着两个密切联系的方面：一是内容诸因素的内部组织和结构，也叫作内形式；二是艺术形象所借以传达的物质手段的组成方式，又叫作外形式。物质材料被艺术家按照特定的创作意图加以利用，成为具体形象的体现者，具有艺术语言的作用。艺术语言的物质特性要求艺术家拥有掌握和使用它的技术；艺术语言具有物质材料及其结构方式的审美特性，形成相对独立的审美要求和规范，即一般的形式美因素。形式美在美术作品中具有不可替代的地位和作用，视觉形式美的创造是作品成功的重要条件之一，也是艺术家才能的标志之一。内容诸要素的组织和结构，叫作内部的组织结构，它是艺术作品的内形式。例如，文艺复兴时期，达·芬奇的《最后的晚餐》中，耶稣与12个门徒并坐一排，左右各6个门徒，每3个门徒又组成一组，左右各2组，其中每个人都围绕着画面的中心——耶稣。当耶稣说："你们中间有一个人出卖了我"时，门徒们的感情像火山一样爆发出来，有的人指着苍天发誓，有的人无奈双手按胸，有的人愤怒手握餐刀，有的人惊诧平伸双手，有的人痛苦低首埋头，而叛徒犹大则紧握出卖耶稣所得的钱袋。一个缺乏素养的普通观众，对于达·芬奇的布局，也能迅速地发现至善至美的耶稣和至丑至恶的犹大及他们的矛盾冲突，《最后的晚餐》可谓艺术作品布局的典范（见图4-9）。

图 4-9 《最后的晚餐》（作者：达·芬奇）

二、构思与构图

构思指审美主体对客体的感受和取舍，创作意念的酝酿和确定，以及对题材的选取和提炼；另外，还包括了对表现形式的选择，以及对形象的塑造、艺术手法的运用等的预想。在某些连续性或叙事性的造型艺术作品中，还要考虑到艺术形象前后的变化与事件的进展等因素。

艺术构思在本质上是一种审美认知活动。在艺术构思的过程中，必然出现一系列复杂的心理现象，其中最主要的是想象活动。想象就是在观念形态上创造形象的一种心理能力，是艺术区别于现实的重要前提，也是艺术家打破直接经验局限的重要手段。在造型艺术中，想象还可以促使艺术家在观念上对一切造型、色彩等手段的效果做到胸有成竹。在艺术构思的想象活动中，情感的介入与体验是始终存在的。想象与情感相互激发，交互作用，使构思得以生动地展开，促使艺术形象的不断深化和个性化。此外，还必然伴随着感觉、知觉、记忆等心理活动。在整个构思过程中，往往会产生一种突发的心理现象——灵感。在形态上，它表现为猛然醒悟、豁然开朗，它的降临虽然难以捉摸，但是根植于艺术家的生活与实践中。

构图，意为组合、构成。在美术创作中，一般指在平面的物质空间上，安排和处理审美客体的位置和关系，把个别或局部的形象组成整体的艺术作品，以表现构思中预想的形象与审美效果。构图是艺术传达的第一步，也是对构思的检验和修正。一般来说，构图涉及多种形式法则，是绘画艺术的基础，在中国传统绘画中，称为章法或布局，被认为是"画之总要"，极受重视。

在美术创作过程中，构思与构图二者之间有着密不可分的关系。一般是先有构思，在此基础上进行具体构图。但并不排除在构图过程中对原有构思中的预想效果和审美形象不断予以修正，有时甚至会因此而萌发出新的构思。所以，构思与构图在创作实践过程中有时是难以截然区分的。

三、空间与笔触

空间是物质存在的一种形态。美术上的空间的概念有内外两层含义：形体结构的内容，称为内空间，如房屋内部对周围环境而言;形体存在的外部,称为外空间,如环境对房屋内部而言。美术着意于形态内部空间结构的理解,着眼于物态外空间,是诉诸视觉空间的艺术。

在美术中,空间表现为多维性的层次。线是一维空间,面是二维空间,体是三维空间,含有时态和内空间内容的空间称思维空间。其中焦点透视的三维空间和平面二维空间以其直观可感的形式,在美术中得到最为广泛的运用。绘画中按透视规律,运用光影对比和色调变化,描绘出形态上、下、左、右的位置关系,前、后、远、近的纵深层次,造成真实可感的空间效果,称为空间感。至于雕塑作品在不同方向和距离间与环境取得协调程度的印象,亦称空间感。艺术家根据作品内容的需要,按主观设想对物象进行选择,对主次关系加以调度,对画面形态位置大小的安排,对空间层次的支配,通称为空间处理。在写实风格的绘画中,空间处理以突出主体描绘为要旨,尽可能使空间真实可感。在抽象风格或构成主义艺术中,空间的概念已被转化为纯粹人为的主观形态,空间处理是作为实现视觉经验的内视心理意象的表现。在中国传统美术里,空间处理体现为高度的表现自由。中国画一不受焦点透视的局限,而主要以散点透视为主;二不受顺时时态的约束,可通观以叙述性时序的描写;三不受光影虚实、空间客观的具体性约束,而达到计白当黑、以虚为实的空白处理效果。把画面大片空间做空白处理,留给观众以想象的余地,使空白处产生多维层次的艺术感染力。

笔触泛指绘画中之笔法,亦称肌理。通常多用于指油画和水彩画中运笔的痕迹。画家运笔时,借助颜料的厚薄对比、调和剂的浓淡变化、落笔的轻重力度、运笔的快慢节奏及点染的气韵感觉,体现对对象质感、量感、体积感和光影虚实的描绘能力。如用稀薄的颜料、轻匀柔润的笔法渲染出缥缈的云天和明净的水面,而用浓重的颜料、重叠堆砌的笔触塑造出坚硬的岩石和厚实的土地;用枯涩的笔法刻画苍颜老者的形貌,而以细腻的笔法描绘年轻少女的肌肤。笔触与物象表面贴切吻合,造成很强的真实感。另外,笔触亦和线条有某种相同的含义,不同的笔触感觉有不同的表情特征。跳跃轻松的笔触,给人以洒脱和愉快的感觉;凝重沉稳的笔触,给人以朴厚或坚定的感觉;迅疾有力的运笔,表现出奔放奋发的情绪;颤动狂暴的运笔,宣泄出热烈或激愤的心理。笔触成为画家性格、情趣、艺术禀赋的自然流露,表现为画家的艺术风格和个性特征。肌理则指运用颜料厚薄不同的笔触或其他方法在画面上形成的表面组织效果,又称画面的物理效果。如重叠交织的颜料厚度变化形成的近似浅浮雕的画面效果;结合表现质感需要在颜料中掺和沙子、木屑等方法,使画面在一定光线下,表层结构显示出富有表现力的凸凹变化。此外还包含绘画底子的因素,如画布的粗细、纹理的横斜构造等。恰当选择不同质地的绘画底子,合理运用材料的肌理效果,也有增强画面本身美感因素的作用。

四、素材与意境

文学艺术的原始材料,即未经作家、艺术家提炼和加工的生活现象。美术创作素材主要指美术家在平时积累的一些速写材料。这些材料与具体的创作主题没有直接关系,因而是粗糙的,带有不确定性,但又往往是最生动、最丰富、最基本的,为艺术家进一步取舍概括和组织处理提供了可能性。

素材不同于题材,尚在艺术创作之外,而题材已在艺术创作之中,是艺术家有目的地选择过的材料。二者既有区别又有联系。艺术家总是在生活中不断积累着素材,以便在创作中有意识地将这些素材转化为艺术创造的有机组成部分。有些素材也来自艺术家的间接生活经验,如画家在创作历史画之前的准备工作,往往要阅读大量的历史文献资料。此外,艺术家也常常从新闻、传说或文学作品中收集素材。艺术家对生活素材的积累可以是多方面的,但这些素材对于艺术家是否有价值,取决于艺术家是否有明确的创作意识和丰富的想象力。

意境,是中国传统美学思想的重要范畴,在传统绘画中是作品通过时空境象的描绘,在情与景高度融汇后所体现出来的艺术境界。

意境理论的提出与发展,使中国传统绘画,尤其是山水画创作在审美意识上具备了二重结构:一是客观事物的艺术再现,二是主观精神的表现。而二者的有机联系则构成了中国传统绘画的意境美。为此,传统美术所强调的意境,既不是客观物象的简单描摹,也不是主观意念的随意拼合,而是主、客观世界的统一,是画家通过"外师造化,中得心源",在自然美、生活美和艺术美三方面高度和谐的体现。

五、节奏与风格

美术运用形、色、线、轮廓等的反复呼应和对比,以及构图安排和形象的特征与动态显示其节奏。

点、线、面、色、笔触和各种物质材料的特性运用等表现手段,通过长期的创作探索和欣赏绘画的积累,在美术中具有相对独立的艺术效果和审美价值,其丰富而富有规律的变化给人以连贯流畅、明快严整等审美感受,形成不同的力感和动感。如笔触的抑扬顿挫、色彩的冷暖阴晴、块面的分解综合等,可以形成明显的节奏,在中国传统绘画和书法艺术中称为笔墨节奏。艺术家通过主次、疏密、承接、呼应、开合、向背、俯仰等对立统一因素的把握与运用,可将物象构成一个艺术整体,这些因素之间可以显示出一定的、符合审美规律的格局与韵律,从而形成构图上的结构节奏,在中国传统绘画中称为画势。而当艺术作品在主导情绪和创作倾向上间接反映出一定时代的精神动向和生活节奏时,便构成了广义的艺术节奏。

节奏的构成,是艺术家个人生活感受、文化素养和审美理想所制约的创作情态的显示。为此,节奏是由主、客观两个方面构成的。艺术家的艺术气质、创作心态和运用艺术语言的熟练程度与个人的艺术特色在艺术节奏的形成上有重要的作用。如中国传统美术所强调的心手相应、气与力合、取象不惑、挥写自如等创作理论,是取得预想的节奏效果的先决条件。

节奏产生于运动,在美术作品中是通过视觉感受而产生的心理感应,是静态形象在欣赏者心理上激起情绪联动的产物,体现为化静为动、变理为情的审美经验。

作品在整体上呈现出的具有代表性的独特面貌称为风格。风格不同于一般的艺术特色或创作个性,它是通过艺术品表现出来的相对稳定、更为内在和深刻,从而更为本质地反映出时代、民族或艺术家个人的思想观念、审美理想、精神气质等内在特性的外部印记。风格的形成是时代、民族或艺术家在艺术上超越了幼稚阶段,摆脱了各种模式化的束缚,从而趋向或达到了成熟的标志。

风格的本质意义还在于,它既是艺术家对审美客体的独特而鲜明的表现的结果,也是艺术欣赏者对艺术品进行正确的欣赏、体会、品味的结果,因而它在某种更深刻的意义上揭示了艺术创作与欣赏的本质特征之一——现实世界与审美客体的无限丰富性与多样性。

风格是艺术品的独特内容与形式相统一,是由创作主体的艺术家的个性特征与由作品的题材、体裁及社会、时代等历史条件决定的客观特征相统一而形成的。风格的形成有其主、客观的原因。在主观上,艺术家由于各自的生活经历、思想观念、艺术素养、情感倾向、个性特征、审美理想的不同,必然会在艺术创作中自觉或不自觉地形成区别于其他艺术家的各种具有相对稳定性和显著特征的创作个性。艺术风格就是创作个性的自然流露和具体表现。

在客观上,艺术家创作个性的形成必然受到其所隶属的时代、社会、民族、阶级等条件的影响;而艺术品所具体表现的客观对象、所选择的题材及所从属的体裁、艺术门类,对于风格的形成也具有内在的制约作用。这就是形成风格的客观条件。脱离个人所处的客观社会环境及题材、体裁等方面的特点而主观任意地追求某种风格,就必然导致矫揉造作、虚假肤浅。

同一艺术家的作品,不排除具有多样风格的可能。正是艺术风格的多样化极大地促进了艺术的繁荣和发展。同一艺术家的多样风格作品受其创作个性的制约而在整体上呈现出一种占主导地位的风格特征;不同艺术家之间的风格区别也不能不受到他们所共同生活的某一时代、民族、阶级的审美需要和艺术发展的制约,从而显示出风格的一致性。

第四节 中外美术发展及名作欣赏

一、中国美术发展及名作欣赏

1. 中国美术的源头——原始社会美术

原始社会美术以石器、玉器、彩陶、黑陶、原始雕塑、岩画、建筑为代表,这些作品让人们体会到原始人对于流动事象的特有感受能力及与之相关的一些描写手法,比如对动态的捕捉、追求整体氛围而忽略细节等,这些正是中华民族审美意识特性的雏形,是中国美术长河的真正源头(见图4-10和图4-11)。

图 4-10 人面鱼纹彩陶盆

图 4-11 原始雕塑

2. 青铜的光辉——夏商周美术

夏商周时期的青铜器是我国古代文明的重要标志,各种纹样和造型都被附上了神性的权威(见图4-12和图4-13)。尤其是西周的,造型简洁,却又有韵律感,体现出一种严整而富于法度的理性精神。漆画、壁画、帛画也为这一时期的美术增色添光不少。

图 4-12　青铜器 1

图 4-13　青铜器 2

3. 上升期封建社会的美术样式——秦汉美术

大型兵马俑以空前的规模、数量和惊人的写实风格,展示了秦代美术高超的艺术水平(见图 4-14)。汉代美术则呈现出深沉、雄大的气魄,体现了浪漫主义和现实主义相结合的精神。雄浑朴厚、奔放有力的艺术风格,正是汉文化精神的体现。秦汉美术以其丰富多彩的艺术形式,雄浑博大、奔放有力的艺术风格,体现了时代的精神和审美理想,在中国美术史上放射着夺目的光彩。

图 4-14　秦兵马俑

4. 南北交融、东西并汇——魏晋南北朝美术

魏晋南北朝,这个大变革、大动荡的时代,思想文化南北交融、东西并汇,美术的各个门类在内在精神和风格样式上都有所转变、有所发展。佛教美术的兴起和早期的石窟壁画展示出外来的艺术形式与民族传统艺术交融、汇合后的新特色与魅力。如石窟造像、佛教建筑体现了"明心见性"的境界(见图 4-15)。这一时期还涌现出了曹不兴、卫协、顾恺之等著名画家。

5. 隋唐、五代美术

这个时期的绘画艺术继往开来，酝酿着新画风的出现，具有细密精致而臻丽的特点（见图 4-16 至图 4-18）。把现实人物的活动置于自然环境之中加以表现，成为新的艺术风貌。人物画方面受顾恺之影响较深。山水画虽然没有摆脱魏晋以来的装饰手法，但写实能力是明显提高了。唐代的绘画，在隋朝的基础上全面发展，人物画、山水画、花鸟画均取得了较大的成就，为后世所仰慕。五代绘画史上，产生了一大批千古流芳的大宗师。这一时期山水画发生关键性的变革，在于荆、关、董、巨四大家的出现。

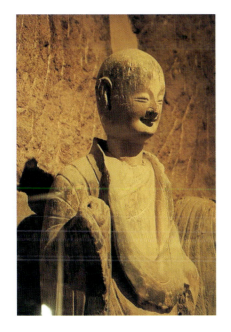

图 4-15　秀骨清像

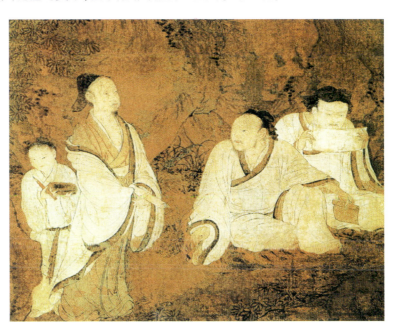

图 4-16　《授经图》（作者：展子虔）

图 4-17　《捣练图》（作者：张萱）

图 4-18　《天王送子图》（作者：吴道子）

6. 宋元美术

北宋继承前期旧制，在宫廷中设立了"翰林图画院"。宋代的画院，对绘画发展起了推动作用，同时培养了一大批绘画人才。山水画，至此朝着广度和深度进一步发展，更加注意写生和技法的探索。南宋绘画的活动，仍集中在画院。山水画着重意境，以抒情为目的，多偏重山水。其构图完整，主题鲜明，笔触大胆泼辣，水墨发展得更加充分（见图 4-19 和图 4-20）。

辽文化承袭唐、五代，并受北宋的影响。绘画题材以本民族生活为主，人物、鞍马居多，花卉具有浓郁的装饰趣味，构图讲究对称，技法颇有独到之处。山水画还处在发展阶段。

图 4-19 《雪景寒林图》(作者:范宽)

图 4-20 《晴峦萧寺图》(作者:李成)

元代绘画在唐朝、五代、宋朝的基础上有显著的发展,特点是取消了画院制度,文人画兴起,人物画相对减少。绘画注重诗、书、画的结合,舍形取神,简逸为上,重视情感的发挥,审美趣味发生了显著的变化,体现了中国画的又一次创造性发展。

7. 明清美术

明代是中国书画艺术史上的一个重要阶段,出现了一些以地区为中心的名家和流派,山水和花鸟画成就卓著(见图 4-21)。清朝,文人画日益占据画坛主流,山水画的创作及水墨写意画盛行。画坛流派之多,前所未有。

图 4-21 山水画(作者:董其昌)

8. 近现代绘画

自民国时期开始,中国现代美术之路充满了新旧交替、中西混合、变化发展的特色,是在继承传统文化、引入西方文化的背景下向前发展的。主要表现为对艺术社会价值的寻求与适应,进行了种种尝试、探索与争论,大的趋势是把美术创作与现实功利紧密结合起来的写实主义渐居首位。在数十年时间里,从诸家纷争到以为人民大众服务的美术为主流的发展中,通俗美术、大众化运动、复古主义、现代主义、理想主义等,都曾成为倾向或思潮,从而构成了中国现代美术在发展过程中的丰富性与复杂性(见图 4-22 至图 4-25)。

图 4-22 写意花鸟(作者:吴昌硕)

图 4-23 《人民英雄纪念碑浮雕》(作者:刘开渠)

图 4-24 油画:《田横五百士》(作者:徐悲鸿)

图 4-25 仕女(作者:林风眠)

二、西方美术发展及名作欣赏

1. 古代与中世纪美术

原始人类留存下来的洞窟壁画、岩壁浮雕和各种雕像谱写了人类美术的开端(见图 4-26 和图 4-27)。此后我们所熟知的便是举世闻名的埃及金字塔、雕刻和绘画艺术,这些随后又影响到欧洲美术,真正意义上的欧洲美术从古希腊开始。古希腊艺术主要成就表现在神与人合一的雕刻和神庙建筑。古希腊美术的主要特点是无所不包的和谐与规律性,还有庄严与静穆。古罗马艺术则是古希腊艺术的直接继承和发展,它们共同奠定了西方文明的基础,成为西方文明的摇篮。几乎所有的古罗马艺术,特别是造型艺术,都体现出一种宏伟的观念。其后的中世纪,以基督教艺术为代表,在内涵和形式上均出现了变化。基督教美术从教堂的样式中得以体现。从 4 世纪到 15 世纪的官方艺术,以崇拜帝王、宣扬基督教神学为核心内容,在造型手法上将罗马晚期的艺术形式和以小亚细亚、埃及、叙利亚为中心的东方艺术形式结合起来,具有浓厚的东方色彩。哥特式艺术出现在 12 世纪至 16 世纪初期的欧洲,建筑艺术是其主要表现形式,也包括雕塑、绘画、工艺美术。

图 4-26 《酋长的牺牲》(洞窟壁画)

图 4-27 《受伤的母狮》(岩壁浮雕)

2. 文艺复兴美术

文艺复兴美术是继古希腊艺术、古罗马艺术后欧洲文化史上第二个高峰。意大利早期文艺复兴的美术家,借助理性和科学知识,在绘画领域中进行探索,尽力让二维平面具有三维空间感,为文艺复兴的到来铺平了道路。文艺复兴美术三杰(拉斐尔、达·芬奇、米开朗琪罗)的出现标志着意大利文艺复兴美术达到光辉灿烂的鼎盛时期。他们超凡的技巧造诣和完美的心灵、眼与手的配合,为再现性的美术确立了一种经典样式,给后世提供了效法的最佳范例(见图 4-28 和图 4-29)。欧洲的文艺复兴运动发源于意大利,在其影响之下,西欧各国也都先后萌发了文艺复兴。荷兰、德国、法国、西班牙等国都为欧洲文艺复兴的发展做出了各自的贡献。

3. 巴洛克时期美术

从 16 世纪之后,欧洲美术进入了巴洛克时代。这和当时西班牙、法国确立强大的封建君主专制统治有关。巴洛克的风格正符合这种统治的要求:显示威严和力量。建筑巨大、沉重、怪异,雕刻和绘画造型姿势极其夸张,使人激动。巴洛克风格的画家以鲁本斯为代表,他们以描绘统治者和贵族的肖像著称。荷兰独立后,适应市民需要的肖像画、风景画、风俗画、静物画等绘画小品也迅速发展起来,这些绘画小品不但形式小巧,而且主题也是市民化的(见图 4-30)。

图 4-28 《雅典学院》(作者:拉斐尔)

图 4-29 《维纳斯的诞生》(作者:波提切利)

图 4-30 巴洛克绘画

4. 洛可可时期美术

18世纪,洛可可艺术取代了巴洛克艺术,以描绘王室成员、贵族、贵妇人的奢侈生活和情趣的布歇等画家为代表,建筑为小巧优雅的别墅,装饰体现轻快潇洒的风味。洛可可绘画的主题是国王和贵族的肖像画,画面豪华精细,以浅黄、银色、白色等轻淡的色彩为主,线条多采用柔和的曲线(见图4-31)。

5. 古典主义与浪漫主义时期美术

19世纪,西方的美术界流派纷呈。在最初的20年,古典主义在法国画家大卫和安格尔的领导下达到顶峰,体现了古典主义的风格:偏重理性,注意形式完美,重视线条的清晰和严整(见图4-32)。拿破仑统治结束以后,古典主义绘画逐渐为浪漫主义绘画所取代。浪漫主义偏重感情,因此色彩和笔法热情奔放(见图4-33)。

图4-31 洛可可绘画

图4-32 《莫第西埃夫人》(作者:安格尔)

图4-33 《梅杜萨之筏》(作者:泰奥多尔·席里柯)

6. 19世纪中后期与20世纪美术

19世纪中期,现实主义绘画兴起,著名画家有法国的库尔贝等。19世纪60年代起,重视光和色彩运用的印象派绘画在法国兴起,不久遍及欧洲。后印象主义者则不喜欢印象主义画家在描绘大自然转瞬即逝的光色变幻效果时所采取的过于客观的科学态度,他们主张艺术形象要有别于客观物象,同时要饱含着艺术家的主观感受。后印象主义绘画偏离了西方客观再现的艺术传统,启迪了两大现代主义艺术潮流,即强调结构秩序的抽象艺术(如立体主义、风格主义等)与强调主观情感的表现主义(如野兽主义、表现主义、超现实主义等)。所以,在艺术史上,后印象主义被称为西方现代艺术的起源(见图4-34至图4-38)。

图4-34 静物(作者:塞尚)

图4-35 《哈佛港海边》(作者:莫奈)

图4-36 《坐着的玛丽·泰雷兹》(作者:毕加索)

图4-37 坐在画前的毕加索

图4-38 超现实主义作品(作者:达利)

20世纪西方艺术最大的特点:一是对传统的借鉴打破了民族、地区、国家、时间等人为的或自然的障碍而具有世界性;二是各门类艺术之间相互影响更趋密切,明显地带有实验性。"反传统"成为这个世纪艺术的主流,因此20世纪西方艺术更倾向多样化,更具多变性和主观随意性。

小结

美术是艺术的一个重要分支,是以一定的物质材料和手段,在实在的三维空间或平面上塑造可视的静态艺术形象,以此来反映社会生活和表达艺术家思想情感的一门艺术。美术在广义上一般包括建筑、工艺美术、雕塑、绘画、设计、园林、书法、雕刻等几大门类,具有认知功能、教育功能和审美功能,造型性是其主要形态特征之一。美术作品的构成要素包括内容与形式、构思与构图、空间与笔触、素材与意境、节奏与风格等。

中外美术发展历史悠久,名作荟萃,名家辈出。欣赏这些美术作品,对提高人的艺术素养、陶冶人的思想情操、开阔视野、扩大知识领域,具有重要作用。

第五章

建筑艺术欣赏

> **学习目标**

掌握建筑的种类与审美特征,掌握各类建筑风格的特点,了解中外古典建筑艺术,学会鉴赏现代建筑艺术。

建筑,原意是"巨大的工艺"。历来古典美学家都把建筑和绘画、雕刻合称为三大空间艺术,而把建筑列入艺术部类的首位。建筑以其自身的巨大形象和独特的建筑语言反映出一个时代、一个民族的审美特征。各类建筑不仅有各自不同的风格及民族特征、社会特征、地域特征、结构特征、材料特征等,而且有着鲜明的艺术形象和历史文化意蕴。

第一节 建筑的种类与审美特征

一、建筑的种类

建筑的本质是由人类建造以供居住和活动的生活场所,所以,实用性是建筑的首要功能;只是随着人类实践的发展,物质技术的进步,建筑越来越具有审美价值。

建筑的种类复杂而繁多,可以从不同的角度分类。

从使用的角度来分类,有住宅建筑、生产建筑、文化建筑、园林建筑、纪念性建筑、陵墓建筑、宗教建筑等。

从使用的建筑材料来分类,有木结构建筑、砖石建筑、钢筋混凝土建筑、钢木建筑等。

从民族风格上来分类,有中国式、日本式、伊斯兰式、意大利式、英吉利式、俄罗斯式等。

从流派上来分类,仅第二次世界大战以后西方就有历史主义、野性主义、新古典主义、象征主义、有机建筑、高技建筑等不胜枚举的流派。

从时代风格上来分类,有远古建筑、古希腊建筑、古罗马建筑、拜占庭式建筑、罗马式建筑、哥特式建筑、文艺复兴建筑、巴洛克建筑、法国古典主义建筑、新古典主义建筑、伊斯兰建筑、印度建筑、中国古建筑、现代建筑等。

二、建筑艺术的审美特征

1. 建筑形象

建筑形象就是通过各种结构、造型体现的建筑的外观。建筑师运用空间、形、线、色彩、质感、光影等手段进行创作,从而表现出不同的建筑形象。

2. 建筑艺术

建筑艺术是指按照美的规律,运用建筑艺术独特的艺术语言,使建筑形象具有文化价值和审美价值,具有象征性和形式美,体现出民族性和时代感的艺术。建筑艺术是造型艺术之一。建筑艺术通过建筑实体与空间的统一组织和处理,使建筑物既具功能性,又达到人们的审美要求。

3. 建筑艺术欣赏

建筑艺术欣赏是指理解建筑的面、体形、体量、空间、群体、环境等的基本概念,掌握其艺术的基本特点,并能针对著名建筑作品进行一般分析,加深对建筑和建筑艺术的具体特征的理解。

(1) 建筑的双重性:物质实用功能和精神审美功能的双重性;技术和艺术的双重性。

(2) 建筑精神属性的层级性:安全感、舒适感、美观——"悦目"、陶冶情操和震撼心灵——"赏心"。

(3) 建筑艺术的表现性:表现抽象的情绪、抽象的氛围,表现某种意境,激发情感。所以又称建筑为"凝固的音乐"。

4. 建筑艺术的语言

(1) 空间:建筑独有的艺术语言,有巨大的情绪感染力。

(2) 形:建筑体形组合丰富多样,组成了多种多样的体形,这也需要遵循形式美法则。

(3) 体量:体量的巨大是建筑与其他造型艺术的显著区别,例如金字塔。

(4) 线:通常作为建筑的骨架,空灵、通透、轻盈,例如埃菲尔铁塔。

(5) 面:面的处理要注意运用形式美法则,如均衡、对称、比例、对位、节奏、韵律及虚实、明暗、色彩、质感。

(6) 色彩:建筑不可或缺的组成部分,赋予建筑更多表现力。

(7) 质感:赋予建筑风格更多注释,赋予建筑气质更多生动。

(8) 光影:光影变化使得建筑形象更加丰富、神秘,多了一份梦幻色彩。

(9) 群体组合:群体的艺术感染力,比起单独的建筑单体来得更加强烈、更加深刻。

通过空间、形体、比例、均衡、节奏、色彩、装饰等多种因素的协调统一,通过充分调动自然环境、人文环境、环境雕塑、环境绘画、建筑小品、工艺美术、书法以至文学的作用,才能够形成建筑艺术特有的空间造型美。

5. 建筑艺术的社会文化属性

建筑艺术的文化内涵与人类生活密切相关,与人类物质生产水平和精神文明发展状况相关,其表现性与抽象性有极强的象征意义。建筑社会文化属性形成的原因如下:

(1) 不同的民族文化,如令人震惊的柬埔寨寺庙——吴哥窟。

(2) 不同的地区的气候、地理条件,如欧洲北部的住宅,当地气候寒冷,降雪频繁,屋顶的陡坡是为了避免积雪。

(3) 人类发展的不同的历史时期,如古罗马斗兽场。

三、建筑艺术欣赏的方法

1. 建筑艺术欣赏的方法

(1) 了解形式美的法则:如对称、主从、均衡、节奏、对比、比例、明暗、虚实、质感、色彩等,多观察与分析。

(2) 具备一定的建筑学知识:艺术美、生活美、技术美、环境美,美与善、美与真的统一。

（3）处于情绪意境之中：通过对形式美的欣赏，积极进行物我双方的交流和再创造，达到与建筑艺术作品整体形象的共鸣，发挥想象力。

（4）发掘建筑艺术作品的文化内涵。联系作品所处的时代的、民族的、地域的广阔文化环境，这样就会产生更深刻的感受。

2. 建筑艺术作品欣赏

（1）性格美：神秘的宗教建筑——日本的光之教堂。

（2）造型美："不谢的花蕾"——澳大利亚的悉尼歌剧院。

（3）结构美：生命的壳——中国国家大剧院。

（4）风格美：古罗马建筑斗兽场。

（5）色彩美：洁白无瑕的印度泰姬陵。

（6）环境美：法国凡尔赛宫周围图案化的古典园林。

（7）空间美：德国科隆大教堂高峻神秘的内部空间。

（8）材质美：中国木结构建筑——应县木塔。

（9）装饰美：内部雕饰精美的法国凡尔赛宫的王后居室。

（10）节奏美：希腊帕特农神庙的柱廊。

艺术来源于生活，只有在日常生活中多多观察建筑、感受和分析，才能不断提高建筑审美的修养，从而懂得如何欣赏建筑艺术，从中体会到更多乐趣。

第二节 中外古典建筑艺术欣赏

建筑是人类创造的最伟大的奇迹和最古老的艺术之一。从古埃及的金字塔、古罗马的斗兽场到中国的古长城，从宏阔显赫的故宫、诗情画意的苏州园林、清幽别致的峨眉山寺庙到端庄高雅的希腊神庙、威慑压抑的哥特式教堂、豪华炫目的凡尔赛宫、冷峻刻板的摩天大楼……无不闪耀着人类智慧的光芒。

一、欧洲古典建筑艺术欣赏

永恒的埃及金字塔、经典的古希腊柱式、辉煌的古罗马建筑、压抑的中世纪教堂、光芒的巴洛克建筑、理性的古典主义建筑，这些 18 世纪之前的建筑真实而动人地呈现在我们面前。

（一）埃及金字塔和狮身人面像

埃及金字塔位于开罗近郊的吉萨地区，约建于公元前 27 世纪。金字塔是一种方锥形的纪念性建筑物，是古埃及奴隶制国王的陵寝。其中最大的一座是第四王朝法老胡夫金字塔，占地 0.06 km²，塔高 146.6 m，塔基边长 230 m，共用 2.5 t 重的花岗石 250 万块。每一座陵墓均有一个祭庙相配。祭庙是一组货担形的建筑。一头是门厅，一头是大厅和祭坛。狭窄和开阔、黑暗和明亮，在这里形成了强烈的对比，造成了独特的建筑艺术风格。祭庙门前的狮身人面像名叫斯芬克斯，是由一块天然大岩石雕凿而成。狮身人面像原长有

73.2 m,高 20 m,脸部直径 4.1 m,面部是哈夫拉国王的脸型,下部是卧狮的造型,以此来象征法老的威严。埃及的金字塔巨大的体量,表现出壮阔的阳刚之美;四个等边三角形组成的四棱锥体造型,气度恢宏、粗犷雄伟,异常简洁、稳定,留下永恒的印象和原始的美感。体量、质感、尺度上的强烈对比又推进了人们的观赏深度(见图 5-1)。

(二) 古希腊建筑

1. 柱式

古代希腊建筑的美学原则和艺术特征可以归结为三种古典柱式,即陶立克柱式、爱奥尼克柱式和科林斯柱式,三种柱式各有特点。

图 5-1　埃及金字塔

(1) 陶立克柱式形状十分简洁,柱头是简单而刚挺的倒立圆锥台,顶上一个正方形顶板,梁枋就搁在上面;下面是一个倒置的圆台,圆台下部与柱顶的圆形重合。柱身凹槽相交成锋利的棱角。这种柱式简洁、雄健,极具力量感,反映了古希腊西部民族强有力的性格,体现了男性体态的刚劲雄健之美。帕特农神庙即采用的是陶立克柱式。

(2) 爱奥尼克柱式,其外在形体修长、端丽,柱头则带两个婀娜潇洒的涡卷,使形象显得生动而精巧,尽展女性体态的清秀柔和之美。檐部高度为柱高的 1/5,柱子之间的距离约为柱子直径的 2 倍,十分有序和美、高贵优雅。如雅典卫城的胜利女神庙和伊瑞克提翁神庙就是采用爱奥尼克柱式。

(3) 科林斯的柱身与爱奥尼克相似,而柱头则更为华丽,形如倒钟,四周饰以锯齿状叶片,宛如满盛卷草的花篮。在古希腊的奥林比亚宙斯神殿、埃比道拉斯剧场的门廊和雅典列雪格拉底音乐纪念亭等建筑上都有应用。

古希腊柱式的造型是人的风度、形态、容颜、举止美的艺术显现,而它们的比例与规范,则是人体比例、结构规律的形象体现(见图 5-2)。

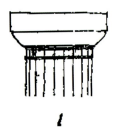  

图 5-2　古希腊建筑柱式

2. 古希腊建筑形式

(1) 雅典卫城,是雅典的军事、政治、宗教中心,在希波战争中被毁,后来重建,新建卫城改变了原来的军事意义,成为当时的宗教圣地和公共活动场所,建筑总负责人是艺术家菲迪亚斯。在整个建筑群中,帕特农神庙位于卫城最高点,体量最大,采用围柱建筑形式,它是古希腊建筑最优秀的范例(见图 5-3)。

(2) 帕特农神庙,公元前 447 年始建,公元前 438 年建成。伊克底努设计,雕像是雕刻家菲迪亚斯的作品。神庙平面为一长方形,长约 70 m,宽约 30 m,石构建筑。神庙的外围,用 46 根陶立克式柱子围列,形成

图 5-3　雅典卫城

一圈柱廊。柱上的额枋、檐口处，设有镀金青铜盾牌、各种纹饰及许多动植物形的浮雕作为装饰。神庙的东西立面上是三角形的山墙，称山花，上面刻满浮雕。东立面山花下是八根陶立克式柱的柱廊，是主要入口，正门进去，分前后两个厅，前厅是主要的殿堂，后厅用来放金银珠宝，是仓库。前厅内三面设围廊，用的也是陶立克式柱，但尺度较小，分为上下两层设柱。建筑在整体比例上显示着和谐。从外形看，它由两组线条组成——水平的檐部和垂直的柱子，这一竖一横，交叉而有韵律。另外，柱廊的高度和长度之比和谐得体，柱的实和柱与柱之间的虚形成对比，阳光射来，明暗对比强烈，富有明快感。水平檐部，总给人一种亲切、和平、愉悦的感受；而廊这种形式，又给人以生活的情趣，它既可以在室内，又可以在室外（见图 5-4）。

图 5-4　帕特农神庙

（三）古罗马建筑

古罗马的建筑艺术是古希腊建筑艺术的继承和发展，表现在由单一的古希腊柱式，发展为组合柱式和叠柱式，使建筑宏伟高大、富丽堂皇，有宗教色彩。其中的拱券技术，外形为圆弧状，有良好的承重力和装饰美化效果，是古罗马的创新成果。古罗马人将古希腊柱式与古罗马拱券技术相结合，从而有机融汇形成古罗马独特的建筑特色。

罗马帝国时代,奴隶主贵族的生活豪华奢侈,他们不但建神庙,而且建筑了大量的剧场、斗兽场、浴场、图书馆等大型建筑。为了歌功颂德,宣扬罗马皇帝的丰功伟绩,他们建造了凯旋门、纪功柱、广场之类的纪念性建筑。这些建筑形象,大多数采用拱券的形式。拱券线型的曲直结合、各部分的比例和谐、形象的虚实对比形成拱券的美。

1. 古罗马的象征——斗兽场

斗兽场,或称角斗场,是专为奴隶主看角斗而营造的建筑。整个呈椭圆形,长轴径约 188 m,短轴径约 156 m,观众席约 60 排座位,可容纳 6 万～8 万人,立面高 48.5 m,分为 4 层,下 3 层采用"券柱式",每层各有 80 间,展现了几何形的单纯,更显宏伟。在结构、功能和形式上形成完美的统一。

先说罗马的科洛西姆角斗场中的拱券。这座规模巨大的建筑,里面的形式与现在的大型运动场差不多。它的外形很特别,是一个巨大的圆筒形建筑,分 4 层,下面 3 层都用连续拱券柱廊构成,最上面一层用带有倚柱的实墙构成,起形式上的收头作用,所以形象显得很完整。这 3 层连续拱券上下对齐,每层一周有 80 个券洞,内设一周环廊。第二层和第三层的环廊外还设有栏杆。每层都有浅檐部,与栏杆一起形成长长的水平环形线,组织着这些拱券形象。为了使拱柱不显得单薄,而又使形象丰富,其做法是拱与拱之间用墙、墙上倚柱。当阳光射来,层次分明,那拱洞是深暗的,阳光照射下的石材(墙、柱、檐部等)显得光耀夺目,而檐和柱在墙上的投影,不明不暗,有了明暗的过渡,所以形象入画。从整体上说,这许多上下左右连续的拱券非常富有韵律感(见图 5-5)。

2. 提图斯凯旋门

提图斯凯旋门是一个独立的单拱券建筑。凯旋门高 14.4 m,门宽 13.3 m,门的两侧是厚重的双倚柱壁,显得庄重、坚实有力。整座凯旋门共有 8 根倚柱,柱头用爱奥尼克和科林斯柱式相结合的组合柱式,豪华壮美。凯旋门拱顶内部用浮雕图案作藻井花饰,下部内侧墙刻有浮雕,其内容是记述提图斯和他的军队战胜犹太人凯旋。整个建筑比例和谐,明暗关系协调(见图 5-6)。

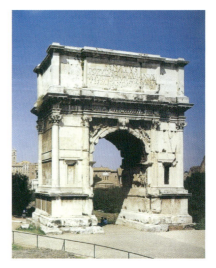

图 5-5　斗兽场　　　　　　　　　　　　图 5-6　提图斯凯旋门

3. 君士坦丁凯旋门

君士坦丁凯旋门建于公元 315 年,是罗马城现存的三座凯旋门中年代最晚的一座,是为庆祝君士坦丁大帝于公元 312 年彻底战胜他的强敌马克森提,并统一帝国而建的。这是一座有 3 个拱门的凯旋门,高 21 m,

面阔 25.7 m,进深 7.4 m。由于它调整了高与宽的比例,横跨在道路中央,显得形体巨大。凯旋门的里里外外充满了各种浮雕,巨大的凯旋门和丰富的浮雕虽然气派,但缺乏整体观念(见图 5-7)。

4. 万神殿

万神殿是至今完整保存的唯一一座罗马帝国时期建筑,建于公元前 27—公元前 25 年,用以供奉奥林匹亚山上诸神,可谓奥古斯都时期的经典建筑。公元 80 年的火灾,使万神殿的大部分被毁,仅余一长方形的柱廊,有 12.5 m 高的花岗岩石柱 16 根,这一部分被作为后来重建的万神殿的门廊。门廊顶上刻有初建时期的纪念性文字,从门廊正面的 8 根巨大圆柱仍可看出万神殿最初的建筑规模。殿堂内部比例协调,十分恰当:直径与高度相等,约 43 m。大圆顶的基座从总高度的一半的地方开始建起。殿顶圆形曲线继续向下延伸,形成一个完整的球体与地相接。这是建筑史上的奇迹,表现出古罗马的建筑师们高深的建筑知识和深奥的计算方法。万神殿还是第一座注重内部装饰胜于外部造型的罗马建筑。万神殿将古希腊建筑和罗马建筑风格有机地融为一体,使建筑既宏伟壮观,又有广阔的空间。最大的特色是它的圆形穹顶,把穹顶技术发展到顶峰,后来影响到了世界各地的建筑,体现了人与神的联系和宗教情感(见图 5-8)。

图 5-7　君士坦丁凯旋门

图 5-8　万神殿

5. 图拉真广场和纪功柱

图拉真广场建于公元 107 年,是为了纪念图拉真大帝远征罗马尼亚获胜。广场的形制参照了东方君主国建筑的特点,不仅轴线对称,而且做多层纵深布局。在将近 300 m 的深度里,布置了几座建筑物,室内室外的空间交替,空间的纵横、大小、开阔、明暗交替,雕刻和建筑物交替,有意识地利用这一系列的交替酝酿建筑艺术高潮的到来。

图拉真纪功柱是罗马纪念性建筑,位于图拉真广场的图拉真图书馆内院中,建于公元 106—113 年。纪功柱全高 38.2 m,柱身由白色大理石砌筑而成,内部有 185 级盘梯,可登上柱顶。环绕全柱的长条浮雕,刻画着图拉真两次东征的 150 个故事,共长 244 m,是古罗马的艺术珍品(见图 5-9)。

(四) 罗马式建筑

罗马式建筑指像古罗马人一样用砖石的拱券建造的建筑。这一时期建筑风格沉重压抑,几乎是清一色的基督教堂。罗马式教堂建筑采用典型的罗马式拱券结构。罗马式教堂的雏形是具有山形墙和石头的坡屋顶,并使用圆拱。它的外形像封建领主的城堡,以坚固、沉重、敦厚、牢不可破的形象显示教会的权威。教堂的一侧或中间往往建有钟塔。屋顶上设一采光的高楼,从室内看,这是唯一能够射进光线的地方。教堂内光线幽暗,给人一种神秘宗教气氛和肃穆感及压迫感。教堂内部装饰主要使用壁画和雕塑,教堂外表的正面墙和内部柱头多用浮雕装饰,这些雕塑形象都与建筑结构浑然一体。

1. 比萨大教堂

在意大利比萨城北面的奇迹广场上散布着一组宗教建筑,它们是大教堂、洗礼堂、钟楼和墓园。建筑的外墙面均为乳白色大理石砌成,各自相对独立但又形成统一罗马式建筑风格。1987年,大教堂、洗礼堂、比萨斜塔和墓园一起被联合国教育科学文化组织评选为世界遗产。意大利比萨大教堂是意大利著名的宗教文化遗产,是意大利罗马式教堂建筑的典型代表。罗马式建筑产生于公元9世纪查理大帝(即查理曼)时期。自罗马帝国灭亡后,欧洲的政局一直是动荡不定的。为了防御外敌,当时的宫殿或教会建筑,都筑成城堡样式,如果是教堂,就要在它旁边加筑塔楼。比萨大教堂平面虽是巴西利卡式,其中央通廊上面是用木屋架,但其拱券结构,由于采用层叠券廊,罗马式特征依然十分明显(见图5-10)。

图 5-9　图拉真广场和纪功柱

图 5-10　比萨大教堂

2. 洗礼堂

教堂前方约60 m处是一座洗礼堂,始建于公元12世纪,它的布道坛可追溯到1260年。洗礼堂采用罗马式建筑风格,但后来的一些工程也采用了哥特式风格。圆形洗礼堂的直径为39 m,总高为54 m,圆顶上立有3.3 m高的施洗约翰铜像(见图5-11)。

3. 比萨斜塔

比萨斜塔位于比萨大教堂的后面,始建于1173年,设计为垂直建造,但是在工程开始后不久便由于地基不均匀和土层松软而倾斜,1372年完工,塔身向东南倾斜。比萨斜塔是意大利独一无二的圆塔,通体用白色大理石建造。伽利略曾拿这座斜塔作为自由落体的试验场地,这54.6 m高的塔顶,偏心有5 m多,是自由落体试验再好不过的试验场。循楼梯一圈圈绕着往上走,要拾294级才能到顶。塔斜而不倒,是比萨城的标志,也是世界建筑史上的奇迹(见图5-12)。

(五)拜占庭建筑

公元4世纪末,罗马分裂为东、西罗马,东罗马亦称拜占庭帝国。从历史发展的角度来看,拜占庭教堂发展了古罗马万神庙那样的穹顶结构,同时因为地理原因,吸取了两河流域的艺术成就,形成了独特的体系,对俄罗斯的教堂建筑影响很大。拜占庭时期建筑最早的成就也是表现在基督教堂上,特点是把穹顶支撑在四个或更多的独立支柱上的结构形式,并以帆拱作为中介连接。同时可以使成组的圆顶集合在一起,形成广阔而有变化的新型空间形象。建筑式样主要有两种:一种为圆顶的矩形大会堂,以位于君士坦丁堡的圣索菲亚大教堂最具代表性,其顶端系覆盖圆球状之外观,而主体建筑则设计成矩形状,顶端稳重的球形与内部建筑长形的设计,极度彰显了教堂外观的力学美;另一种则为圆形与多角形混合式大会堂,颇具辉煌抽象之感。上述两种建筑外形皆带有圆形式样,为拜占庭建筑之特有特征。

图 5-11　比萨洗礼堂　　　　　　　　　　　　图 5-12　比萨斜塔

1. 圣索菲亚大教堂

拜占庭建筑最光辉的代表是君士坦丁堡的圣索菲亚大教堂,它是东正教的中心教堂,是拜占庭帝国极盛时代的纪念碑。圣索菲亚大教堂是集中式的,东西长 77.0 m,南北长 71.0 m,布局属于以穹隆覆盖的巴西利卡式。中央穹隆突出,四面体量相仿但有侧重,前面有一个大院子,正南入口有两道门庭,末端有半圆神龛。中央大穹隆,直径 32.6 m,穹顶离地 54.8 m,通过帆拱支承在四个大柱墩上。其横推力由东西两个半穹顶和南北各两个大柱墩来平衡。内部空间丰富多变,穹隆之下,柱与柱之间,大小空间前后上下相互渗透,穹隆底部密排着一圈 40 个窗洞,光线射入时形成的幻影,使大穹隆显得轻巧空灵(见图 5-13)。

2. 莫斯科柏拉仁诺大教堂

柏拉仁诺大教堂始建于 1555 年,1560 年完成,位于莫斯科克里姆林宫外红场南端,是俄罗斯中后期建筑的主要代表。16 世纪中叶,伊凡雷帝为纪念战胜蒙古侵略者而建。建筑风格独特,内部空间狭小,注重外形,较像一座纪念碑,中央主塔是帐篷顶,高 47 m,周围是 8 个形状色彩与装饰各不相同的葱头式穹隆。建筑用红砖砌成,以白色石构件装饰,大小穹隆高低错落,色彩鲜艳,形似一团烈火(见图 5-14)。

图 5-13　圣索菲亚大教堂　　　　　　　　　　图 5-14　莫斯科柏拉仁诺大教堂

（六）哥特式建筑

哥特式建筑的总体风格特点是空灵、纤瘦、高耸、尖峭。它们直接反映了中世纪新的结构技术和浓厚的宗教意识。尖峭的形式，是尖券、尖拱技术的结晶；高耸的墙体，则包含着斜撑技术、扶壁技术的功绩。而那空灵的意境和垂直向上的形态，则是基督教精神内涵的最确切的表述。高而直、空灵、虚幻的形象，似乎直指上苍，启示人们脱离这个苦难、充满罪恶的世界，而奔赴"天国乐土"。

在哥特式教堂建筑中，享有崇高声誉的教堂比比皆是。其中法国的巴黎圣母院、意大利的米兰大教堂、德国的科隆大教堂都是代表。它们的外部造型、细部装饰及内部空间的结构，都既充分地反映了哥特式建筑的一般风格特点，又个性鲜明。所以，人们谈起哥特式建筑，往往都要以它们为例。

1. 科隆大教堂

德国的科隆大教堂位于莱茵河畔，历史悠久，建筑风格和格局颇具魅力，是城市的象征，是游客流连忘返的名胜。高 157 m 的科隆大教堂有两座哥特式尖顶，它们是科隆的象征。科隆大教堂有 5 个殿堂，一个绕圣坛而建的带有 3 个偏堂的回廊。圣坛两侧排列着 104 个席位的座椅，它是中世纪德国教堂中最大的圣坛。圣坛上的十字架也是欧洲大型雕塑中最古老、最著名的珍品。充满生机的科隆大教堂不但是大型巨石建筑物，而且是人们歇息游玩、充满着生机的中心（见图 5-15 和图 5-16）。

图 5-15　科隆大教堂

图 5-16　科隆大教堂内部空间

2. 巴黎圣母院

巴黎圣母院坐落于巴黎市中心塞纳河畔的西岱岛上，整座教堂在 1345 年才全部建成，历时 180 多年。巴黎圣母院是一座典型的哥特式教堂，之所以闻名于世，主要是因为它是欧洲建筑史上一个划时代的标志。圣母院的正外立面风格独特，结构严谨，看上去十分雄伟庄严。它被壁柱纵向分隔为三大块；三条装饰带又将它横向划分为三部分，其中，最下面有三个内凹的门洞。长廊上面为中央部分，两侧为两个巨大的石质中棂窗子，中间一个玫瑰花形的大圆窗，其直径约 10 m，建于 1220—1225 年。中央供奉着圣母圣婴，两边立着天使的塑像。两侧立的是亚当和夏娃的塑像。教堂内部极为朴素，几乎没有什么装饰。大厅可容纳 9000 人，其中 1500 人可坐在讲台上。巴黎圣母院是一座石头建筑，在世界建筑史上，被誉为一部由巨大的石头组成的交响乐。虽然这是一幢宗教建筑，但它闪烁着法国人民的智慧，反映了人们对美好生活的追求与向往（见图 5-17）。

3. 米兰大教堂

米兰大教堂是米兰市中心的一座哥特式大教堂，世界最华丽的教堂之一，规模仅次于梵蒂冈的圣彼得大教堂，米兰的象征，被马克·吐温称赞为"大理石的诗"。1386 年开始兴建，1897 年最后完工。虽经多人之手，但始终保持了装饰性哥特式的风格。教堂建成后，内部又陆续增建了不少附属物，直到 19 世纪末才最后定型。教堂大门内的日晷是 1786 年建造的，阳光自堂顶射入时，随着地球的旋转，阳光的移动，一年四季均可准确指出每天的中午时刻（见图 5-18 和图 5-19）。

图 5-17　巴黎圣母院

图 5-18　米兰大教堂

4. 圣家赎罪堂

圣家赎罪堂又名圣家族大教堂，是由西班牙伟大的建筑设计师高迪设计的，无论你身处巴塞罗那的哪一方，只要抬起头就能看到它。这座教堂从高迪在世时直到现在都在不停地建造，已经一个多世纪了，仍未造完，在它高高的塔顶上仍布满了脚手架。这是一座象征主义建筑，分为三组，描绘出东方的基督诞生、基督受难及西方的死亡，南方则象征上帝的荣耀；它的四座尖塔代表了十二位基督圣徒；圆顶覆盖的后半部则象征圣母玛利亚。它的墙面主要以当地的动植物形象作为装饰，正面的三道门以彩色的陶瓷装点而成。整个建筑华美异常，令人叹为观止，是建筑史上的奇迹。现在这里已经成为一间小型的博物馆，里面陈列着高迪的相片，还有生平介绍（见图 5-20）。

图 5-19　米兰大教堂内部

图 5-20　圣家赎罪堂

(七) 文艺复兴建筑

文艺复兴建筑是欧洲建筑史上继哥特式建筑之后出现的一种建筑风格。15世纪产生于意大利,后传到欧洲其他地区。意大利文艺复兴建筑在文艺复兴建筑中占有最重要的位置。文艺复兴建筑最明显的特征是扬弃中世纪时期的哥特式建筑风格,而在宗教和世俗建筑上重新采用古希腊、罗马时期的柱式构图要素。文艺复兴时期的建筑师和艺术家们认为,哥特式建筑是基督教神权统治的象征,而古代希腊和罗马的建筑是非基督教的。他们认为这种古典建筑,特别是古典柱式构图体现着和谐与理性,并且同人体美有相通之处。这些正符合文艺复兴运动的人文主义观念。文艺复兴建筑风格的特点是追求豪华,大量采用圆柱、圆顶,外加很多精美的饰物。古典柱式再度成为建筑构图的主题,同时追求稳定感。推崇基本的几何体,如方形、三角形、立方体、球体、圆柱体等,进而由这些形体倍数关系的增减创造出理想的比例。

1. 圣玛利亚鲜花大教堂

圣玛利亚鲜花大教堂是文艺复兴时期第一座伟大建筑。这座教堂的大圆顶是世界上第一座大圆顶,是菲利浦·布鲁内莱斯基(1377—1446年)的杰作,设计并建造于1420年到1434年间,这位巨匠在完成这一空中巨构的过程中没有借助于拱架,而是用了一种新颖的相连的鱼骨结构和以椽固瓦的方法从下往上逐次砌成。圆顶呈双层薄壳形,双层之间留有空隙,上端略呈尖形。教堂的外立面三个世纪后才于1871年选中建筑师埃米利奥·德法布里的方案,于1887年竣工,用的是卡拉拉的白色大理石、普拉托的绿色大理石和玛雷玛的粉红色大理石,整座建筑显得十分精美(见图5-21)。

2. 圣彼得大教堂及其广场建筑

圣彼得大教堂是建筑家米开朗琪罗、拉斐尔、伯拉孟特和小安东尼奥等的共同杰作。它的顶部采用了米开朗琪罗设计的巨型圆顶,说明上帝并不是高高在上,而是在以博大的胸怀荫蔽着人间。这一设计理念是对哥特式建筑的一种反叛,充分体现出文艺复兴的人文精神。教堂的平面呈希腊十字形,建筑规模可谓教堂之最,可容5万人之多。138 m的高度在罗马迄今仍是最高的建筑。罗马人限制所有建筑物都不得超过圣彼得大教堂。教堂正面共有5扇大门,中间是善门,左边是神门和死门,右边是圣门和灾门。圣彼得大教堂是迄今为止世界上最宏大、最壮丽的天主教堂,融汇了意大利众多艺术精英的智慧,成就了意大利文艺复兴时期最辉煌的建筑艺术。它是世界建筑史上的奇葩,更是世界文化史上的珍贵遗产(见图5-22)。

图5-21 圣玛利亚鲜花大教堂

图5-22 圣彼得大教堂

圣彼得广场同圣彼得大教堂是一组不可分割的建筑艺术整体。广场长 340 m，宽 240 m，周围是一道椭圆形双柱廊，共有 284 根圆柱和 88 根方柱，柱端屹立着 142 尊圣人雕像，规模浩大，宏伟壮观。广场中央耸立着一座高 41 m 的方尖石碑，建筑石碑的石料是当年专程从埃及运来的。石碑顶端立着一个十字架，底座上卧着 4 只铜狮，两侧各有一个喷水池。

（八）巴洛克建筑

巴洛克建筑是 17—18 世纪在意大利文艺复兴建筑基础上发展起来的一种建筑和装饰风格。其特点是外形自由，追求动态，喜好富丽的装饰和雕刻、强烈的色彩，常用穿插的曲面和椭圆形空间。巴洛克建筑的风格在于建筑物外貌精美的装饰及雕琢，造就出一种轻盈流畅的动态感，并借外在光线营造出一种如幻似真的感受，配合着精美绝伦的工艺技巧，予人一种金碧辉煌之感。这种风格在反对僵化的古典形式、追求自由奔放的格调和表达世俗情趣等方面起了重要作用，对城市广场、园林艺术以至文学艺术都产生了影响，一度在欧洲广泛流行。

第一座巴洛克建筑——罗马耶稣会教堂，平面为长方形，端部突出一个圣龛，由哥特式教堂惯用的拉丁十字形演变而来，中厅宽阔，拱顶满布雕像和装饰。两侧用两排小祈祷室代替原来的侧廊。十字正中升起一座穹隆顶。教堂的圣坛装饰富丽而自由，上面的山花突破了古典法式，作圣像和装饰光芒。正门上面分层檐部和山花做成重叠的弧形和三角形，大门两侧采用了倚柱和扁壁柱。立面上部两侧为两对大涡卷。这些处理手法别开生面，后来被广泛仿效（见图 5-23）。

（九）洛可可建筑

洛可可风格最突出的特点在于其繁缛华丽的外貌及空虚轻浮的实质，缘自它以追求个人快感的享乐主义为目标。洛可可建筑与巴洛克建筑最大之区别并不在于建筑物之外观，而在内部之变化上。巴洛克讲究线条的韵律感、量感、空间感和丰富而有变化的立体感，并带有绘画般的效果。洛可可在前者的基础之上更讲究壁面的形式美，利用繁复多变的曲线和装饰性的绘画布满壁面，甚至利用镜子或烛台等使室内空间变得更为丰富，喜欢用舶来品如中国瓷器、日本漆器、东方丝绸与挂毯、非洲珠宝、意大利水晶灯等装饰室内。洛可可风格反映了法国路易十五时代宫廷贵族的生活趣味，曾风靡欧洲。这种风格的代表作是巴黎苏俾士府邸公主沙龙和凡尔赛宫的王后居室（见图 5-24）。

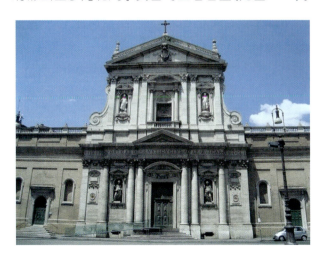
图 5-23　罗马耶稣会教堂

图 5-24　凡尔赛宫的王后居室

（十）法国古典主义建筑

17世纪，与巴洛克同分天下的是法国古典主义。法国古典主义建筑造型严谨，普遍应用古典柱式，内部装饰丰富多彩。法国古典主义建筑的代表作是规模巨大、造型雄伟的宫廷建筑和纪念性的广场建筑群，具有强烈的理性色彩和逻辑美感。卢浮宫，东廊长183 m，高28 m，构图采用横三段纵五段的手法。横向底层结实沉重，中层是虚实相映的柱廊，顶部是水平向厚檐，各部分比例依次为2∶3∶1。纵向实际上分五段，以柱廊为主，但两端及中央采用了凯旋门式的构图，柱廊采用双柱，以增加其刚强感。造型轮廓整齐，庄重雄伟，被称为理性美的代表（见图5-25）。

图5-25　卢浮宫

二、世界其他地域古典建筑艺术欣赏

（一）伊斯兰建筑

伊斯兰建筑体系主要流行于古代阿拉伯帝国和奥斯曼帝国。伊斯兰建筑以砖或石结构为主，主要建筑类型是清真寺、圣者陵墓、王宫和花园。在立方体上覆盖高穹隆、各种尖拱和广泛采用彩色玻璃面砖是它的显著特征，清真寺里的水池或喷泉令人难以忘怀。穆斯林把拱券用在门、窗和龛上，多为尖拱；穹隆覆盖在门殿、大殿或圣者陵墓的陵堂上，比罗马式建筑和拜占庭建筑更加高耸，最高处不是圆的，改为尖形，下部常常收进，总体略呈洋葱头状。高塔也常出现在清真寺中，经常布置在寺院四隅，增加了天际线的变化，它们被称为宣礼塔。伊斯兰建筑重视装饰，很有特色，充满了几何纹样，又有《古兰经》经文和植物。圣者陵墓称为麻札，是宗教性纪念建筑，葬伊斯兰教素有名望的传教者或政教合一时期王者的遗体，在其墓棺上建造穹隆顶建筑。许多情况下，麻札与清真寺合在一起。阿拉伯世界以外，由于伊斯兰教传播地域的广泛，不同地区的伊斯兰建筑除了具有上述的某些共同特点外，其他方面又颇多不同，统称为混合伊斯兰建筑。

1. 印度泰姬·玛哈尔陵

泰姬·玛哈尔陵是世界七大建筑奇迹之一，主体建筑呈八角形，中央是半球形圆顶，陵墓位于中轴线末端，整体构图稳重舒展、比例和谐、主次分明。建筑外形端庄宏伟，无懈可击。寝宫门窗及围屏都用白色大理石镂雕成菱形带花边的小格，墙上用翡翠、水晶、玛瑙、红绿宝石镶嵌着色彩艳丽的藤蔓花朵。泰姬陵的构思和布局充分体现了伊斯兰建筑艺术庄严肃穆、气势宏伟的特点，整个建筑富于哲理，是一个完美无缺的艺术珍品,更是一座伟大的爱情纪念碑(见图 5-26)。

2. 圆顶清真寺

圆顶清真寺又称金顶清真寺,是一个伊斯兰教圣地,它一直是耶路撒冷最著名的标志之一。圆顶清真寺雄伟而炫目的金顶无论是清晨还是黄昏,都会在蓝天下产生一种让人无法抗拒的美感。它的大圆顶高 54 m,直径 24 m。1994 年,由约旦国王侯赛因出资 650 万美元为这个圆顶覆盖上了 24 kg 纯金箔,使它彻底名扬天下。除了建筑之美,圆顶清真寺内还有一块镇寺之宝:一块淡蓝色的巨石。它被放置在寺的中央,长 17.7 m,宽 13.5 m,高出地面 1.2 m,以银、铜镶嵌,铜栏杆围着。这块岩石上有一个大凹坑,相传是先知穆罕默德在此处夜行登霄,和天使加百列一起到天堂见到真主的地方(见图 5-27)。

图 5-26　印度泰姬·玛哈尔陵

图 5-27　圆顶清真寺

3. 麦加大清真寺

麦加大清真寺是世界著名的清真大寺,伊斯兰教第一大圣寺,又称禁寺。此寺位于沙特阿拉伯麦加城中心,规模宏伟,总面积已扩大到 0.356 km²,可容纳 150 万穆斯林同时做礼拜。禁寺有精雕细刻的 25 道大门,7 座高 92 m 的尖塔。这 7 座塔环绕着圣寺,象征着一周的天数,巍峨高耸,是典型的伊斯兰风格。禁寺的整个建筑、墙壁、圆顶、台阶、通道都是用洁白的大理石铺砌,骄阳之下光彩夺目,气势磅礴。入夜千百盏水银灯把禁寺照耀得如同白昼,显得格外庄严、肃穆。圣殿克尔白在禁寺广场中央。圣殿又称天房,采用麦加近郊山上的灰色岩石建成,殿高 14 m 多,殿门为金制,位于东北角。殿内以大理石铺地,3 根大柱支承殿顶。圣殿自上而下终年用黑丝绸帷幔蒙罩,帷幔中腰和门帘上用金银线绣有《古兰经》经文,帷幔每年更换一次,据说这一传统自伊斯兰教创始以来已相传 1300 多年(见图 5-28)。

(二) 印度佛教建筑

在古代印度,宗教一直占据支配地位,这里的宗教建筑极为发达,又与其他任何国家的建筑都大不相同。东南亚的泰国、缅甸、柬埔寨等国吸收了印度教文化的精髓,宗教建筑保持着大乘佛教建筑的样式,同时巧妙融合了民族特色。

1. 婆罗浮屠塔

位于印尼爪哇中部丘陵地带的婆罗浮屠塔是世界著名的七大奇景之一,在 1991 年被列入《世界遗产名录》。佛塔是公元 8 世纪夏连特拉王朝所建,占地近 15 000 m²,周长 123 m,塔中央的圆顶距地面 35 m。它是由 200 多万块火山岩堆积而成,拥有约 504 座释迦牟尼佛像。在佛塔的四周墙壁上有 2000 余幅刻画佛陀生平及佛学道理的浮雕。这座 7 层的金字塔形的佛塔顶部为一个圆锥体,由 3 层圆台组成,每层分别有 32

座、24座、16座,共72座镂花舍利塔,各塔内都有一个佛像。每层圆台外侧都围着栏杆,组成了回廊。在婆罗浮屠塔的顶端,是一个高7 m、直径为9.9 m的伞形大塔。由于佛教在印尼没落,这座人类文明的遗产曾遭废弃,直到19世纪被人发掘,才得以重见天日(见图5-29)。

图5-28　麦加大清真寺

图5-29　婆罗浮屠塔

2. 吴哥窟

吴哥窟又称吴哥寺,位于柬埔寨西北方。它是吴哥古迹中保存得最完好的庙宇,以建筑宏伟与浮雕细致闻名于世,也是世界上最大的庙宇。1992年,联合国教科文组织将吴哥古迹列入世界文化遗产。吴哥窟是柬埔寨古典建筑艺术的高峰,它结合了柬埔寨寺庙建筑学的两个基本的布局:祭坛和回廊。祭坛由三层长方形有回廊环绕的须弥台组成,一层比一层高,象征印度神话中位于世界中心的须弥山。在祭坛顶部矗立着按五点梅花式排列的五座宝塔,象征须弥山的五座山峰。寺庙外围环绕一道护城河,象征环绕须弥山的咸海。台基、回廊、蹬道、宝塔构成吴哥寺错综复杂的建筑群。其布局规模宏大,比例匀称,设计简单庄严,细部装饰瑰丽精致。全部建筑用砂石砌成,石块之间无灰浆或其他黏合剂,靠石块表面形状的规整及本身的重量彼此结合在一起。当时的石工可能没掌握券拱技术,所以吴哥寺没有大的殿堂,石室门道均狭小阴暗,艺术装饰主要集中在建筑外部(见图5-30)。

图5-30　吴哥窟

三、中国古典建筑艺术欣赏

在世界建筑体系中,中国古代建筑是源远流长的独立发展的体系。该体系在 3000 多年前的殷商时期就已初步形成,其风格优雅,结构灵巧。中国古代建筑的发展大致经历了原始社会、商周、秦汉、三国两晋南北朝、隋唐五代、宋辽金元、明清七个时期。直至 20 世纪,始终保持着自己独特的结构和布局原则,而且传播、影响到其他国家。

(一)中国古典建筑艺术的特点

中国古典建筑是世界唯一以木结构为主的建筑体系。基于深厚的文化传统,中国古典建筑艺术的特点是:

(1)以宫殿和都城规划的成就最高,突出皇权至上思想和严密的等级观念;
(2)特别注重群体组合的美,或取中轴对称院落式布局,或为自由式;
(3)注重与自然的高度协同,尊重自然;
(4)在艺术性格上特别重视对中和、平易、含蓄而深沉的美的追求。

中国建筑艺术是中国人的伦理观、审美观、价值观和自然观的深刻体现。

(二)中国古代建筑的类型

中国古代建筑按功能分为七个大类:城市公共建筑、宫殿建筑、礼制建筑与祠祀建筑、陵墓建筑、佛教建筑、古村落与民居、古桥梁。除上述七类外,还有军事建筑、商业建筑,坊表等建筑小品。

1. 城市公共建筑

城市公共建筑主要包括城墙、城楼与城门,还有钟楼和鼓楼。城墙起源于新石器时代,材料以夯土为主。三国至南北朝出现在夯土外包砌砖壁的做法。明代,重要城池大多用砖石包砌。城门是重点防御部位。门道深一般在 20 m 左右,最深达 80 m。唐代边城中出现瓮城,明代在瓮城上创建箭楼。钟楼、鼓楼是古代城市中专司报时的公共建筑。宋代有专建高楼安置钟、鼓的记载。明代在北京城中轴线北端建鼓楼和钟楼,其下部是砖砌的墩台,上为木构或砖石的层楼。城池由城墙和护城河两部分组成。"城"指的是城墙,"池"指的是护城河。古代城市公共建筑中最著名的当属长城。

我国长城至少已有 2700 多年历史。长城遍布于黄河、长江流域的 15 个省、市、自治区,既有东西走向,也有南北走向,明长城总长度达 8851.8 km。城墙为长城的建筑主体。城墙的位置,多选择蜿蜒曲折的川脉,在其分水线上建造。万里长城所经之地,或高山深谷,或江海湖岸,或沙漠草原等。长城具有历史悠久、长度惊人、工程浩大、技术高超、雄伟壮美等特点(见图 5-31)。

2. 宫殿建筑

宫殿是帝王朝会和居住的地方。"宫"指一组宫殿之全部,"殿"则是指宫中的重要建筑。现在比较完整地保存下来的帝王宫殿,一是北京的明、清故宫,二是沈阳的清故宫。宫殿的布局有以下几个特点。

图 5-31 长城

(1) 严格的中轴对称：为了表现君权受命于天和以皇权为核心的等级观念，中轴线上的建筑高大华丽，轴侧的建筑低小简单。

(2) 左祖右社："左祖"是在宫殿左前方设祖庙，祖庙是帝王祭祀祖先的地方，因为是天子的祖庙，故称太庙；"右社"是在宫殿右前方设社稷坛，社为土地，稷为粮食，社稷坛是帝王祭祀土地神、粮食神的地方。

(3) 前朝后寝："前朝"即为帝王上朝治政、举行大典之处；"后寝"即帝王与后妃们生活居住的地方。

(4) 三朝五门："三朝"就是外朝、治朝和燕朝；"五门"就是皋门、雉门、库门、应门、路门。

以北京故宫为例，故宫又称紫禁城，是明清两代的皇宫，也是世界上最大的宫殿，占地 0.72 km²，长 960 m，宽 750 m，建筑面积 0.15 km²，始建于 1406 年，1420 年建成。明清两代共有 24 位皇帝在这里行使对全国的统治大权。故宫严格地按《周礼·考工记》中"左祖右社，面朝后市"的帝都营建原则建造，其前半部分为外廷，是皇帝朝政场所。建筑庄严、宏伟，特别是太和殿、中和殿和保和殿三大殿，建筑在 8 m 高的 3 层汉白玉石阶上，以显示封建帝王至高无上的威严。太和殿坐落在紫禁城对角线的中心，足以显示皇帝的威严，震慑天下（见图 5-32）。

图 5-32　故宫

3. 礼制建筑与祠祀建筑

人们举行祭祀、纪念活动的建筑，凡是由礼制要求产生并被纳入官方祀典的，称为礼制建筑；凡是民间的、主要以人为祭祀对象的，称为祠祀建筑。

礼制建筑依建筑形制不同分为三类。第一，坛。祭坛建筑有着广义、狭义的分别。狭义的祭坛仅指祭祀的主体建筑——或方形或圆形的祭台，而广义的祭坛则包括了主体建筑和各种附属性建筑。第二，庙，包括帝王祭祀祖先的太庙、祭祀先师孔子的文庙、祭祀武圣关羽的武庙、祭祀圣哲先贤和神灵的各类庙。第三，祠，与帝王宗庙相对的是上至贵族官僚、下至黎民百姓的祖庙。这些庙被称为家庙、祠堂，简称祠。

以下是几个著名建筑的介绍。

(1) 天坛，位于北京东城区永定门内大街东侧，始建于明成祖永乐十八年（1420 年），原名"天地坛"，是明清两代皇帝祭祀天地之神的地方。明嘉靖九年（1530 年）在北京北郊另建祭祀地神的地坛，此处就成为专为祭祀上天和祈求丰收的场所，并改名为"天坛"。天坛是皇帝祭天的场所，皇帝于每年冬至要到天坛祭天，新皇帝登基也须祭告天地，以表示他受命于天（见图 5-33）。

(2) 社稷坛，原是明清两代皇帝祭祀社（土地神）和稷（五谷神）的地方。该坛坐南朝北，建于明永乐十九年（1421 年），占地 0.24 km²，1914 年辟为中央公园，1928 年改名中山公园。坛面铺有黄、青、白、红、黑五色土壤，黄土居中，东青、西白、南红、北黑，以道教的阴阳五行学说象征"天下之地，莫非王土"及国家江山政权之意（见图 5-34）。

图 5-33　天坛

图 5-34　社稷坛

（3）太庙，始建于明永乐十八年（1420 年），嘉靖二十三年（1544 年）改建。此后于清朝顺治八年、乾隆四年屡次修葺与扩建。太庙面积为 139 650 m^2，位于天安门城楼东侧，原是明清两代皇家的祖庙，现为北京市劳动人民文化宫（见图 5-35）。

（4）孔庙，坐落在山东曲阜城内，其建筑规模宏大、雄伟壮丽、金碧辉煌，为我国最大的祭孔要地。奎文阁始名藏书楼，古代奎星为二十八星宿之一，主文章，古人把孔子比作天上奎星，故以此为名。奎文阁为历代帝王赐书、墨迹收藏之处，它的建筑结构独特，是中国古代著名楼阁之一（见图 5-36）。

图 5-35　太庙

图 5-36　奎文阁

4. 陵墓建筑

由于不同地域自然条件的差异、不同民族的观念和传统习俗的差异，所以在我国历史上形成了多种处理已故亲属的丧葬方式，主要有土葬、火葬、水葬、悬棺葬等。陵墓是安放故人的尸体、祭奠故人的场所的总称。若分开来讲，陵一般指地上建筑，墓则是地下部分。

（1）黄帝陵，简称黄陵，传说是我们中华民族的始祖——轩辕黄帝的陵墓，为全国第一号古墓保护单位，也称天下第一陵。它位于陕西省黄陵县城北 1 km 的桥山之巅（见图 5-37）。

（2）秦始皇陵，位于陕西省西安市以东 35 km 的临潼区境内。秦始皇是中国历史上第一个多民族的中央集权国家的皇帝。秦始皇陵于公元前 247 年至公元前 208 年营建，是中国历史上第一个皇帝陵园，其巨大的规模、丰富的陪葬物居历代帝王陵之首，是最大的皇帝陵（见图 5-38）。

图 5-37　黄帝陵

图 5-38　秦始皇陵

(3) 西夏王陵,位于银川市以西约 25 km 的贺兰山东麓。西夏王陵包括西夏王朝的皇陵及其陪葬墓,总面积约 53 km²。黄土筑成的八角塔形陵台,高达 20 余米,被誉为"中国金字塔"(见图 5-39)。

(4) 成吉思汗陵。现今的成吉思汗陵是一座衣冠冢,它经过多次迁移,直到 1954 年才由青海的塔尔寺迁回故地伊金霍洛旗(见图 5-40)。

图 5-39　西夏王陵

图 5-40　成吉思汗陵

5. 佛教建筑

佛教建筑是信徒供奉佛像、佛骨,进行佛事佛学活动并居住的处所,有寺院、塔和石窟三大类型。中国民间建佛寺,始自东汉末。最初的寺院是廊院式布局,其中心建塔,或建佛殿,或塔、殿并建。佛塔按结构材料可分为石塔、砖塔、木塔、铁塔、陶塔等,按结构造型可分为楼阁式塔、密檐塔、单层塔。石窟是在河畔山崖上开凿的佛寺,渊源于印度,约在公元 3 世纪左右传布到中国,其形制大致有塔庙窟、佛殿窟、僧房窟和大像窟四大类。中国石窟的重要遗存,有甘肃敦煌莫高窟、山西大同云冈石窟、河南洛阳龙门石窟等。

(1) 布达拉宫,在西藏拉萨西北的玛布日山上,是著名的宫堡式建筑群,是中国藏族建筑艺术的精华。相传在公元 7 世纪,吐蕃赞普(即王之意)松赞干布为了迎娶唐朝的文成公主,在这里创建了宫室。它既是一座喇嘛庙,又是一座具有政权作用的宫殿,是中国古代西藏地区政教合一的产物(见图 5-41)。

(2) 应县木塔,位于应县城内佛宫寺中,建于辽清宁二年(1056 年),是国内外现存最古老、最高大的木结构塔。塔上下层柱使用叉柱构造,全塔共有斗拱六十余种,反映了我国古代木结构建筑的杰出成就(见图 5-42)。

图 5-41　布达拉宫

图 5-42　应县木塔

(3) 大理三塔，位于云南大理古城西北 1 km 的苍山之麓、洱海之滨，原为崇圣寺建筑的一部分，寺前有三座塔，一大两小，鼎足而立。三塔皆为白色，秀丽、雄伟、壮观(见图 5-43)。

6. 古村落与民居

古村落指的是至今已有五六百年历史的村寨，它们大多由一个庞大的家族组成，有创业始祖的记载和传说，有家族兴衰的记载，有古老祖传的遗训族规，一脉相承的大一统的文化形成强大的家族凝聚力。古村落的基本特征：讲究天人合一，择吉而居，山水养人；族规家法严格保护环境，人养山水；以礼仪聚人，以文教育人；安全防御，自成一格。

古村落至今保存着许多年前的生活状态和建筑原貌，是我们了解历史和先民生活的一个窗口。古村落天人合一的布局理念，合理利用自然、保护环境的思想值得我们学习和借鉴。我国地域辽阔，民族众多，在长期的实践中，各地民居丰富多彩，为古建筑家族增添了绚丽的色彩。

古民居是指那些乡村的、民间的以居住类型为主的建筑，它是我国建筑大家族中的重要组成部分和特有的建筑形式，具有地方性、创造性、多样性及自然质朴的性格。

图 5-43　大理三塔

(1) 浙江诸葛八卦村，位于兰溪城西 18 km 处，古称"高隆"，村中现居有诸葛亮后裔近 4000 人，为全国诸葛亮后裔最大聚居地。诸葛八卦村最神奇之处，当数村落九宫八卦布局。全村的布局以钟池为中心，似太极阴阳鱼向外延伸 8 条小巷，将全村有规划地划分为 8 块，呈九宫八卦形状。环抱诸葛八卦村外围的 8 座小山似连非连，形似八卦，被称为"外八卦"(见图 5-44)。

(2) 周庄，位于江苏省昆山市西南，苏州老城和杭州西湖之间，"镇为泽国，四面环水"，被誉为"梦里水乡"，古称贞丰里。周庄并不大，整个布局是由几条"井"字形的河流分隔成块，中有众多小桥连接。全镇以河成街，桥街相连，依河筑屋，古色古香，水镇一体，呈现一派江南水乡"小桥、流水、人家"的古朴幽静(见图 5-45)。

图 5-44　浙江诸葛八卦村

图 5-45　周庄

（3）客家民居——承启楼，位于福建省龙岩市永定区高头镇，建于清康熙四十八年（1709 年），现列入《中国名胜词典》（见图 5-46）。

7. 古桥梁

桥梁的类型从其结构及外观形式分，主要有梁桥、浮桥、索桥和拱桥四种。此外，其他特种造型还有飞阁和栈道、渠道桥和纤道桥，以及曲桥、鱼沼飞梁和风水桥等。

（1）赵州桥，原名安济桥，俗称大石桥，建于隋炀帝大业年间（605—616 年），至今已有 1400 多年的历史，是全世界敞肩拱桥的首创。赵州桥位于赵县城南 2.5 km 处，南北飞架于洨河之上。赵县古称赵州，故世人多称"赵州桥"（见图 5-47）。

图 5-46　承启楼

图 5-47　赵州桥

（2）洛阳桥，亦称万安桥，是建于北宋年间的一座多孔大石桥，位于福建泉州东北洛阳江入海的江面上，是我国现存最早的跨海梁式大石桥，也是世界桥梁筏形基础的开端（见图 5-48）。

（3）湘子桥，又称广济桥，位于广东省潮州市，横跨韩江。它是我国唯一一座特殊构造的开关活动式大石桥，是世界上开关活动式桥梁的先导，与赵州桥、洛阳桥、卢沟桥并称中国四大古桥（见图 5-49）。

（4）卢沟桥，又称芦沟桥，原名广利桥，位于北京市郊

图 5-48　洛阳桥

永定河上。永定河旧称卢沟河,故名。始建于南宋淳熙十六年(1189 年),清初重修(见图 5-50)。

图 5-49　湘子桥

图 5-50　卢沟桥

第三节
中外现代建筑艺术欣赏

现代建筑纷繁多变、异彩纷呈,独特的艺术个性和形式、完美的功能和空间,充分展现设计师对建筑的理解、对社会的认知,体现个性化、人性化及功能和艺术的高度统一。

一、外国现代建筑艺术欣赏

(一) 充满神秘和灵气的建筑

1. 神秘而引人遐想的宗教建筑——法国朗香教堂

由著名建筑家勒·柯布西埃在 1950 年设计的朗香教堂摒弃传统教堂模式和现代建筑的一般创作方法,造型令人耳目一新,蕴含象征性和暗示性。教堂的整体形象,使人们联想到浮动的鸭子、祈祷的双手和修道士的帽子。沉重的屋顶、封闭的外墙表示它是一座上帝提供的安全庇护所;向上翻起的屋檐、陡然上升的墙楼,暗示指向上帝居住的苍天;倾斜的墙体,大小不一、形状各异的墙洞,室内暗淡的光线,下坠的顶棚,成功地渲染了宗教的神秘性。朗香教堂不仅是一座建筑,更是一件抽象的混凝土雕塑艺术品。它是上帝与人类对话的场所,是后现代主义建筑的序幕,它的成就和审美价值将永远在世界建筑史册上流芳(见图 5-51)。

2. 充满神思的灵光之作——圣水教堂

日本著名建筑设计师安藤忠雄利用一面巨大的明镜,将教堂的空间与北海道特有的自然美景连成一体,充满空静与安宁的灵畅。立在水中的巨大十字架与自然的节奏一同化成永恒的象征。这是一种令人心醉的真实,传达情感与精神的感悟(见图 5-52)。

图 5-51　法国朗香教堂

图 5-52　圣水教堂

(二)国外住宅建筑艺术欣赏

1. 有机建筑——流水别墅

赖特设计的美国流水别墅别出心裁,是构思巧妙的有机建筑艺术品。流水别墅以天才的构想将一个形体乖巧的三层混凝土建筑置放于一条小溪上,不仅整栋建筑宛若托盘伸展欲飞,而且建筑底下的小溪更将其飞动之美表现得柔和、轻盈。别墅高的地方有三层,采用钢筋混凝土结构。第一层平台向左右延伸,第二层平台则从上面悬臂向前挑出。每一层楼板连同边上的栏杆好像一个托盘,被悬托在墙和柱墩上。立面上的横线条从各个水平空间向外伸展,又与竖线条纵横相交,流畅舒展,无拘无束,富有流动的美感。栏杆色白而光洁,石墙色暗而粗犷。水平线条与垂直线条的纵横交错,色彩和质感上的鲜明对比,溪流飞瀑的流动辉映,使建筑形体富有生动活泼的韵律和迷人的风姿。开放而舒展的体形与四周的树木、山石、繁花、流水结合协调,使得建筑与周围环境融为一体,与自然互为补充、互为渗透,达到一种自然的、和谐的美(见图 5-53)。

2. 新建筑理论——萨伏伊别墅

根据新建筑理论设计的萨伏伊别墅 1930 年建成,位于巴黎郊外,外形简单,用柱子将房子向上托起,以其比例、尺度、虚实、层次、节奏等形式美闻名于世(见图 5-54)。

图 5-53　流水别墅

图 5-54　萨伏伊别墅

3. 新艺术风格的代表作——巴特罗公寓

设计师安东尼·高迪把建筑看成柔软的可塑材料,用磨光的石材做出波浪形的立面,强化雕塑般的效果,室内的陶瓷壁炉、楼梯和栏杆的造型犹如古生物化石(见图 5-55)。

4. 蒙特利尔-67 住宅

蒙特利尔-67 住宅共有 158 户人家,房间为单元体,像搭积木那样进行组合。各住户层层叠叠,鳞次栉比,相互独立,都有屋顶花园及单独的出入口,独立地通向大街。建筑中间有两条步道,不仅可供人们凭栏眺望风景,也是共享空间,供住户之间相互交往(见图 5-56)。

5. 现代建筑史上的里程碑——包豪斯校舍

现代主义建筑凭借新的科技成果及审美理想,大胆突破古典建筑体系。现代主义建筑力作首推格罗皮乌斯设计、1925—1926 年建造的包豪斯校舍。整个校舍平面像是一个风车。突出建筑的实用功能,即以建筑各部分的使用要求作为设计的依据,来确定各部分的位置和形体。采用灵活的不规则的构图手法,不对称的建筑,各个部分大小、高低、形式、走向各不相同,有多条轴线、多个入口。纵横错落、变化丰富的总体给人以美感。高与低的对比,纵与横的对比,玻璃墙与实墙虚与实、透明与不透明、轻薄与厚重的对比,不规则的布局加上强烈的对比艺术,形成了整个建筑生动活泼、简洁明快的形象。运用建筑本身的要素获得显著的艺术效果:运用建筑各部件的组合和色彩、质感取得装饰效果(见图 5-57)。

图 5-55 巴特罗公寓

图 5-56 蒙特利尔-67 住宅

图 5-57 包豪斯校舍

6. 奢华的象征——迪拜帆船酒店

迪拜帆船酒店建于离岸 280 m 的人工岛上,共 56 层,高 321 m,是世界上唯一的一家七星级酒店。帆船状的轮廓和天空融为一体。酒店糅合了最新的建筑技术,使用了 9000 t 钢铁,并把 250 根基建柱打在 40 m 深海下。进入酒店,满目皆"金",将阿拉伯式的奢华体现得淋漓尽致(见图 5-58)。

(三)国外公共建筑艺术欣赏

1. "不谢的花蕾"——澳大利亚悉尼歌剧院

澳大利亚悉尼歌剧院像一组洁白的雕塑,像海滨礁石上的巨大贝壳,像鼓翼展翅的片片白帆。悉尼歌剧院由丹麦设计师伍重设计,1973年建成。整个建筑占地18 400 m²,长183 m,宽118 m,高67 m。整个歌剧院分为音乐厅、歌剧厅、贝尼朗餐厅三部分。屋顶是3组形状奇特的薄壳。音乐厅和歌剧厅是4对壳,餐厅是2对壳。这些壳似由许许多多片人字形的拱肋连接组成,实际上是由2194块预制钢筋混凝土构件拼接而成,最高的壳高出海面67 m。10对壳体顺序排列,在蓝天的映衬下,闪闪发亮,爽洁而壮观、飘逸而典雅,充满浪漫的诗意(见图5-59)。

图5-58　迪拜帆船酒店

图5-59　澳大利亚悉尼歌剧院

2. 膜结构建筑——吉达新国际机场

目前世界上最大的膜结构建筑是沙特阿拉伯的吉达新国际机场,由美国SOM建筑设计事务所设计,1985年完工。沙特阿拉伯每年要接待几十万来自世界各地的朝圣者,前往传说中的伊斯兰教先圣穆罕默德的诞生地——麦加大清真寺朝圣。吉达新国际机场是现代建筑艺术和阿拉伯传统建筑风格相结合的产物。机场建筑形式奇特,就像一排帐篷式的野营基地,在虔诚的穆斯林的眼里,它就像祖先朝圣时搭起的一批批帐篷。这种新结构建筑省工省料,施工简易,轻巧自由,防热通风性能良好,非常适宜气温可高达50摄氏度的沙漠地区。吉达新国际机场占地总面积104 km²,是目前世界上最大的机场,不仅造型怪异,而且专供朝圣者使用的候机楼、休息厅全在篷幕的覆盖之下。1.5 km²的哈吉候机大厅,位于机场北部,篷顶面积达9.7万余平方米,共由210个帐篷组成(见图5-60)。

图5-60　吉达新国际机场

3. 现代与古典的融合——华盛顿国家美术馆东馆

由贝聿铭设计的华盛顿国家美术馆东馆是典型的现代派建筑,以简洁的几何形体构成。东馆由两部分组成:陈列馆和视觉艺术高级研究中心。陈列馆部分的空间形体为一等腰三角形,研究中心为一直角三角形。中央大厅顶面用一个钢架玻璃天棚采光,使空间非常柔和文静,富有艺术气氛。设计师巧妙利用地形条件,利用等腰三角形,以底边做主要入口,与原美术馆产生了呼应;又利用直角三角形,一方面与林荫广场呼应,另一方面又与东南方向的国会大厦呼应。单体形象的处理,表现出它既是一个现代美术馆建筑,又是原美术馆的扩展部分。设计师着眼于现代风格的构图,又不失庄重性特征,一个古典式的西馆,一个现代派的东馆,在对位关系和建筑轴线方面有了呼应,在形体均衡上也达到了完美,在文脉语言方面也恰如其分(见图 5-61)。

4. 线的魅力——埃菲尔铁塔

埃菲尔铁塔的精美、壮观和气势磅礴是无与伦比的。它高达 320 m,使用钢铁 7000 t,由约 1.2 万个金属部件组成,用 250 多万个大小不同、形状各异的铆钉将所有的部件连成一体。迄今已有 100 多年的历史了。建造埃菲尔铁塔的初衷,是为了纪念法国大革命 100 周年和迎接在巴黎举办的国际博览会,原本待博览会闭幕便将铁塔拆掉。岂料,铁塔一经建成,竟产生了世界性的轰动效应,一举成为巴黎乃至整个法国的最具代表性和象征性的建筑(见图 5-62)。

图 5-61　华盛顿国家美术馆东馆

图 5-62　埃菲尔铁塔

二、中国现代建筑艺术欣赏

1. 利剑——中银大厦

现代建筑的摩天大楼形式与结构给人们的感觉与传统的建筑是不同的,它们往往给人以力度和刚毅的美感。中银大厦就像是一把利剑直指长空(见图 5-63)。

2. 生命的壳——中国国家大剧院

中国国家大剧院的设计思想是"一个简单的蛋壳，里面孕育着生命，这就是国家大剧院的灵魂"。整个建筑漂浮于人造水面之上，造型新颖，构思独特，是传统与现代、浪漫与现实的结合。剧院的巨大外壳重达 6475 t，是目前世界上最大的穹顶。其屋面呈半椭圆形，由钛金属覆盖，柔和而有光泽，前后两端有两个类似三角形的玻璃幕墙切面。在大剧院的南北两侧的入口设有水下走廊，观众进入剧院时会发现头上是浅浅的水面，如梦似幻（见图 5-64）。

3. 建筑与城市的对话——央视大楼

央视大楼关注建筑与城市的人文融合，总高度大约 230 m，外形就像一只被扭曲的正方形油炸圈，就像两个倒"L"斜靠在一起。两座竖立的塔楼向内倾斜，塔楼中间由横向的结构连接起来，总体形成一个闭合的环。央视大楼是对建筑界传统观念的一次挑战（见图 5-65）。

图 5-63　中银大厦

图 5-64　中国国家大剧院

图 5-65　央视大楼

4. 水立方——国家游泳中心

国家游泳中心水立方长、宽均为 177 m，高为 30 m。水的概念在设计中得到深化。基于"泡沫"理论的设计灵感，建筑师为其钢筋混凝土的"方盒子"包裹了一层 ETFE 膜。水立方的外形看上去就像一个蓝色的水盒子，而墙面就像一团无规则的泡泡，赋予建筑冰晶状的外貌。设计受到中国传统文化"天圆地方"的观念影响，与圆形的鸟巢遥相呼应，形成和谐的统一（见图 5-66）。

5. 鸟巢——国家体育场

鸟巢作为第 29 届奥林匹克运动会的主会场，也是至今最大的环保型体育场，可容纳 10 万人。体育场是由不同的小分支组成的。整个体育场结构的组件相互支撑，形成网格状的构架，外观看上去就仿若树枝织成的鸟巢，其灰色矿质般的钢网以透明的膜材料覆盖，其中包含着一个土红色的碗状体育场看台。在这里，中国传统文化中镂空的手法、陶瓷的纹路、红色的灿烂与热烈，与现代最先进的钢结构设计完美地相融在一起（见图 5-67）。

图 5-66 国家游泳中心

图 5-67 国家体育场

小结

本章主要介绍了建筑的种类与审美特征、建筑艺术欣赏的方法，欣赏了欧洲古典建筑艺术、世界其他地域古典建筑艺术、中国古典建筑艺术和现代建筑艺术。

顺着时间的推移，远古建筑、古希腊建筑、古罗马建筑、罗马式建筑、拜占庭建筑、哥特式建筑、文艺复兴建筑、巴洛克建筑、洛可可建筑及法国古典主义建筑——呈现在我们面前，让我们饱览欧洲古典建筑的艺术风采。在世界其他地域古典建筑艺术中，伊斯兰建筑和印度佛教建筑是最具特色的两大建筑艺术，极具个性魅力。中国古典建筑艺术中，我们可以欣赏到城市公共建筑、宫殿建筑、礼制建筑与祠祀建筑、陵墓建筑、佛教建筑、古村落与民居、古桥梁。

现代建筑纷繁多变、异彩纷呈，独特的艺术个性和形式、完美的功能和空间，充分展现设计师对建筑的理解、对社会的认知，体现个性化、人性化及功能和艺术的高度统一。例如神秘而引人遐想的宗教建筑，造型各异的住宅建筑、摩天大厦、高技派建筑，以及造型与空间完美结合的各种博物馆、美术馆、体育馆。

在今后的生活中，让我们多多观察、感受和分析建筑，不断提高建筑审美的修养。让我们用心去品读建筑、欣赏建筑、理解建筑，从中体会更多乐趣。

第六章
景观艺术欣赏

> 学习目标

通过本章学习,了解景观的含义、景观形式的多样性、景观艺术的特点及景观要素欣赏的方法等。能够根据景观的感受途径、观赏方式,对各类景观艺术进行分析欣赏。

第一节 景观艺术的特点与审美

一、景观的含义与分类

(一)景观的含义

景观(landscape)原是地理学中的一个名词,有风景、景色之意。从汉语词义上理解,"景观"是"景"与"观"的统一体,是客观景物与人视觉欣赏的统一。"景"是现实中存在的客观事物,而"观"是人对"景"的各种主观感受与理解,"景"与"观"实际上是人与自然的和谐统一。

景观作为一个专业名词,从艺术的角度看,是具有审美价值的景物,使观察者从视觉、听觉和触觉等各方面都能感受到美的存在;从精神文化的角度看,景观是能够影响或调节人类精神状态的景物;从生态学的角度看,景观是能够协调人类与自然之间的生态平衡的景物。

景观的形式多种多样,小到花园、庭院、街道……大到广场、公园、海岸……都是景观。景观包罗万象,凡是环境中具有美感的物象都属于景观的范畴。景观作为一个可感知的行为空间,可以是大范围的,也可以是小范围的;可以是敞开的,也可以是封闭的;可以是室内的,也可以是室外的。

景观是一个时代的社会经济、文化,以及人的思想、观念和意识形态的综合反映,是社会形态的物化形式。景观既是一种自然景象,也是一种生态景象和文化景象。几千年的实践证明:具有长久生命力的景观与社会的生产方式、生活方式有着密切的联系,和科学技术水平、文化艺术特征、历史、地理等也密切相关,它反映了时代与社会的需求、科学技术的发展和审美价值的取向。

(二)景观的分类

景观的范围非常广泛,为了便于认识景观、掌握景观的特点,人们通常把景观分成许多不同的类别。

1. 从物质构成的角度分类

从物质构成的角度,景观可以分为硬质景观和软质景观。硬质景观是指用硬质材料构成的景观,如用钢筋混凝土建造的各种建筑物、雕塑、大理石和花岗岩铺地等。它存在的时间较长。软质景观是指用软质材料构成的景观,如草坪铺地、整形灌木等。这种软质景观一般存在的时间较短。

2. 从空间形式的角度分类

从空间形式的角度,景观可以分为自然景观和人文景观两类。自然景观是指由于自然本身的存在和变化而形成的景观,如气象景观、原始森林景观、一些山岳景观等;人文景观是指人类的历史文化活动形成的景观。人文景观包括两大方面:一是指人们为了满足某种需要,利用自然物质加以创造,并通常在自然景观之上附加人类的活动,即集合自然物质和人类文化共同形成的景观,如风景名胜景观、园林公园景观等;二是指依靠人的思维和创造形成的具有全新形态和面貌的、具有文化审美内涵的景观,如城市景观、建筑景观、公共艺术景观等。

景观范围的广泛性使景观的分类不可能十分准确,因此景观的分类只具有相对的意义。

二、景观美

(一) 景观美的特性

景观美是指在特定的环境中,由部分自然美、社会美和艺术美相互渗透所构成的一种整体美。它既通过山水、树木、花卉、建筑和构筑物等客观物质实体的线条、色彩、体形、体量、质感、肌理等属性表现出一种动态特征,直接作用于人的感官,给人以审美享受;又通过上述物质实体及其属性,形成变化丰富、灵活自由的景观空间,使人们在游览活动中获得美好的身心感受。景观艺术是融植物造景、建筑、雕塑、文学、书法、绘画等艺术门类于一体的一种综合艺术,每个艺术门类都在景观中为表现统一的思想主题发挥自己的作用。

景观美的特性主要表现在以下四个方面。

1. 多样性

景观美的多样性是由世界的多样性决定的,因为景观是无处不在的,而且是丰富多彩的,这就决定了景观美的多样性。云蒸霞蔚、星光灿灿、绿草如茵、花团锦簇,林立的高楼、直上云霄的宝塔、飞檐翘角的宫殿等,这些异彩纷呈的景观美让人们流连忘返。

2. 社会性

一切景观总是为社会而存在的,社会的主体是人,因此,景观美的存在总是这样或那样地与社会上人的生活发生某种联系,这种联系主要表现在它与人类社会具有一种功利关系。如牡丹象征富贵,莲花象征高洁,梅花象征不怕困难、艰苦奋斗的精神。再如一些人工景观,它们都有一些主题和象征意义,而这些主题实际上就是人类的某种功利思想。苏州的古典园林景观大都隐喻造园主喜超凡脱俗、与世无争、淡泊宁静的生活,一些城市广场上的纪念性雕像表达了今人缅怀先人的思想感情。任何景观都是属于社会的,并为社会全体成员共享,因此,任何风景区、任何景观都是对外开放的,这种对外开放性是景观美社会性的集中体现。

3. 可愉悦性

客观存在的景物只有具有了欣赏价值,才能引起人们愉悦的情感,才能构成景观。例如山峰,首先是它那起伏的轮廓引起人们的审美注意,人们才对它产生美感。任何景观都有它吸引人的地方,或者因体量巨大而显得崇高,或者因小巧玲珑而显得优美,或者因妙趣横生而显得滑稽。崇高、优美、滑稽都是美的不同范畴,都能使人产生愉悦感。景观的规划和设计就是为了创造具有愉悦感的景观。

4. 时空性

任何景观美都是时间和空间的统一体,具有时空性。首先,一些景观只能在一定的时间内出现,如樱花开在春天,哈尔滨的冰雕只出现于冬天,候鸟也只在一定的时间来栖,等等,都有一定的时间性。其次,同一种景观在不同的时间里,也会呈现不同的美。宋代郭熙说:"山春夏看如此,秋冬看又如此,所谓四时之景不同也。山朝看如此,暮看又如此,阴晴看又如此,所谓朝暮之变态不同也。"这讲的就是景观美的时间性。另外,任何景观的存在都依赖于三度空间的关系,都有一定的空间性,人们一旦置身于景观之中,就被景观包围,产生一种特殊的空间感。"山近月远觉月小,便道此山大于月"(王阳明《蔽月山房》),"山映斜阳天接水,芳草无情,更在斜阳外"(范仲淹《苏幕遮·怀旧》)描绘的都是一种特殊的空间感。景观美的创造就是通过不同的材料、不同的组合形式创造出不同的空间感。例如园林景观造景,主要是创造暗示性空间,特别是小园林,地理空间有限,然而又要使游客感到园子很大,这就要在空间布局上下功夫,设置障景和隔景是达到此目的的两种常用方法。

(二)景观美的构成

景观美的构成离不开下列几个因素:材料的因素、量的因素、艺术的因素,以及自然性与社会性因素。下面来分别介绍。

1. 材料的因素

由于景观总是具体的、能够愉悦人的情感的对象,因此,任何景观都必须具备令人喜爱的形式,而形式的产生是离不开物质材料的,材料是形式构成的基础。景观美是由物质材料构成的,材料本身就有一定的审美特性。例如云南昆明东北鸣凤山上的金殿,又名铜瓦寺,主殿系由青铜制造,呈方形,殿内神像、匾联、梁柱、墙屏、装饰等均采用铜材,唯其如此,该殿才熠熠生辉、耀眼夺目。在这里材料的因素起着决定性的作用。因此,要构成景观美,必须注重材料的质地、色彩等因素,要把那些最能表现美的材料选来建造景观。

2. 量的因素

数量因素与景观美的构成有极大的关系。数量达到一定的程度就构成繁多的感觉,繁多是一种美。大海"一片汪洋都不见,知向谁边"(毛泽东《浪淘沙·北戴河》),其水量之多构成了波涛汹涌的崇高之美。原始森林及星空之美,也都是由于数量的巨大而构成的。数量的繁多当然能够构成一种美,但是纯粹的繁多也有一个明显的局限,那就是显得单调。毫无止境的千篇一律会使人产生疲倦感。因此,在谈景观构成的量的因素时,不能不注意一致之中的变化。

体量也是构成景观美的一个重要因素。埃及的吉萨金字塔群有三座著名的金字塔,其中最高的一座叫胡夫金字塔,高 146.6 m,每条底边长 230.35 m,它的面积为 52 900 m^2,使用石材 230 多万块。传说这一工程以 10 万人为一班轮番劳动,历时 30 年才完成,它是法国埃菲尔铁塔建成以前世界上最高的建筑物。整个建筑物形体单纯,造型简洁,给人以高大、稳定的感觉,象征着王权不可动摇。

3. 艺术的因素

除了天然生成的景观之外,凡与人的创造活动有关的景观都不能忽视艺术的因素。艺术的灵魂就是情感,情感的渗透使艺术具有强大的感染力。艺术首先打动人的是形式,形式是表现情感的。艺术就是情感的形式,即为表现情感而寻找形式,这个过程有一个不可缺少的重要环节,那就是技巧。艺术必须依赖技巧,没有技巧的艺术是不存在的。艺术技巧的运用使艺术成为具有特殊表现力和吸引力的事物。例如,桥,原本是为了方便通行而建造的,只要在水上或险要处铺设桥面就达到了目的。但是,除了实用的目的外,人们还要满足欣赏的要求,于是就出现了各种不同造型的桥,有的还在桥上建造许多附属建筑物,如亭、廊、楼、阁等。这些附属建筑物起着一种装饰的作用。这样,就显示出造桥的艺术技巧,具有很大的吸引力。

4. 自然性因素

自然条件是构成景观的重要因素之一。自然景观不能离开自然物的自然性,这是显而易见的;即便是人文景观也与自然因素有关,因为一切景观都存在于一定的自然环境之中。景观与自然环境协调就能增加景观的美。澳大利亚的著名建筑——悉尼歌剧院,在花岗岩石墙上,有八只形如贝壳的薄壳屋顶,反映了建筑师高超的空间艺术想象力。该歌剧院因建于水上,能给人以白帆点点的感觉,很有诗情画意。

5. 社会性因素

一切景观美的构成都与作为社会实践主体的人的活动有关,因为人的一切实践活动都会在实践对象上打下烙印。例如,在西安东十公里的灞水上有一座灞桥,它是该市东出的要道。据历史记载,王翦伐楚,秦始皇亲自送至灞上。唐人送客多到灞桥,折柳赠别,黯然神伤,所以灞桥又名销魂桥。灞桥作为关中八景之一,和"送别"这个社会性因素有很大关系。

三、景观艺术欣赏

景观艺术作为一种时空综合艺术,它的欣赏除要求欣赏者具备一定的艺术审美修养和良好的审美心境外,还需要欣赏者选取最佳的观赏点和选择最佳的观赏方式,才能获得愉悦的审美感受,从而和设计者产生共鸣。

(一) 观赏点

游人所在的观赏景物的位置称为观赏点。观赏点可以是专门为赏景而设置的亭、轩、台、廊、广场等,也可以是游人边走边看的道路上、草坪上、林中、坡地上等。一般景观设计者已为游人具体规划出了适宜的观赏点。

观赏因视点位置高低而有平视、俯视、仰视之别。在平坦的江海之滨或半岛之端,景物开阔或深远,为平视;居高临下,景物全收,为俯视;有些景区险峻难攀,只能在低处瞻望,即为仰视。通过平视、俯视和仰视,游人可获得不同的视觉感受。

1. 平视观赏

水平视线上下各30°共60°夹角范围内的视角称为平视,一般景物都以做平视的安排为宜。视线平望向前,使人有平静、深远、安宁的感觉,不易疲劳。平视风景与地面平行的线组,均有向前消失感,距离愈远,景物愈小,色泽愈灰,能反映出景物的远近和深度,因而平视对景物的深度有较强的感染力。园林中常要创造宽阔的水面、平缓的草坪、开阔的视野和远望的条件,这就把天边的水色云光、远方的轮廓塔影借来身边,一饱眼福。西湖风景有恬静亲切的感觉,这与其有较多的平视景观分不开。

平视风景宜布置在视线可以延伸到较远的地方,如公园中的安静休息区、休养院、疗养院等,此时宜在有平视景观的视线区域内布置可以供人停留的景点,如亭、廊、座椅、花架、广场等。

2. 俯视观赏

俯角超过30°时称为俯视。俯视欣赏景物,会使欣赏者有喜悦、自豪或孤独的感觉。游人视点高,景物都呈现在视点下方。园林中也常利用地形或人工造景,创造高的视点以供俯视。俯视有远视、中视和近视的不同效果。

3. 仰视观赏

仰角大于30°时便是仰视。以仰视欣赏的景物有庄严、雄伟的气派,主景及需要强调的景物一般可做仰视欣赏的设计。视景仰角分别为45°、60°、80°、90°时,由于视线的消失程度不同可以分别产生高大感、宏伟感、崇高感和威严感;若大于90°,则产生下压的危机感。在园林中为了强调主景形象高大,可以把游人视点安排在靠近主景的地方(视点与景物的距离不大于景物的高度),不使人有后退的余地,借用错觉使景象显得比实际高大,同时也使游人产生自我渺小感。

(二) 观赏方式

观赏方式不同,景观效果也就各异。在实际情况中,动、静是结合的,动是游,静是息。游而不息,使人精疲力竭;息而不游,又失去了游览的意义。

1. 动态观赏

动态观赏就是游人的视点与景物产生相对位移,如看风景立体电影,一景一景不断向后移去,成为一种动态连续构图。动态观赏对视线相连的景物之间的协调性有了相应的要求,即从整体布局考虑具体的风景连续构图景观。

2. 静态观赏

静态观赏的视点与景物位置不变,如看一幅立体风景画,整个画面是一幅静态构图。在静态构图中,主景、配景、前景、背景,空间组织和构图的关系不变,形成稳定的景观画面。静态观赏点也是摄影师创作和画家写生的地方。

随着时代的进步,现代人的生活方式、活动量、兴趣和爱好发生了很大的变化,游览和观赏方式也在改变。现代人可以选择空中游览,乘火车、汽车、船观赏,骑自行车观赏等各种方式,但在风景区内徒步游览仍然是主要的方式。步行可对景物细观慢赏,停停走走,有憩有游,动静结合,只有这样,方能品出风景名胜和景物的神韵来。

第二节　景观要素欣赏

一、景观植物欣赏

在景观环境的布局与设计中,植物是一个极其重要的素材,它不仅能使户外环境充满生机和美感,而且具有一些功能性作用,如净化空气、吸收有害气体、调节和改善小气候、降低噪声等。因此,景观植物是营造自然、生态景观环境的最主要因素。

1. 乔木

乔木是指树体高在 5 m 以上,有明显主干(3 m),分枝点距地面较高的树木。乔木可分为四类:常绿针叶乔木,如黑松、雪松、柳杉等;落叶针叶乔木,如金钱松、水杉、水松等;常绿阔叶乔木,如樟树(见图 6-1)、榕树、冬青等;

图 6-1　广场上的乔木——樟树

落叶阔叶乔木,如槐树、毛白杨、七叶树等。

各种类型的乔木在自然界的分布取决于生长季节的长短和水分的供应情况。乔木的形态因土地、地形的不同而表现出极大的差异。在景观植物中,乔木以其树冠大、荫浓、形态优美而深受人们的喜爱。

2. 灌木

灌木是指树体低矮(通常在5 m以下),没有明显的主干,多数呈丛生状或分枝点较低的植物。如南天竹、月季、大叶黄杨、海桐等。灌木按其在景观中的造景功能,通常分为以下几种类型:观花类,如栀子、迎春、木槿、茉莉、山茶、含笑、红花继木等;观果类,如南天竹、火棘(见图6-2)、金橘、十大功劳、枸棘、黑果绣球等;观叶类,如大(小)叶黄杨(见图6-3)、金叶女贞、紫叶小檗、中华蚊母、卫矛等;观枝干类,如红瑞木、棣棠、连翘等。

图6-2 灌木——火棘

图6-3 灌木——大叶黄杨

灌木在景观植物中属于中间层,起着乔木与地面、建筑物与地面之间的连接与过渡作用,其平均高度基本与人平视高度一致,极易形成视觉焦点,在景观营造中具有极其重要的作用。它既可构成整体景观,又可与乔木、草坪或地被植物结合配置,形成丰富的景观层次,还可与其他景观元素相结合和联系,增强环境的协调感。

3. 花卉

这里所指的花卉是狭义的概念,即仅指草本的观花植物,或称草本花卉。它的特征是没有主茎,或虽有主茎但不具木质或仅基部木质化。花卉按其生育期长短不同,可分为一年生、两年生和多年生几种。一年生花卉是指生活期在一年以内,当年播种、当年开花、结实、当年死亡,如一串红、刺茄、半支莲(细叶马齿苋)等;两年生花卉是指生活期跨越两个年份,一般是在秋季播种,到第二年春夏开花、结实直至死亡,如金鱼草、金盏花、三色堇等;多年生花卉是指生活期在两年以上,它们的共同特征是都有永久性的地下部分(地下根、地下茎),常年不死。

花卉艳丽丰富的色彩常被视为景观绿地的重点,尤其是露地栽培的花卉,是景观中应用最广的花卉种类,根据其应用布置方式,大概可以分为花坛、花境(见图6-4)、花丛、花群、花台、花钵等形式。

4. 草坪与地被植物

草坪是指有一定设计、建造结构和使用目的的人工建植的草本植物形成的坪状草地。草坪在现代景观绿地中应用广泛,它不仅能供人们观赏、游乐和从事一些体育运动,而且能有效地防止水土流失和杀灭细菌、滞尘等。形成草坪最直接的材料就是草坪草,草坪草一般按生态学特征分为两类,即暖季型草坪草和冷季型草坪草。暖季型草坪草的主要特点是耐热不耐寒,适合我国南方种植,如地毯草、中华结缕草、天堂草、野牛草、狗牙根等(见图6-5)。冷季型草坪草的主要特点是耐寒不耐热,适合我国北方种植,不过现在我国南方很多地区已开始大量地引种繁殖,如高羊茅、草地早熟禾、黑麦草等。

图6-4　园林中的花境　　　　　　　图6-5　暖季型草坪草

地被植物是指自然生长高度较低,枝叶密集,具有较强的扩展能力,能很快覆盖地面的植物群体。草坪植物实际属于广义的地被植物。地被植物种类很多,养护简单,不需要经常修剪,是林下空地和架空层等处绿化的主要材料,也适用于大面积裸露的平地或坡地。常见的地被植物有:麦冬、石菖蒲、葱兰、八角金盘、二月兰、马蹄金、红花酢浆草(见图6-6)等。

5. 藤本植物

藤本植物也称攀缘植物,是指本身不能直立生长,要靠附属器官缠绕或攀附他物向上生长的植物,如牵牛花、紫藤、葡萄、常春藤(见图6-7)、凌霄、爬山虎(见图6-8)等。在景观植物中,藤本植物是用于垂直绿化的主要植物材料。

图6-6　地被植物——红花酢浆草　　　图6-7　藤本植物——常春藤

图6-8　藤本植物——爬山虎

6. 水生植物

水生植物是指那些能够长期在水中、水边等潮湿环境中正常生长的植物，包括完全沉浸在水里、漂浮在水面上和生长在水边的植物。它对水体具有净化作用，并使水面变得生动活泼，增强水景的美感。常见的水生植物有荷花、睡莲、菖蒲、王莲、凤眼莲等（见图6-9、图6-10）。

图6-9　水生植物——红睡莲

图6-10　水生植物——千屈菜

二、景观建筑欣赏

这里说的景观建筑是指景观环境中的小品建筑和构筑物，主要涉及以造景为目的的小建筑，如庭院内、街道旁及广场上的亭、廊、桥、池、碑、塔、门、墙等构筑物，这类景观建筑是塑造景观环境的要素。欣赏这类景观建筑时，一要了解其造型、细部构造特点和色彩装饰特点；二要了解其材料的选择和质感特点；三要考察其造型、材料等的设计是否与其周围景观环境协调。把握了这三个方面，才能理解设计者的意图，与设计者产生感情上的共鸣。

1. 亭

"亭者，停也，人所停集也。"亭是景观中常见的眺览、休息、遮阳、避雨的点景和赏景建筑，不论在古典景观还是现代景观中，亭都被广泛地运用。它具有丰富变化的屋顶形象，轻巧、空透的柱身，以及随机布置的基座，因而各式各样的亭悠然伫立，它们为自然添色，为景观添彩，起到其他景观建筑无法替代的作用。

亭的分类：从平面分，有圆亭、方亭、三角亭、五角亭、六角亭、扇亭等；从屋顶形式分，有单檐、重檐、三重檐、攒尖顶、平顶、歇山顶、卷棚顶等；从布设位置分，有山亭、半山亭、水亭、桥亭，以及靠墙的半亭、在廊间的廊亭、在路中的路亭等。亭的布局既可单独设置，也可组合成群（见图6-11和图6-12）。

2. 廊

一般有顶的过道称为廊，在中国古典景观园林中是指供游人避风雨、遮太阳和游览休息赏景的长形建筑。廊通常布置在两个建筑物或两个观赏点之间，成为空间联系和空间划分的一个重要手段，它不仅有交通联系的实用功能，而且对景观的展开起着重要的组织作用。

图 6-11　古典式三角亭　　　　　　　　　图 6-12　现代四角坡屋顶亭

中国景观中廊的形式和设计手法丰富多样,其基本类型,按结构形式可分为双面空廊、单面空廊、复廊、双层廊和单支柱廊五种,按廊的总体造型及其与地形、环境的关系可分为直廊、曲廊、回廊、抄手廊、爬山廊、叠落廊、水廊、桥廊等(见图 6-13)。西方古典园林中廊的尺度一般较大,平面形状通常为直线形、半圆形、"门"字形等。建筑形式采用古典柱式的,称为柱廊。在西方现代景观中,廊的运用十分自由、灵活,柱子较细,跨度较大,造型依环境而变化,多采用平屋顶形式,以钢、混凝土、塑料板等现代建筑材料构筑。

3. 水榭

水榭是供游人休息、观赏风景的临水景观建筑。中国景观园林中水榭的典型形式是在水边架起平台,平台一部分架在岸上,一部分伸入水中。平台跨水部分以梁、柱凌空架设于水面之上。平台临水围绕低平的栏杆,或设鹅颈靠椅供坐憩凭依。平台靠岸部分建有长方形的单体建筑(此建筑有时整个覆盖平台),建筑的面水一侧是主要观景方向,常用落地门窗,开敞通透。既可在室内观景,也可到平台上游憩眺望。屋顶一般为造型优美的卷棚歇山式。建筑立面多为水平线条,以与水平面景色相协调。例如北京颐和园中的水榭(见图 6-14)、杭州花港观鱼公园中的竹廊水榭等。

图 6-13　颐和园中的长廊　　　　　　　　图 6-14　北京颐和园水榭

4. 舫

舫是依照船的造型在湖泊中建造起来的一种船形建筑物。人们在这种建筑物内游玩饮宴,观赏水景,身临其中,颇有乘船荡漾于水中之感。舫的前半部多三面临水,船首一侧常设有平桥与岸相连,仿跳板之意。通常下部船体用石建,上部船舱则多木结构。由于像船但不能动,所以亦名"不系舟"。如苏州拙政园的香洲、怡园的画舫斋、北京颐和园的石舫等都是较好的实例(见图6-15)。

图6-15　苏州工业园区唯亭阳澄湖畔花园珍宝舫

5. 架

架既有廊、亭那样的结构,又不像廊、亭那样密实。架更加空透,更加接近自然。架的材料多种多样,常见的有木架、竹架、砖石架、钢架和混凝土架等。架与攀缘植物搭配,常常形成美丽的花架,常搭配的植物有常春藤、紫藤(见图6-16)、凌霄、葡萄等。花架布局灵活多样,形态与自然融为一体。其平面形式很多,有直线形、曲线形、三角形、四边形、五边形、六边形、八边形、圆形、扇形及它们的变形图案。从结构形式上看,花架有单柱花架和双柱花架两种。前者是在花架的中央布置柱,在柱的周围或两柱间设置座椅,供游人休息、聊天、赏景。后者即在花架的两边用柱来支撑,并且布置休息椅凳,游人可在花架内漫步游览,也可坐在其中休息。

图6-16　藤架景观

6. 景观墙

景观墙是景观中的一种长形构造物,它既可以划分景观空间,又兼有造景的作用。在景观的平面布局和空间处理中,它能构成灵活多变的空间关系,能化大为小,这也是"小中见大"的巧妙手法之一(见图6-17)。

图6-17 公园中的景观墙

7. 膜结构

膜结构,又称景观膜、空间膜,是一种建筑与结构完美结合的结构体系。它是用高强度柔性薄膜材料与支撑体系相结合形成具有一定刚度的稳定曲面,能承受一定外荷载的空间结构形式。其具有造型优美、经济、节能、自洁、跨度大、施工周期短等优点(见图6-18)。

图6-18 公园中的膜结构

三、景观设施与小品欣赏

景观设施与小品包括景观服务设施、景观照明灯具、景观雕塑等各种类型。它们的欣赏一方面要考察其是否满足实用功能要求,另一方面要考察它们的设计是否符合形式美法则,是否适应景观环境的整体要求。

1. 景观服务设施

景观环境中的服务设施各式各样,它们为人提供多种便利和公益服务:通信联系、商业销售、福利供给、公共卫生、紧急救险等。其特点是占地少、体量小、分布广、数量多、可移动,此外还有制作精致、造型有个性、色彩鲜明、便于识别等特点。具体来说,包括这样一些类型。①景观休闲设施,主要指一些室外景观环境中的休闲桌、椅、凳和各种游乐设施、体健设施等(见图6-19)。它们在各种公共场所为人们游憩、活动提供直接的服务,因此是最易创造亲切环境的要素之一。②信息和通信设施,如邮箱、音箱、电话亭等。它们布置在城市街道中,也常见于广场、公园、商业区、校园、办公区及建筑室内的公共活动区。③销售服务设施,如自动售货机(服务机)和流动售货车等,它们具有小型多样、机动灵活、购销便利等特点,在城市环境中较为引人注目。④卫生设施,如卫生箱、烟灰皿、垃圾箱等,它们不仅为保护环境卫生所需,也反映出城市和景观特点。

2. 景观照明灯具

景观照明灯具已成为现代景观的重要组成部分,既满足照明的实用功能,又具有点缀、装饰景观环境的造景功能,是夜间游人开展娱乐、休闲活动的重要设施之一,是夜景调适的主要工具。景观照明灯具常被布置在景观绿地的出入口、广场、道路两侧及交叉路口,以及台阶、桥梁、建筑物的周围,还可结合花坛、花钵、草坪、雕塑、喷泉、水池等布设(见图6-20)。

图6-19 树池结合座凳

图6-20 广场中的景观照明灯

3. 景观雕塑

景观雕塑是指利用一定的手段和方法对天然或人工材料进行改造,形成的立体形态的艺术品。景观雕塑作为一种造型语言和形式,是景观设计中不可或缺的要素。它们虽然体量不大,但其存在赋予景观鲜明而生动的主题,可以美化环境、装饰建筑,对于一个地区的文化起着画龙点睛的作用。一件优秀的雕塑作品可以代表一个城市的形象,如广州市的五羊雕塑、哈尔滨的天鹅雕塑、济南的荷花雕塑等都已成为其所在城市的标志之一。雕塑甚至可以成为一个国家的象征,如美国的自由女神像(见图6-21)、丹麦的美人鱼铜像等。

现代雕塑作品在城市景观中的出现,不仅能够表现出城市景观的审美质量,反映一个城市的物质文化水平,而且因为它们深刻的内涵,能够陶冶人们的思想情操,让人深思、回味。

景观雕塑根据其性质和功能不同,可分为主题性雕塑(见图6-22)、纪念性雕塑、装饰性雕塑等;按其所使用的材料不同可分为光雕、水雕、冰雕、雪雕、石雕、蜡像、布雕、根雕、木雕、纸雕、金属雕塑、陶瓷雕塑、玻璃钢雕塑、植物雕塑、合成材料雕塑等;按照空间形式的不同可分为圆雕和浮雕等;按照创作的艺术手法不同又可分为具象雕塑和抽象雕塑等。

图6-21 美国的自由女神像

图6-22 武汉光谷广场转盘雕塑——星河

四、水景欣赏

水是景观环境中最有灵性的要素。早在中国古代就有"智者乐水"的说法,在现代景观环境中,水仍然是不可缺少的要素之一。水景不仅有利于改善生态环境,而且可供大众游乐和观赏。现代水景的形式有很多,包括湖池、瀑布、喷泉、跌水、溪涧等。

1. 湖池

湖池有天然和人工两种。一般把面积较大的水域称为湖,把面积较小的水域称为池。天然湖池一般呈不规则自然式,池岸有起有伏,高低错落。湖的面积过大时,为克服单调,常把水面用岛、洲、堤、桥等分隔成不同大小的水面,使水景丰富多彩(见图6-23和图6-24)。

人工水池的形状有规则几何形和不规则自然形两种,池岸分为土岸、石岸、混凝土岸等。在现代景观中,水池常结合喷泉、花坛、雕塑等布置,或放养观赏鱼,并配置水生植物等。

2. 瀑布

流水从高处突然落下而形成瀑布。瀑布可由五部分组成,即上流(水源)、落水口、瀑身、瀑潭、下流。瀑布有气势雄伟的动态美和悦耳动听的音响美,多出现在大型自然风景区。"飞流直下三千尺,疑是银河落九天"描写的是庐山瀑布,此外著名的还有贵州黄果树瀑布、台湾蛟龙瀑布等。在城市环境中,常结合堆山叠石来创造小型人工瀑布。

图 6-23　自然式水池与岛屿

图 6-24　自然式湖泊与水体景观建设

瀑布根据下落方式可分为三类：直落式，即水不间断地从一个高度落到另一个高度（见图 6-25）；叠落式，即瀑布分层落下，一般分为 3～5 个不同的层次，每层稍有错落；散落式，即水随山坡落下，瀑身常被山石撕破，成为各种大小高低不等的分散形式，其水势并不汹涌，缓缓下流。

景观艺术中常将上述三种类型任意组合，例如先直落后散落、先叠落后直落、先叠落后散落等，变化灵活性很大。

3. 喷泉

喷泉是具有一定压力的水从喷头中喷出所形成的动态水景。喷泉通常由水池（旱池喷泉无明水池）、管道系统、喷头、动力（泵）等部分组成，如果是灯光喷泉还需有照明设备，音乐喷泉还需有音响设备等。在现代都市及景观中，喷泉应用广泛，其类型也多种多样。根据喷泉的组成及喷泉水型的不同，喷泉可分为多种类型：如有明水池的喷泉称为水池喷泉，这是最常见的形式（见图 6-26）；无明水池，喷头等埋于地下的喷泉称旱池喷泉；喷头置于自然水体之中的喷泉称自然喷泉等。还有如音乐喷泉，是将喷水水柱的变化结合彩色灯光和音乐节奏的变化，形成的一种声像多变的综合艺术；涌泉喷泉，是喷泉的一种特殊的形式，就是从地面、石洞或水中涌出水体，它虽不如一般喷泉变化丰富、形态优美，但它却在空间中表现出幽静、深远的装饰效果；壁泉，是现代景观中一种比较新颖的喷泉形式，即水从墙壁上流出而形成。喷泉的形式还有很多，如与雕塑结合的喷泉、间歇式喷泉等。

图 6-25　直落式瀑布

图 6-26　普通的水池喷泉

喷泉发展到今天，已经成为一种独立而高雅的艺术。喷泉系统设计，就是为喷泉立"意"。如果说立"意"是喷泉的灵魂，那么，运用先进的科学技术进行喷泉设计则是艺术的表现手段。

4. 跌水

跌水也称叠水,是呈阶梯状连续落下的水体景观。台阶有高有低,层次有多有少,构筑物的形式有规则式、自然式及其他形式,故产生形式不同、水量不同、水声各异的丰富多彩的跌水(见图6-27)。

跌水常用于广场、居住区等景观场所,经常与喷泉相结合。

5. 溪涧

溪涧是自然山涧中的一种水流形式(见图6-28),在城市景观中可根据"宛自天开"的原则营造人工溪涧。溪涧的一般特点是:较长而弯曲,时宽时窄,两岸疏密有致地布置大小石块或栽植一些耐水湿的蔓木和花草,极具自然野趣。人工溪涧要设计活水源头,常结合喷泉和跌水,或用水车,使水流动起来。溪涧一般设计得较浅,以方便游人戏水,而且溪涧的尾端要设计一片较大的水域,给人"百川汇入大海"的印象。

图6-27 人工跌水

图6-28 自然溪涧

五、地面铺装欣赏

地面铺装是指用各种材料对地面进行铺砌装饰,它的范围包括道路、广场、活动场地、建筑地坪等。地面铺装除了满足交通功能以外,还可以满足人们深层次的需求,为人们创造优雅舒适的景观环境,营造适宜交往的空间。它作为景观空间的一个界面,和建筑、水体、绿化一样,是创造景观艺术的要素之一。

图6-29 草坪

(一)软质铺装

以灌木和草坪等软质材料进行的地面铺装就是软质铺装。软质铺装形式比较简单,但可创造出充满魅力的效果,通过它可以强化景观的统一性(见图6-29)。

(二)硬质铺装

用硬质材料进行的地面铺装就是硬质铺装,这些硬质材料包括混凝土、沥青、石材、砖、卵石等,不同的材料有不同的质感和风格。硬质铺装根据所使用的硬质材料的不同又可以分为整体铺地、块料铺地、碎料铺地和综合铺地等。

1. 整体铺地

整体铺地是指用水泥混凝土或沥青混凝土进行地面铺装。它的特点是成本低、施工简单,铺筑的路面具有平整、耐压、耐磨等优点,缺点是较单调。这种铺装方法适用于通行车辆或人流集中的道路,如普通的街道、公路、停车场等。

2. 块料铺地

块料铺地是指用一些块材进行地面铺装,这些块材包括各种天然石块、各种预制混凝土块材和砖块材等(见图6-30)。天然块材铺装路面常用的石料首推花岗岩,其次有玄武岩、石英岩等,这些块材一般价格较高,但坚固耐用;预制混凝土块材铺装路面具有防滑、施工简单、材料价格低廉、图案色彩丰富等优点,因此在现代景观铺地中被广泛使用;砖块材是由黏土或陶土经过烧制而制成的,在铺装地面时,可通过砌筑方法形成各种不同的纹理效果。

3. 碎料铺地

碎料铺地是指用卵石、碎瓷砖、碎大理石等拼砌的地面铺装。这种铺装形式主要适合于小区庭院、小游园和公园中的各种游步道,它经济、美观、富有装饰性(见图6-31)。

图6-30 广场砖铺地可以形成各种图案

图6-31 卵石铺地

4. 综合铺地

综合铺地是指综合使用以上各种材料铺筑的地面,它的特点是图案纹样丰富,适合各类人群的使用(见图6-32)。

图6-32 用几种材料铺筑的地面

第三节 中外景观艺术赏析举例

一、中国古典园林艺术赏析

1. 颐和园

颐和园位于北京市海淀区，是利用昆明湖、万寿山为基址，以杭州西湖风景为蓝本，模仿江南园林的某些设计手法和意境而建成的一座大型天然山水园，也是保存得最完整的一座皇家行宫御苑，占地 3.08 km²。颐和园是我国现存规模最大、保存最完整的皇家园林。

颐和园原是清朝帝王的行宫和花园，前身清漪园，始建于 1750 年。咸丰十年（1860 年），清漪园被英法联军焚毁。光绪十二年（1886 年），慈禧太后以筹措海军经费的名义动用 3000 万两白银重建，并于两年后改称颐和园，作消夏游乐地。新中国成立后，颐和园被公布为第一批全国重点文物保护单位，1998 年 12 月被列入《世界遗产名录》。

颐和园集传统造园艺术之大成，万寿山、昆明湖构成其基本框架（见图 6-33），借景于周围的山水环境，饱含中国皇家园林的恢宏富丽气势，又充满自然之趣，高度体现了"虽由人作，宛自天开"的造园准则。颐和园亭台、长廊、殿堂、庙宇和小桥等人工景观与自然山峦和开阔的湖面相互和谐、艺术地融为一体，整个园林艺术构思巧妙，是集中国园林建筑艺术之大成的杰作，在中外园林艺术史上地位显著。

园内建筑以佛香阁为中心，园中有景点建筑物百余座、大小院落 20 余处，共有亭、台、楼、阁、廊、榭等不同形式的建筑 3000 多间。古树名木 1600 余株。其中佛香阁、长廊、石舫、苏州街、十七孔桥、谐趣园等都已成为家喻户晓的代表性建筑。

图 6-33　颐和园中的昆明湖与万寿山

园中主要景点大致分为三个区域：以庄重威严的仁寿殿为代表的政治活动区，是清朝末期慈禧与光绪从事内政、外交政治活动的主要场所；以乐寿堂、玉澜堂、宜芸馆等庭院为代表的生活区，是慈禧、光绪及后妃居住的地方；以万寿山和昆明湖等组成的风景游览区。也可分为万寿前山、昆明湖、后山后湖三部分。以长廊沿线、后山、西区组成的广大区域，是供帝后澄怀散志、休闲娱乐的苑园游览区。前山以佛香阁为中心，组成巨大的主体建筑群。万寿山南麓的中轴线上，金碧辉煌的佛香阁、排云殿建筑群起自湖岸边的云辉玉宇牌楼，经排云门、二宫门、排云殿、德辉殿、佛香阁，终至山巅的智慧海，重廊复殿，层叠上升，贯穿青琐，气势磅礴。巍峨高耸的佛香阁八面三层，踞山面湖，统领全园。碧波荡漾的昆明湖平铺在万寿山南麓，约占全园面积的四分之三。昆明湖中，宏大的十七孔桥如长虹偃月倒映水面，湖中有一座南湖岛,十七孔桥和岸上相连。蜿蜒曲折的西堤犹如一条翠绿的飘带,萦带南北,堤上六桥,婀娜多姿,形态互异。涵虚堂、藻鉴堂、治镜阁三座岛屿鼎足而立,寓意着神话传说中的"海上仙山"。与前湖一水相通的苏州街,酒幌临风,店肆熙攘,仿佛置身于两百多年前的皇家买卖街。在昆明湖湖畔,还有著名的石舫、惟妙惟肖的铜牛、赏春观景的知春亭等点景建筑。后山后湖碧水潆洄,古松参天,环境清幽。

2. 拙政园

拙政园位于苏州城东北街178号,全园占地78亩,始建于公元16世纪初,具有浓郁的江南水乡特色。经过几百年的沧桑变迁,至今仍保持着明代风格,被誉为"中国私家园林之最"。

明代正德初年(16世纪初),官场失意还乡的朝廷御史王献臣建造此园,取晋代潘岳《闲居赋》中"灌园鬻蔬,以供朝夕之膳……是亦拙者之为政也"之意,名"拙政园"。

拙政园分为东、中、西和住宅四个部分。住宅是典型的苏州民居,现布置为园林博物馆展厅。中部是拙政园的主景区,为精华所在,面积约18.5亩。其总体布局以水池为中心,亭台楼榭皆临水而建,有的亭榭则直出水中。池水面积占全园面积的3/5。池广树茂,景色自然,临水布置了形体不一、高低错落的建筑,主次分明。总的格局仍保持明代园林浑厚、质朴、疏朗的艺术风格。以荷香喻人品的远香堂为中部拙政园主景区的主体建筑,位于水池南岸,隔池与东西两山岛相望,池水清澈广阔,遍植荷花,山岛上林荫匝地,水岸藤萝密布,两山溪谷间架有小桥,山岛上各建一亭,西为雪香云蔚亭,东为待霜亭,四季景色因时而异。远香堂之西的倚玉轩与其西船舫形的香洲("香洲"取香草的性情高傲之意)遥遥相对,两者与其北面的荷风四面亭呈三足鼎立之势,都可随势赏荷。倚玉轩之西有一曲水湾深入南部住宅,这里有三间水阁小沧浪,它以北面的廊桥小飞虹(见图6-34)分隔空间,构成一个幽静的水院。中部景区还有微观楼、玉兰堂、见山楼等建筑及精巧的园中之园——枇杷园。

图6-34 拙政园中的景点——小飞虹

西部原为"补园",面积约12.5亩,其水面迂回,布局紧凑,依山傍水建以亭阁。因被大加改建,所以乾隆后形成的工巧、造作的艺术风格占了上风,但水石部分同中部景区仍较接近,而起伏、曲折、凌波而过的水廊、溪涧则是苏州园林造园艺术的佳作。西部主要建筑为靠近住宅一侧的卅六鸳鸯馆,是当时园主人宴请宾客和听曲的场所,厅内陈设考究。晴天由室内透过蓝色玻璃窗观看室外景色犹如一片雪景。卅六鸳鸯馆的水池呈曲尺形,其特点为台馆分峙,装饰华丽精美。回廊起伏,水波倒影,别有情趣。西部另一主要建筑与谁同坐轩乃为扇亭,扇面两侧实墙上开着两个扇形空窗,一个对着倒影楼,另一个对着卅六鸳鸯馆,而后面的窗中又正好映入山上的笠亭,而笠亭的顶盖又恰好配成一个完整的扇子。"与谁同坐"取自苏东坡的词句"与谁同坐?明月、清风、我"。故一见匾额,就会想起苏东坡,并立时感到这里可欣赏水中之月,可受清风之爽。西部其他建筑还有留听阁、宜两亭、倒影楼、水廊等。

东部原称"归田园居",是因为明崇祯四年(1631年)园东部归刑部侍郎王心一而得名。面积约31亩,因归园早已荒芜,全部为新建,布局以平冈远山、松林草坪、竹坞曲水为主。配以山池亭榭,仍保持疏朗明快的风格,主要建筑有兰雪堂、芙蓉榭、天泉亭、缀云峰等,均为移建。

拙政园的建筑还有澄观楼、浮翠阁、玲珑馆和十八曼陀罗花馆等。

拙政园的布局疏密自然,其特点是以水为主,水面广阔,景色平淡、疏朗。它以池水为中心,楼阁轩榭建在池的周围,其间有漏窗、回廊相连,园内的山石、古木、绿竹、花卉,构成了一幅幽远宁静的画面,代表了明代园林建筑风格。拙政园形成的湖、池、涧等不同的景区,把风景诗、山水画的意境和自然环境的实境再现于园中,富有诗情画意。淼淼池水以闲适、旷远、雅逸和平静氛围见长,曲岸湾头,来去无尽的流水,蜿蜒曲折、深谷藏幽而引人入胜;平桥小径为其脉络,长廊逶迤填其虚空,岛屿山石映其左右,使貌若松散的园林建筑各具神韵。整个园林建筑仿佛浮于水面,加上花木掩映,在不同境界中产生不同的艺术情趣,如春日繁花丽日,夏日蕉廊掩映,秋日红蓼芦塘,冬日梅影雪月,无不四时宜人,处处有情,面面生诗,含蓄曲折,余味无尽,不愧为江南园林的典型代表。

二、中国现代景观艺术赏析

1. 上海世纪大道

上海世纪大道,是一条横贯浦东的景观大道。从东方明珠至浦东世纪公园,全长约 5.5 km,宽 100 m,设有 12 个车道和中央绿化带。它连接陆家嘴金融中心区、新上海商业城、竹园商贸区、花木行政文化中心,为浦东新区最重要的景观大道,被誉为东方的香榭丽舍大道。

世纪大道是世界上独一无二的不对称道路,气势宏大,具有强烈的园林景观效果。世纪大道也是第一条绿化和人行道比车行道宽的城市景观大道,在设计上较好地解决了人、交通、建筑三位一体的综合关系。为凸显景观园林效果,绿化景观人行道占 69 m,北侧 44.5 m 宽的人行道布置了 4 排行道树,常绿的香樟在外侧,沿街的内侧则是冬季落叶乔木银杏,起到了夏遮冬透的树种效果。南侧 24.5 m 宽,布置了 2 排行道树。同时北侧人行道还建有 8 个 180 m 长、20 m 宽的植物园,分别取名为柳园、水杉园、樱桃园、紫薇园、玉兰园、茶花园、紫荆园和栾树园,主题突出、各具特色。

道路沿途还设置了以时间为主题的雕塑和艺术作品,景致独特,文化韵味深厚,使整个世纪大道成为世界上唯一以时间为主题的城市雕塑展示街(见图 6-35 和图 6-36)。

图 6-35　上海世纪大道

图 6-36　世纪大道上的大型景观雕塑《东方之光》

2. 汉口江滩公园

汉口江滩公园上起武汉客运港,下至丹水池后湖船厂,全长 7 km,分三期进行规划建设。江滩一期工程于 2002 年 10 月完成并正式对外开放,全长 1.04 km,从武汉关至粤汉码头,设置了武汉关、兰陵路、黎黄陂路等入口,为武汉市的滨江特色抹上"神来之笔",得到广泛好评。江滩二期工程总面积达 680 000 m²,其中 28.8 m 高程吹填平台总面积 420 000 m²,宽 160～180 m,气势更加恢宏。江滩二期主体部分的 28.8 m 平台由建设精美的市政广场区、绿化健身、园艺景观区组成,建有码头文化广场、滨江广场、玻璃广场(见图6-37)和步道等。其中玻璃步道和广场颇有特色。

汉口江滩公园二期格局与一期江滩一脉相承,但设计风格略有不同。江滩一期由于规模和地形限制,以曲径通幽为特点,采用中国传统的私家园林设计风格。二期则在设计规划上有更大的腾挪空间,设计风格开敞、大气、简洁、宁静。滨江景观主轴贯穿始终,分区更为明显。江滩二期绿化总面积约为 300 000 m²,栽种了白玉兰、墨西哥落羽杉、棕榈、大桂花、樟树、紫薇等100余种绿化乔灌木。二期还设立了19组雕塑小品(见图6-38),安装各式灯具5000余套件,晚间亮化效果美不胜收。设计者考虑江滩为广大市民的公共活动场所,采用现代景观园林设计手法,用笔直宽阔的林荫道、大面积休闲运动草地及占地 56 000 m² 的滨江广场体现现代风格。

图 6-37　汉口江滩玻璃广场

图 6-38　汉口江滩主题雕塑

江滩三期工程从长江二桥至后湖船厂,于2004年开始动工,规划以防浪林、植物景观等为主,形成休闲、娱乐、护卫堤防的绿色长廊。

3. 深圳世界之窗

深圳世界之窗,毗邻锦绣中华和中国民俗文化村,占地 480 000 m²,是香港中旅集团在深圳华侨城创建的一个大型文化旅游景区。它将世界奇观、历史遗迹、古今名胜、自然风光、民居、雕塑、绘画及民俗风情、民间歌舞表演汇集于一园,再现了一个美妙的世界。

公园景区按世界地域结构和游览活动内容分为世界广场、亚洲区、大洋洲区、欧洲区、非洲区、美洲区、现代科技娱乐区、世界雕塑园、国际街9大景区,内建有118个景点。其中包括世界著名景观埃及金字塔、阿蒙神庙、柬埔寨吴哥窟、美国大峡谷、巴黎雄狮凯旋门、梵蒂冈圣彼得大教堂、印度泰姬陵、澳大利亚悉尼歌剧院、意大利比萨斜塔等。这些景点分别以1∶1、1∶5、1∶15等不同比例仿建,精致绝伦,惟妙惟肖。有些景点气势非常壮观。如缩小比例为三分之一的法国埃菲尔铁塔,高108 m,巍然耸立,游人可乘观光电梯到塔顶,饱览深圳市和香港特别行政区的风光。缩小的尼亚加拉大瀑布面宽有80多米,落差十多米,水流飞泻,吼声震天,声势浩大。喷吐岩浆的夏威夷火山和百米喷泉,令游客叹为观止。作为景区活动中心的世界广场,可容纳游客万余人,正面有10尊世界著名雕塑,广场四周耸立着108根不同风格的大石柱和2000多平方米的浮雕墙,还有象征世界古老文明发祥地的6座巨门,一座华丽的舞台,将由世界各地的艺术家表演精彩的节目,让游客在文化和艺术的氛围中尽情享受(见图6-39和图6-40)。

图 6-39　深圳世界之窗入口广场

图 6-40　世界之窗"悉尼歌剧院"微缩景观

三、外国景观艺术赏析

1. 威尼斯圣马可广场

形成于文艺复兴时期的威尼斯圣马可广场,是欧洲广场艺术的典范,被誉为世界上最卓越的城市开放空间。广场东侧是 11 世纪建造的拜占庭式的圣马可大教堂,北侧是旧的市政大厦,南侧为新市政大厦。主广场是梯形的,长 175 m,东边宽 90 m,西边宽 56 m,面积为 12 800 m²,与之相连的是总督府和圣马可图书馆之间的小广场,南端向大运河口敞开。两个广场相交的地方有一座方形的 100 m 高的塔,这座塔成为圣马可广场乃至整个威尼斯的象征。和我们今天国内建造的很多广场相比,圣马可广场的面积和规模都不大,但是广场上总是洋溢着节日般亲切热烈的气氛,似乎保持了永久的活力,这可能就是这个"欧洲最漂亮的露天客厅"的迷人之处(见图 6-41)。

2. 法国凡尔赛宫景观园林

凡尔赛宫景观园林是法国古典主义的宫殿及园林的代表作,位于巴黎西南 22 km,原是一座供国王狩猎时休息用的不大的庄园,国王路易十四于 1661 年下令大规模扩建,建成了欧洲最大的宫殿和园林。1682 年,宫廷迁到凡尔赛,直到 1789 年路易十六被法国资产阶级革命推翻为止。17 世纪下半叶和 18 世纪上半叶,法国最优秀的绘画、雕塑和工艺品都集中在凡尔赛宫和它的园林里,所以凡尔赛宫代表着当时法国美术和工程技术的最高成就。1833 年,它成了博物馆,向公众开放。

凡尔赛宫和它的景观园林总面积为 24.73 km²。

图 6-41　威尼斯的圣马可广场

景观园林由当时著名的宫廷造园师勒·诺特设计,因此它的景观艺术被后世誉为勒·诺特式景观艺术的典范。凡尔赛宫的园林在宫殿西侧,呈几何图形。南北是花坛,中部是水池,人工大运河、瑞士湖贯穿其间。

另有大小特里亚农宫及雕像、喷泉、柱廊等建筑和人工景色点缀。放眼望去,跑马道、喷泉、水池、河流,与假山、花坛、草坪、亭台楼阁一起,构成凡尔赛宫园林的美丽景观(见图6-42)。

图6-42　法国凡尔赛宫景观园林局部

凡尔赛宫及其园林在欧洲影响很大,王宫和贵族府邸模仿它的很多。北京长春园的西洋楼部分也曾模仿过它的一些局部。

3. 美国纽约中央公园

纽约中央公园位于纽约城曼哈顿岛的中心地区,面积约3.4 km²,是美国第一座以自然风光著称的公共公园。园内有蜿蜒的林间小径、跳跃的喷泉、各式的雕塑、露天剧场、动物园等。纽约中央公园在经历了一个半世纪的风风雨雨之后,直到今天仍然被视为现代公园规划最杰出的作品之一(见图6-43和图6-44)。

图6-43　纽约中央公园——草坪、湖泊与丛林　　图6-44　纽约中央公园——水池、喷泉与雕塑

纽约中央公园不仅是纽约市民的休闲空间,也是旅游胜地,展现了久居城市的人们对自然景观的渴求。它的设计者是被誉为"现代公园设计之父"的奥姆斯特德。

小结

　　景观既是一种自然景象,也是一种生态景象和文化景象。景观表达的形式多样,景观的内涵也极为丰富。景观美具有社会性、可愉悦性和时空性。景观是融自然美、生活美和艺术美于一体的空间环境。景观要素包括景观植物、景观水体、景观建筑、景观设施与小品等。景观植物是景观环境中唯一有生命的要素,它色彩丰富、形式多样,包括乔木、灌木、花卉、草坪、地被植物等多种类型;景观建筑包含亭、廊、水榭、舫、架、景观墙、膜结构等多种形式;景观水体是景观环境中最有灵性的要素,包括湖池、瀑布、喷泉、跌水、溪涧等形式;景观设施与小品包括景观服务设施、景观照明灯具、景观雕塑等多种类型。了解景观要素的组成与特点,是欣赏景观艺术的重要步骤,有助于加深对景观艺术的理解。

第七章
花艺欣赏

> 学习目标

通过本章的学习,掌握插花的类别及特点,重点掌握中西插花的差别和特色,了解中式插花与西式插花具有代表性的花艺艺术作品,提高花艺审美。

一、认识花艺

花艺,也称花卉艺术、插花、插花艺术等,是指通过一定技术手法,将花材排列组合或者搭配,使其变得更加赏心悦目,并表现一种意境或宏观场面,体现自然与环境的完美结合,形成花的独特语言,让观赏者解读与感悟。世界花艺流派中,特征及影响力度显著的有日本花道、荷兰花艺、西方现代花艺、中式插花以及西洋式花艺设计等。花卉艺术是人们借助于自然界的花草修身养性、陶冶情操、美化生活的一种方式。

(一)中国插花概念

插花是门艺术,同绘画、雕塑、盆景、造园、建筑等姐妹艺术一样,都有各自的章法与技巧、主题思想、表现形式与审美标准,而不是简单的花材组合,更不是无思想内涵的单纯造型。中国插花就是以花材的组合与造型反映和再现中国的社会现实生活,反映中华民族的习俗、文化心态等,尤应以时代精神为主流,表达中国的艺术特色。

(二)中国插花类型

中国插花分为三大类别,即中国传统插花、中国现代插花以及中国现代花艺。

1. 中国传统插花

"传统"指能世代传承的具有特色和生命力与影响力的东西,包括物质层面和精神层面。中国古代插花即具备上述传统概念的插花,由此将中国古代插花统称为中国传统插花。

2. 中国现代插花

中国现代插花是以反映近现代中国各民族各地区的社会生活实践、社会面貌与时代精神为主要思想内容的插花表现形式。

3. 中国现代花艺

中国现代花艺是20世纪中叶由西方插花艺术派生出来的一种新的表现形式。其主要特点是使用的素材丰富,植物性、非植物性材料皆可应用;表现技巧多样化,粘贴、捆绑、缠绕、群组等手法都可以直接显露出来。作品常使用架构,创作思想比较强调主观意识,常融合东西方插花艺术的一些特点,表现出时代感,强调表现作品的装饰性和人工技巧美。

二、花艺赏析

(一)中国传统插花赏析

1. 盘花赏析

盘器是插花艺术初学者最先接触的花器,其特点是较浅但面广,可取多点插作豪华、艳丽的作品,亦可表现夏秋风景、水陆之别等(见图7-1和图7-2)。

图7-1　盘花1

图7-2　盘花2

2. 碗花赏析

碗花又叫盛花,起源于10世纪的前蜀,而盛于宋代。碗器宽口而尖底,所以插作时都由极点出枝。早期的碗花只有"主花",称之为雕形碗花,后来因空间的需要与造型的变化而有"主客插""主使插""主客使插",再演变为带理念意涵的碗花形式。它的主要结构是"主客使"之外加插"心",一般来说,"心"所用的花材是直立的花材,如竹、晚香玉、麒麟菊之类的花材,其重要的意义是表达"直心",让心来呼应一切,让花草尽其所能地表现它的常态之美。此时碗器就代表了伦理性格,因此碗花枝脚整齐,易使人起端正之态。如图7-3和图7-4所示,碗花体形八方圆满、枝脚整齐,恍若一株,呈现宇宙自然景观。

图7-3　碗花1

图7-4　碗花2

3. 瓶花赏析

人们很喜欢瓶花,它既高昂又庄严,而且有至高的内涵。在民间,瓶子是藏有无尽甘露、宝藏的吉祥物,"瓶"字发音和"平"相同,是和平、平安的意思。以瓶供花当源自印度,他们将莲花插于贤瓶中供于佛前,这便是"瓶供"的开始,瓶供之风大约于南北朝时期传入我国。自此之后,以瓶插花历经隋唐五代及宋元明清而发展完善,终成完备体系。

中国人祈求四季平安,"瓶"的谐音与此美好愿望正好契合,从现存的古代建筑装饰中我们也常见到以瓶插花的图案。如以瓶插牡丹,即是富贵平安之意;以瓶插荷花,寓意平安连年。中国人祈求平安的心态可见一斑。瓶花如图7-5和图7-6所示。

图7-5　瓶花1

图7-6　瓶花2

4. 筒花赏析

筒花插花形式源自我国五代时期,盛于宋、金两朝,宫廷和民间广为应用。《清异录》记载:"李后主每春盛时,梁栋窗壁,拱柱阶砌,并做隔筒,密插杂花,榜曰:'锦洞天'。"

筒是指上下大小相仿的花器,有圆形、方形、六边形、三角形等款式,有瓷质、竹质、木质、金属等质地,多用于下垂式或水平式构图。

筒器又称隔筒,可分为单隔筒、双隔筒等类型,构图比较灵活自由,适合组合造型,选用花材简练,宜曲折,雅致者为佳,在中、日的传统插花中较为常用。筒以竹筒为正宗,讲求自然朴实、淡泊野逸,文人雅士插作颇为贴切,婉约的线条成为筒花的一大特色(见图7-7和图7-8)。

5. 篮花赏析

篮最初并不是插花器皿,而是作为普通百姓的生活用具,后被宫廷贵族改良,逐渐作为插花器皿使用。篮用于插花起源很早,佛经上曾记载用篮来盛花供佛,佛学词典里称为"花筥"或"花笼"。浅笼形似皿,又称"花皿"。佛教徒以鲜花供奉佛前,称之为供花,为奉佛"四供养"之一。原始供花有三种形式,其中两种是以篮为器皿。一为佛会时以花筥盛莲花瓣或彩纸花,谓之"散花";二为花皿盛鲜花或花瓣供奉佛前,谓之"皿花"。篮花如图7-9所示。

图 7-7　筒花 1

图 7-8　筒花 2

图 7-9　篮花

6. 缸花赏析

缸花约起源于 9 世纪的唐代，而盛于明清期间。唐朝罗虬《花九锡》记载："玉缸"贮水，充当插作牡丹的花器。到明清，缸器在造型方面与水盂、笔洗及"簋"相结合，形式渐矮，缸口大，渐渐演化成盆。清沈三白说"若盆碗盘洗……"即是。

缸是介于瓶、盆之间的大型器皿，宽口，型阔，底稍窄。缸的造型敦实，颇具壮健的力度，水面又宽敞，可以插比较硕大或者数量较多的花材。

缸花在空间的表现上比较有深度，缸器腹部硕大而稳重，插作时以表现花材块状与枝条对比之美为主，较强调"体"，总用大丛的花材与缸器协调。但在传统插花中缸口空间不宜占满，以留空为佳。缸花造型丰满、壮丽,多用于厅堂以及展览,插作时要注意腾出三分之一内壁及水面空间为妙(见图7-10和图7-11)。

图7-10　缸花1

图7-11　缸花2

(二)中国现代花艺欣赏

1. 中国现代插花

无论在东方还是西方,插花的历史都是非常久远的。经过了上千年的发展,现代中国的插花在继承、发扬传统的基础上,也吸收、借鉴了西方插花和日本花道的一些手法以及其他艺术的表现方式。

(1)艺术插花。

艺术插花即用于装饰美化环境和陈设在各种展览会上供艺术欣赏的插花。艺术插花十分强调每种花材的色调、姿态和神韵之美,通常具有主题突出、意境优美的特点。艺术插花一般用在宾馆、酒店、医院、公司、商场等公共场合或者家庭装饰中,因此,它的布置需根据环境和使用性质来定,造型可以是多样的,既可以是东方式的也可以是西方式的插花形式(见图7-12)。

图7-12　艺术插花

(2)礼仪插花。

礼仪插花通常用在国事、外事、商务、会议等社交礼仪活动中,在婚丧庆典、探望亲友病人时也可以使用。

礼仪插花常用于表达尊敬、喜庆、祝愿、慰藉的情感或哀思、治丧的气氛。这类插花的花色会根据场合变化,或艳丽或朴素清爽。在制作礼仪插花时,要特别注意了解用花习俗,根据场合需要,恰当地选择花材。在大型活动场合使用的礼仪插花,也会有体形较大、花材较多、插作繁密的特点。

礼仪插花的形式很多,常用的有各种大小花篮、花束、花环、花车等,还有新娘捧花、头花、胸花、腕花等(见图7-13和图7-14)。

图7-13 开业气球花篮

图7-14 婚礼花车

(3)自然式插花。

自然式插花是根据植物在自然界的生长姿态,在瓶盆之中,表现鲜花之美的插花形式。

自然式插花通常用于家居装饰,所以要根据居室环境、室内家具的色彩,选择与室内装饰相适应的花器和花材。另外,为了显示"自然"的特点,选用花材必须注意时令,根据春夏秋冬各个季节的特点使用不同的花材并进行创作(见图7-15)。

自然式插花可以从不同角度观赏,置于书案、茶几之上,对居室能起到美化作用。自然式插花很讲究有一个贴切的题名,通常根据插花者所选定的主题、题材及意境等内容而定名。题名对一件插花作品能否得到人们的喜爱,起到十分重要的作用。

(4)盆景式插花。

顾名思义,盆景式插花是模仿盆景式布局的一种插花形式,这种插花形式与传统中式插花的关系很紧密。它通常采用比较浅的容器,下敷剑山,掩以山石。

花材多选姿态清奇的枝干或野草山花,辅以山石及饰物配件,缀以青苔小草,借助于切花的姿态依山傍水,制作出盆景的感觉(见图7-16)。

(5)壁挂式插花。

壁挂式插花是将花器及花泥固定于墙面、柱面、玻璃面、门框等上面进行插花创作的形式。

因为需要挂在墙壁上,这种插花形式选用的花材最好是具有蔓性或柔软下垂的,不适合用枝干过粗的花材。合适的花材有迎春花、郁金香、石斛兰、紫藤花或各种藤本枝叶等。

图 7-15　自然式插花

图 7-16　盆景式插花

另外,壁挂式插花的容器也要求能紧贴墙面、不晃动。壁挂式插花作品的样式、大小、高低、色彩等都需根据所装饰的墙面特点而定(见图 7-17)。

(6)悬吊式插花。

悬吊式插花又称悬垂式插花,是将插花作品悬吊于居室上部空间、棚架之下、檐窗楼榭的一种插花形式。

悬吊式插花的花材选择和壁挂式插花基本类似,以自然下垂的藤蔓花卉为主,通过它们的下垂感,表现出活泼灵动、飘逸的美感。用于悬吊式插花的花器通常是各种花篮、花筐等。

悬吊式插花的体量大小、形式和位置要与周围的环境相适应,悬吊高度要适中,以既不影响活动又便于观赏为宜(见图 7-18)。

图 7-17　壁挂式插花

图 7-18　悬吊式插花

(7)小品插花。

小品插花的花器通常是咖啡杯、小陶瓷器、酒杯、笔筒、酒瓶、紫砂壶、烟灰缸等体型较小的东西,所以它的构图要简洁,花材用量少,整体上给人一种小巧精致的感觉(见图7-19)。

图 7-19 小品插花

小品插花适合用于书架、案头等的点缀,其中的酒瓶、酒杯插花也很适合作为酒柜、吧台的装饰。另外,最近几年流行的手掌大小的迷你插花也属于小品插花。

(8)大型插花。

大型插花也称大型花艺设计,它是一种环境空间的布置,具有体量大的特点。大型插花用色讲究,十分强调色块、色系的装饰效果,有时采用夸张手法(见图7-20)。目前主要有室外大型插花、室内大型插花、舞台美术型及大型橱窗花艺等形式。

图 7-20 大型插花

2. 中国现代花艺

现代花艺是在东西方传统插花的基础上发展起来的插花,它已突破了东方式三主枝插花和西方式几何图形的插花模式,但是保留了东方插花以线条为主的插花方法,也综合了西方式插花色彩艳丽的手法,是这两者的有机结合。

现代花艺创作的灵魂是创新。它提倡个性张扬,追求视觉的刺激和冲击,不断创新,新的理念、新的造型、新的材料、新的技艺层出不穷,使现代花艺总是以崭新的面貌出现在世人面前,和时代合拍,与时尚同步,容易引起人们的共鸣和欣赏(见图7-21)。

现代花艺具有极大的宽泛性。在创作理念上,不受任何传统理念、法则、形式的限制,可以天马行空,任意驰骋;在创作素材上,只要符合创作需要的素材都可以使用。作者可以最大限度地发挥主观上的创作才能,完成优异的现代花艺作品(见图7-22)。

图7-21 中国现代花艺1　　　　　　　　图7-22 中国现代花艺2

现代花艺在追求造型、色彩视觉美的同时,学习了中国传统插花讲求意境美的特色,特别重视作品的内涵和意境。

现代花艺突破了传统插花只是修剪、弯曲、固定等技法的束缚,为完成现代花艺的新颖的造型,创造了许多崭新的技法,如分解、重组、粘贴、串联、捆绑、缠绕、折叠、编织、阶梯、群组、铺摆和层叠等,技法十分丰富。这些丰富的技法为随心所欲地进行现代花艺作品的创作提供了充分的技术保证。

现代花艺造型制作精美、新颖多变,有强烈的装饰效果,可适应各种环境布置,如节庆、寿诞、婚礼、迎宾、开业、橱窗、大堂、客房,等等,可谓无所不能。若用人造花或干花插制,更可长期观赏。

现代花艺具有创作自由度高、灵活性强、技艺要求精、装饰性强等特点,是技术性、艺术性要求相当高的插花类型,最能显示作者的艺术造诣和插花功力,所以是插花艺术展览和插花艺术家进行插花表演最常采用的插花类型(见图7-23至图7-27)。

图 7-23　中国现代花艺 3

图 7-24　中国现代花艺 4

图 7-25　中国现代花艺 5

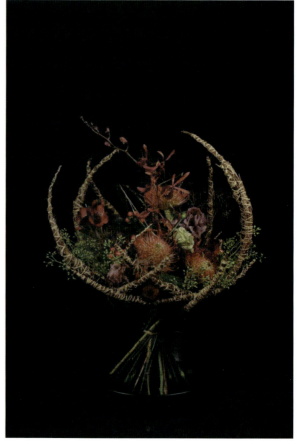
图 7-26　中国现代花艺 6

图 7-27 中国现代花艺 7

小结

插花艺术的起源应归于人们对花卉的热爱,通过对花卉的定格,表达一种意境,来体验生命的真实与灿烂。对于中国人而言,插花作品被视为天人合一的宇宙生命之融合,以"花"为主要素材,在盘、碗、瓶、筒、篮、缸六类花器内造化天地无穷奥妙的一种盆景类的花卉艺术,其表现方式颇为雅致,令人爱不释手。

古人云,"一草一木总关情",文人善于借草木抒发心志,以花枝表达情韵,从一花一叶中体悟世间万象。插花可以美化心灵,使人对生活充满希望和信心,同时也可以装扮家庭环境,让人赏心悦目、开心快乐。

第八章
书法艺术欣赏

> 学习目标

了解书法欣赏的规律,掌握书法艺术欣赏的标准和方法,熟悉各类书体的特点,掌握必要的书法技巧。

书法,是中华民族文化宝库中一门特有的艺术,有几千年的悠久历史和优良传统,不但深受广大人民群众的喜爱,而且远播重洋,驰誉国外,在世界艺术之林中,放射着奇异夺目的光彩。因此,我们要继承和弘扬书法艺术,要学会欣赏书法。

第一节 书法欣赏的规律与方法

一、书法欣赏的规律

书法欣赏的规律可以归结为以下几点:书法欣赏的主观性、书法欣赏的能动性和书法欣赏的反复性。

1. 书法欣赏的主观性

书法欣赏是主观的意识活动,是作品美感的升华和艺术再创造。因此,随欣赏者情况的不同,必然会出现仁者见仁、智者见智的情况。由于每个人的学识、爱好不同,所处环境、时代等不同,必然在书法欣赏上各有各的看法。有的能看到作品深层的意缊和美感,有的则只能看到表面现象。有的喜欢飘逸秀丽,有的喜欢英武刚强。萝卜白菜各有所爱,这是正常的现象。承认这个问题并不等于说书法欣赏没有一定的标准和尺度。以主观意识否定书法美的普遍规律,或只强调书法美的规律而排斥欣赏者的主观意识和判断,都是不对的。欣赏者的主观意识和判断只有建立在书法美的普遍规律的基础上,才能正确地进行书法欣赏。

2. 书法欣赏的能动性

书法欣赏具有主观能动性。"龙跳天门,虎卧凤阙"的王羲之书法,"危峰阻日,孤松一枝,荆轲负剑,壮士弯弓,雄人猎虎,心胸猛烈,锋刃难当"的萧子云书法,都是欣赏者展开想象的结果。如果没有丰富的想象和联想,书法作品的欣赏就无从谈起,自然也就不会有"无声的音乐,静止的舞蹈"的感受。沈尹默先生曾说:"不论石刻或是墨迹,表现于外的,总是静的形势,而其所以能成就这样形势,却是动作的成果。动的势,今只静静地留在静的形中,要使静者复动,就得通过耽玩者想象体会的活动,方能期望它再现在眼前,于是在既定的形中,就会看到活泼地往来不定的势。在这一瞬间,不但可以接触到五光十色的神采,而且还会感觉到音乐般轻重疾徐的节奏。"这说明书法欣赏是积极能动的想象和联想,没有丰富的想象和联想,把静的线条看成动的形象,书法欣赏便难以进行。

3. 书法欣赏的反复性

书法欣赏是一种认识活动,所以要遵循认识的规律,即由浅入深、由表及里、由点到面、由感性认识到理性认识,再由理性认识回到感性认识,循环往复,以至无穷。认识则会一次比一次深化。元代赵孟頫正是遵循了这样一条规律,把十三次研读《兰亭序》的心理感受写成了《兰亭帖十三跋》。书法欣赏如果一看而过,不反复地去揣摩、研究,终归是肤浅的,必须进行反复鉴赏才能深得其中"三味"。据史书记载,唐代欧阳询外出看到晋代索靖所写的碑刻,就驻马观看,天黑了就睡在碑旁,三天三夜才离开。由此可见书法欣赏具有反复性,因为只有这样,书法欣赏才能在深层次进行。

总之,书法欣赏是主观的、能动的认识过程,是积极的观察和思考辨析过程。但这不等于说书法欣赏没有标准,恰恰相反,只有建立在审美标准上的书法欣赏,才是客观的、准确的。

二、书法欣赏的标准和方法

书法艺术虽有用笔、结构之分,但它是一个整体。如拿用笔与结构来讲,是"用笔生结构,结构生用笔",它们之间是互相影响的,不能孤立地去看待。同样,欣赏书法作品也应是整体地去欣赏。但为了便于分析,且把它分成两个部分,即清代包世臣在《答三子问》一文中所讲的"书道妙在性情,能在形质"的"形质"与"性情"。

凡是纸面上看得见的东西都属"形质"。它包括点画运笔的刚柔、轻重、粗细、缓急,结字、章法的安排及墨色等。单从形质上,就可以分为整齐与零乱、精细与粗糙、厚重与臃肿、雄强与怪诞。且就形质来说,是没有底的,可以精益求精。但这只是书法艺术的外形。

真正的书法艺术精神所在,是在"性情"上的发挥。没有精、气、神的艺术,就好像泥塑木雕的人,即使达到乱真的程度,也不是活的。电影演员演电影要进入角色,艺术创作也要把自己放进去,融成一体。"性情"就是书法家的个性、修养与书写时的思想感情,通过形质表达出来。不灌注情感的艺术品是不会有多大的艺术力量的。这种性情的说法,似乎是属于抽象的,但实际上它并不虚空神秘,只是与国画"六法"中的"气韵生动"一样,不易言传罢了。

高质量的书法艺术,是"形质"与"性情"有机结合的产物。当书法中的"形质"与"性情"高度地交融在一起的时候,就能使书法作品产生迷人的魅力,它能把欣赏者引导到一个美妙的意境,奇趣横生,耐人寻味,叹赏不尽!这种记载在历史上很多,像唐朝书法家李阳冰,看到一块碑上的篆字和古代的不同,很是奇特,好几天不走,睡在碑旁观赏研究。唐太宗喜爱《兰亭序》也是这样,连死了还要陪葬昭陵。这好像有些夸张,其实也不仅书法如此,任何上乘的艺术都是一样,确有感人的魅力,欣赏者已非置身局外,可以将整个思维沉浸在里面,忘怀一切。所以,这些被书法爱好者们美化了的文字,已不是刻板的文字,而是活的、有生命力的艺术品。故诗有"心声"之称,书有"心画"之说。

究竟怎样来具体地欣赏书法艺术呢?

(一)书法欣赏的标准

1. 点画美

点画美是书法最重要的基本成分。点画写不好,要想写出一幅好的书法作品是不可能的。好像从自行车废品堆里拣出一套自行车零件,要求装配成一辆高质量的自行车,是不可能的一样。书法最重要的是点画,如果不讲究点画用笔,专求外表形式的安排,最后是什么也得不到的。所以,要学好书法,首先要写好点画。欣赏书法也同样脱离不了点画的欣赏。点画用笔的最终目的是要使线条圆润、饱满自然、灵巧有力、不肥不瘦、若枯不枯、刚健婀娜、挺拔秀丽、精巧细致、玲珑剔透……

前人对基本点画的写法有很形象的比喻,如正楷写点要有高山坠石的气势,如蹲鸱,如当衢之大石。两点要上下呼应,左顾右盼。众点齐列要为体互乖,落落乎犹众星列河汉。一点失度,好像美人少一目,多么遗憾！反之，用得恰当就有画龙点睛之妙。

作横要像千里阵云那样空灵而意味深远，绵延而来，倏然终止。几横并列，要有变化，有俯有仰，有虚有实，有敛有放，轻如蝉翼，重若崩云。

竖分悬针竖和垂露竖，这些垂直的线条，如千年枯藤，但依然十分坚韧有力。作竖还有向背的区别。悬针竖锋芒毕露，垂露竖圆浑晶莹。作一长竖如万岁枯藤，苍劲有力。

撇具有锋利的剑刃，也像闪亮的犀角、象牙，给人一种力量感。

捺与撇相反，如崩浪奔雷。

折如劲弩筋节，外柔内刚，圆处如折钗股，婉转圆劲。

点画若能做到运笔如锥画沙，笔笔中锋，无起止之迹，沉着如印印泥，行笔如屋漏痕，因势运行，自能有姿。这样必然是美的。反之，若写得粗细不匀，不全，扁、僵、板、软，像蟹爪一样的钩，像死蛇一样的竖，像鼠尾一样的撇，像扫把一样的捺，如何能称得上点画美呢？一幅字能否久看不厌，经得起推敲，点画写得好坏起着决定性作用。

所以，欣赏好的书法作品，我们就仿佛在直接接触大自然一样，能体验到一种感情上的愉悦。一棵活树，它的每根细枝都具有生命力；一幅出色的书法作品，它的每一细小笔画都来自自然界物体，都具有生命的活力。印刷字体的笔画与此大相径庭，它们是印刷术的产物，感觉最迟钝的人也能复制。"画"出来的笔画，即审慎地对某一自然物体直接模仿而制成的笔画，也同样如此，它表面上的逼真使它无法获取真正的艺术活力。而中国书法的线条是用于笔一气写成的，事后不能修补。在这方面可以说书法艺术也是个遗憾艺术。因此要求写的人一定要把基本笔画写好，才有可能给欣赏的人带来美感。

2. 结构美

艺术欣赏可分为局部美和整体美。如果以点画为局部，那么进一步由点画构成的字，就是整体。结字，是书法中非常重要的一环，它是一种造型艺术。好比做一件衣服，用最好的料子、最好的线……而样式做不好，还是不为人们所喜爱一样。字是由点画组成的。字中点画的安排，好像七巧板的运用，不能言尽；也好像人的面孔，五官都具备，模样却不同，它们有一个大致的部位，而无一定的程式。只要符合文字的规范，各人可以有各人的安排，但应做到既稳又巧，有变化，有呼应，有姿态，自然大方而不感到做作。长者不觉其短（既可指整个字形，又可指其中个别点画），浑然一体，千姿百态。

3. 章法美

以上谈了点画和结字的欣赏，但书法艺术不仅是欣赏一个字两个字的问题，除少数匾额以外，大多是成篇章的。如拿一个字作为局部，那么整幅书法就是它的整体。这种整幅书法的"分行布白"即谓之"章法"（一幅书法作品也有只写一个字的，如何安排好这一个字，也有章法）。欣赏一件书法作品，最容易被人接受和第一眼给人的印象就是章法，其次才是书法本身的欣赏。因此，我们说章法是书法艺术的重要组成部分。

通常讲的章法包含着两层意思：

① 款式，如对联、扇面、屏条的上下款等，款式在习惯上有一定的格式；

② 分布，也就是分行布白，如字距、行距、行数、字的大小、款式的高低、四边的留白等，这是自由安排的。

章法的安排，好像布置房间的陈设，同样的房间面积、同样的家具，布置得不好，看上去就零乱，让人不舒服；布置得好，就妥帖舒适，给人以美感。

章法和书法，二者是不可分割的整体，但又是两回事，章法好不等于写字好，写字好不等于章法好。有的作品单个字拆开来看并不好，但整体看协调美观，这是章法好。反之，写字好而整体缺少安排，也会使书法大为逊色。王羲之的书法之所以精妙，不仅字字精湛，整幅的章法也是龙腾虎跃，相得益彰。

欣赏书法，要看线条组合得如何。这和西方的绘画、摄影等艺术理论是相通的。整幅作品中水平、垂直、倾斜、曲折的线条，看是否有适当的配合，看在纵横交错之中是否能和而不同，违而不犯，不平正而平正，平正中寓变化。一般来说，特别刺眼醒目的线条不宜重复出现。这和隶书里"雁不双飞"的道理一样。若第一行里有一笔长竖，第二行里就不能再出现长竖了。线条是这样，整幅字的布势也是这样，直势、横势、斜势也都要有适当的搭配和变化。

欣赏书法，还要看布白如何。就是空白也要匠意安排，好像油漆一块板壁，不能空一块不漆。但书画的布白远比油漆板壁复杂得多，它有"计白当黑""此时无声胜有声"等关系存在。国画里有在一幅纸上画满梅花的章法；也有在一张纸上只画一枝梅花，仅占其一角，而其余皆空白的章法。前者要不觉其闷、多、乱，后者布置得好，整个画面也不会觉得空白太多，若再加点什么反倒嫌多了。有的画面需要长题，有的画面不宜长题；有的画面宜题大字，有的画面宜题小字。书法的落款也一样，该长该短，都是从章法的需要出发的。

在欣赏书法的时候，要知道章法是无定法的，贵在自然，精熟了是无可无不可的。章法是为书法服务的，应服从书法内容的需要。只要美观、大方、有趣，完全可以因地制宜、随机应变、别出心裁地自由发挥。

4. 气韵美

一件书法艺术品，不仅要有美的外观形体，还要讲究精神内涵，这一点十分重要，即能够传神，具有奕奕动人的风采和气韵，并使全幅形成一种优美的意境。北宋书法家黄山谷曾说："书者能以韵观之，当得仿佛。"唐代书法家张怀瓘提出："一点一画，意态纵横，偃亚中间，绰有余裕。结字峻秀，类于生动，幽若深远，焕若神明，以不测为量者，书之妙也。"将这些话的意思概括起来，那就是一件书法作品大局和妙处，在于生动的气韵、飞扬的神采及空间空白所构成的幽深而旷远的意境。

我们欣赏一件作品，总是先从全幅的大局着眼，把它当作一个艺术的整体来看待，然后根据这总的印象再去欣赏形体结构、点画的情态、用笔施墨的特点，最后沉酣在它所提供的优美的意境之中，想象的翅膀自由飞翔，心灵得到净化，从而享受到一种被陶冶的乐趣。如果大局（章法）不妙，缺乏一种攫人视线和撼人心灵的艺术魅力，就不可能达到这样的效果。所以说，书法绘画皆"须神韵而后全"（张彦远），都"未始不与精神通"（姜白石）。观赏者正是要从它的精神流露处进行"神观"，看它总体格局首尾呼应、上下衔接、参差错落、虚实相映等所形成的章法布白和意境的空间美，看它振动若生、活脱跳荡的点画线条所形成的变化多姿、顾盼多情的字体结构，看它绚烂至极而复归平淡，秾纤间出、枯湿隐显所形成的特定气氛，这几方面是相互联系、彼此照应的，都被统一在"气韵生动"之中。气韵生动可以说是人类生命力的节奏与精神凝蓄，在作者激情中所呈现出的一种情趣显著活跃的意态，是构成一幅书法作品形神兼备、情景交融和富有诗意的基本因素和总的审美要求，是很重要的一个方面。一件好的书法作品，无不贯穿着生动的气韵，呈现出优美的意境。有的像行军布阵，旗帜飞扬；有的像尺幅丹青，疏林远阜，错落有致；有的像长江大河，奔腾跳荡，一泻千里；有的像回溪曲沼；有的像悦耳的乐曲，抑扬百转，牵人情思。这其中有一个共同的因素，就是生动活泼、神采焕发、富于韵致，并且交织着生命的节奏，所以能跃然纸上，使观赏的人心驰神往、抚心激赏，感到意味不可穷极。

书法这门艺术，并不纯粹是写字练习。字总是以人传的，历代传下来的书家，很少光是一门书法好，大多在其他方面也有成就，尤其书写者的为人更重要。明朝有个著名的书法家叫张端图，他的书法功力很深，自成一体，但因他是当时臭名昭著的太监魏忠贤的干儿子，人们看了他的字会做何感想呢？而唐朝颜真卿七十多岁了，仍然是英风凛冽。在几百年前就有人说过，像颜鲁公这样的人，纵然不会写字，人们对他的片纸只字也都是十分珍爱的。

总之，书法欣赏是受多方面因素影响的，其中三味，很难用三言两语讲清楚，有的还只能意会不能言传。

这要靠逐渐培养自己的艺术修养来逐步加深认识和理解,才能学会欣赏。

(二)书法欣赏的方法

书法欣赏要遵循认识事物的一般规律,一般可从以下几个方面进行。

1. 由面到点,由点到面

欣赏书法时先要统观全局,对作品的形式和内容及其表现手法有一个初步的印象。进而去观察和分析作品的用笔、结字、章法、墨色、气韵等方面是否法意兼备、活泼生动。局部欣赏之后,再从远处审观全局,进而修正初次获得的大概印象,重新从理性的高度予以把握。看艺术风格和表现手法是否和谐,哪里精彩,哪里不足。从宏观和微观两方面进行鉴赏。

2. 视静为动,展开联想

书法作品是静止的形象,欣赏时要根据作品的内容顺序或时间顺序,想象作者的创作活动情况,将静止的形象还原为运动的过程,也就是模拟作者的创作过程,以把握作者的创作意图和情感变化。再者,欣赏者也可以根据自己的生活体验进行想象和联想的再创作,如能得到愉悦的感受,宣泄了自己的情感,也是一种积极的欣赏。如欣赏颜真卿的楷书,可将其书法形象与"金刚怒目,力士挥拳"或仪态庄重的法官等形象类比联想,从而可得出体格强健——有阳刚之气——富于英雄本色——端严不可侵犯的审美感受。

书法欣赏是综合的观察、分析、判断过程,要利用审美、书论、书法技能技巧等多方面的知识,去体味作品的意境和美感。

第二节
各类书体的特点与欣赏

一、篆书的特点与欣赏

篆书是汉字之祖,书体之源。其他如隶、楷、行、草等各种书体都是由篆书繁衍诞生出来的。篆书的种类大体分为三类,即甲骨文、籀文和小篆。

1. 甲骨文

甲骨文是刻在龟骨上的文字,属于殷商时期的文字。虽然甲骨文的内容和程式都很简单,千篇一律,但它已具备了中国书法艺术的三个基本要求——用笔、结构、章法,被认为是中国书法的滥觞(见图8-1)。

从用笔上看,由于是刀刻,故笔画多方折,且笔画交叉处粗重,具有朴拙之美。

从结构上看,甲骨文大小不一,虽有错综变体,但均衡、对称、

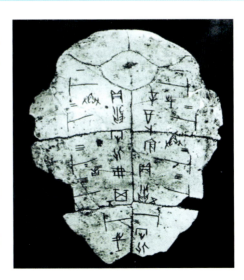

图8-1 甲骨文

稳定,中国书法形式美的格局已形成。

从章法上看,一片甲骨文的字或错落有致,或缜密严整,或纵有行而横无列,显露出中国书法章法上的特点。综上所述,中国书法的特征在甲骨文中已初见端倪。

2. 金文

金文是殷周时期铸刻在钟鼎彝器上的铭文,所以又称为"钟鼎文"。

金文是由甲骨文演变而来的,以毛公鼎铭文(见图 8-2)、散氏盘铭文为代表,它们笔画圆均,初具藏锋、裹锋、中锋的笔意,确定了篆书的运笔方法。它们的结体紧密、平正、凝重,已显示出严谨的规律性。在章法上,毛公鼎铭文大小错落、长短参差,散氏盘铭文严肃丰满、雄伟无匹,表现出圆浑沉郁、肃穆凝重的共同风格。

3. 石鼓文

石鼓文属大篆体系,是刻在石鼓上的籀文,是我国现有最早的石刻文字。石鼓共 10 件,分别记述秦国君游猎情况的四言诗一首,所以石鼓文也叫"猎碣"。

石鼓文书法用笔劲健凝重,笔画圆转,雄厚畅达,粗细均匀。结体平稳方正,匀称整齐而奇崛,有相对的规律性。章法上排列整齐,气韵生动。

石鼓文是秦系文字继承西周书法传统的划时代绝作,人称"小篆之祖"。

4. 小篆

小篆也叫秦篆,是由大篆衍变而成的一种书体。小篆的定型,不仅在文字改革上废除了秦以前的异体字,省去了古文字的繁复,使汉字变得简练和统一,而且笔画线条庄重优美,结字圆匀舒展,柔中带刚,俊健爽朗,具有很高的艺术性。流传下来的小篆书法以刻石最为有名,其中《泰山刻石》、《琅琊刻石》、《峄山刻石》(见图 8-3)等最为典型。

图 8-2　毛公鼎铭文

图 8-3　《峄山刻石》

二、隶书的特点与欣赏

隶书源于战国,孕育于秦,形成于汉,盛行于东汉,是由篆书简化、演变而成的。隶书有秦隶、汉隶之分。

1. 秦隶

秦隶是将篆书圆转的笔法改为方折的笔法,有蚕头雁尾和波磔出现,如《青川木牍》《睡虎地秦墓竹简》等作品。

2. 汉隶

汉隶在结体上多扁方或正方,在用笔上方圆兼施,变曲为直,变圆为方;蚕头雁尾,一波三折;中锋用笔,气势相连。隶书较之篆书,体形由修长变为扁方,笔画更加丰富多彩,有点、横、竖、撇、捺、钩、折等。

汉隶流派较多,可分如下三大类:

秀逸劲健类,有《曹全碑》(见图 8-4)、《乙瑛碑》和《礼器碑》等,此类隶书造型秀逸多姿,内紧外松,主用圆笔,波磔分明,结字偏扁。此类中《礼器碑》被誉为汉碑第一。

方正古拙类,有《张迁碑》《衡方碑》等,此类用笔多方,结构严谨,风格古拙,笔画多变化,骨力雄浑,气势磅礴,与秀逸型在艺术风格上形成鲜明的对照。

怪异奇特类,代表有《石门颂》(见图 8-5),其有隶中草书之称,用笔特殊,既不同于圆笔,也不同于方笔,行笔挥洒自如,大真率意,字形笔画变化多姿,结构松而不散,虚实得法,奇趣天成。

图 8-4 《曹全碑》

图 8-5 《石门颂》

三、楷书的特点与欣赏

楷书又称"正书"或称"真书",取其端正、标准之义,可作楷模,故称之为"楷"。楷书是由隶书演变而来的。东汉时期盛行隶书,有着强烈的装饰意味,如"蚕头雁尾""一波三磔",这些装饰手法,丰富了汉字的表现力,但同时也影响着汉字的流畅和实用性。到了东汉末年,隶书的用笔、结构开始走向多样化。魏晋南北朝时期,楷书摆脱隶书而形成新的字体。魏晋初期钟繇的《宣示表》最具代表性,横长竖短,结构略宽,偶见隶笔,如图8-6所示。楷书较之隶书在用笔上更为多变,隶有横、竖、捺之画,而楷有八法,即侧、弩、勒、策、掠、啄、磔、趯,较之隶书丰富而多变。

楷书风格大致有两类,一是魏楷,二是唐楷。魏楷指魏晋南北朝的碑刻而言,这一时期的楷书多刻于碑文之中,人们贯称"魏碑"。魏碑书体多方笔,转折处多用侧锋取势,造型外方内圆,形成雄浑、劲健、粗犷、凝重的书体风格,代表作品有《石夫人墓志》、《始平公造像记》、《石门铭》、《张猛龙碑》(见图8-7)等。

图8-6 《宣示表》

图8-7 《张猛龙碑》

楷书发展到唐朝为成熟时期,这一时期的作品称为"唐楷"。唐代重视书法教育,将书法作为国学,因此唐代楷书出现了空前绝后的繁荣与昌盛。此时,名家辈出,风格各异,其代表人物有欧阳询、虞世南、褚遂良、颜真卿、柳公权等(见图8-8至图8-11)。

图8-8 欧阳询的楷书

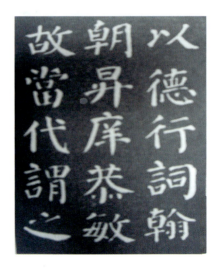
图8-9 颜真卿的楷书

图 8-10　柳公权的楷书

图 8-11　褚遂良的楷书

无论是魏碑,还是唐楷,都是上紧下疏、左紧右疏的结体特征,改变了隶书左右均等的结体方式,点画多变,形态各异,用笔骨力雄浑、险峻、健爽,其法度森严,给人以美的享受。

四、行书的特点与欣赏

行书始于东汉,成熟于晋唐。晋唐书法大家大都精熟行书并留下了极为宝贵的行书碑帖,成就最大、对后世影响最深的首推王羲之父子。王羲之的行书《兰亭序》(见图 8-12),其布局自然多变,神采飞扬,是王羲之的代表作。王羲之第七子王献之也是杰出的行书大家,其书法气势开张、雄健俊美,传世书迹有《鸭头丸帖》《地黄汤帖》《中秋帖》《廿九日帖》等。

图 8-12　《兰亭序》

除"二王"以外,唐代颜真卿,宋代苏轼、米芾、黄庭坚,明代文徵明、祝允明,清代王铎、郑板桥、赵之谦等都是行书大家。

《祭侄文稿》(见图 8-13)是唐代书法家颜真卿于唐乾元元年(758年)创作的行书纸本书法作品。此稿是在极度悲愤的情绪下书写的,不顾笔墨之工拙,故字随书家情绪起伏,纯是精神和平时功力的自然流露。这在整个书法史上都是不多见的。《祭侄文稿》是极具史料价值和艺术价值的墨迹原作之一。

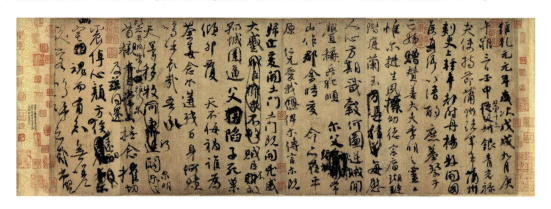

图 8-13 《祭侄文稿》

在结体上，《祭侄文稿》打破了晋唐以来结体茂密、字形稍长的娟秀飘逸之风，形成了一种开张的体势，结体宽博，平正奇险。

一是宽朗舒展，外紧内松。字中戈挑多不挑出，而作断竹一顿，如"岁、戊、戌、贼、我、残、哉"等字。这正是颜字内放外收的典型之处。

二是多横向展势，左右偏旁或相向，或相背，或同向。尤其是相对的边竖，变传统的内弧相背形为外弧相向形，显得疏密得体、相得益彰。此为颜体行书的创新之所在，亦是颜体阔达大度的结构特点之表现。

三是气势凛然，而寄寓着奇险。从《祭侄文稿》中我们会察觉到有些字的俯仰变化之大，而这种现象的出现也正应和了颜真卿内心的悲壮，在书写时情绪放任是造成这一现象的必然原因。

《黄州寒食诗帖》（见图 8-14）是苏轼行书的代表作，是苏轼在被贬黄州第三年的寒食节所发的人生之叹。通篇书法气势奔放，光彩照人，而无荒率之笔。《黄州寒食诗帖》在书法史上影响很大，被称为"天下第三行书"，也是苏轼书法作品中的上乘之作。正如黄庭坚在此诗后所作跋语："此书兼颜鲁公、杨少师、李西台笔意，试使东坡复为之，未必及此。"

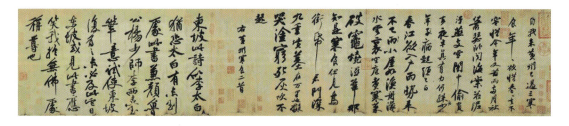

图 8-14 《黄州寒食诗帖》

《黄州寒食诗帖》彰显动势，洋溢着起伏的情绪。诗写得苍凉惆怅，书法也正是在这种心情和境况下有感而出的。通篇起伏跌宕，迅疾而稳健，痛快淋漓，一气呵成。苏轼将诗句心境情感的变化，寓于点画线条的变化中，或正锋，或侧锋，转换多变，顺手断联，浑然天成。其结字亦奇，或大或小，或疏或密，有轻有重，有宽有窄，参差错落，恣肆奇崛，变化万千。

五、草书的特点与欣赏

草书是笔画连绵，比行书更为简约放纵的一种书体，有章草、今草、狂草之分。

1. 章草

章草是隶书的草体，是将隶书写得草率、简洁而成，特点是字的独立而不连写，仍保留隶书笔法的形迹，笔画粗细变化较大，横画尾部往往写成捺脚，向右上方挑出，结构一般为左紧右松。

古代的章草作品已不多见，传世名作只存东汉张芝的章草刻本《秋凉平善帖》、三国吴皇象的章草刻本《急就章》（见图 8-15）及西晋索靖传世书迹《月仪帖》（见图 8-16）等。

图 8-15 《急就章》

图 8-16 《月仪帖》

2. 今草

今草也称小草，是相对于章草而言的一种草书体。今草始于东汉，成于魏晋，而魏晋的书家则是"二王"父子。"二王"的今草受张芝影响很大，其书法作品出现了字与字连写，流畅自然，神采飞动，有"龙跳天门，虎卧凤阙"之姿，已突破章草的藩篱，开今草之先河。王羲之的传世书作有《十七帖》、《初月帖》（见图 8-17）、《极寒帖》等，王献之有《想彼帖》《敬祖帖》等。

"二王"之后，草书名家辈出，流派纷呈，成就卓著。对后世影响较大的有以下书家：隋代智永，其《真草千字文》秀美多姿，令人寻味；唐代孙过庭，其作品《书谱》（见图 8-18）风格规整，点画时有侧势，结构端美合度；宋代黄庭坚，其《李白忆旧游诗草书卷》以侧险为势，以横逸为功，结体多变，美不胜收；宋代米芾草书，风神超迈，有"风樯阵马，沉着痛快"之评，传世书迹有《论草书帖》（见图 8-19）；元代鲜于枢、康里巎巎皆精草书，鲜于枢草书笔画朗秀劲利，字势清逸，抱合有致，其传世书迹有《杜甫魏将军歌》（见图 8-20）；明代祝允明，其书烂漫纵逸，劲健豪放，姿态百出；清代王铎草书笔势劲险雄快，讲究方圆曲直、轻重顿挫的变体，结字欹侧，借让巧妙，豪放不羁，多有奇趣，传世书迹有《豹奴帖》等；清代傅山、朱耷的草书柔中富刚，意趣天成，各具特点，亦为一代大家（见图 8-21）。

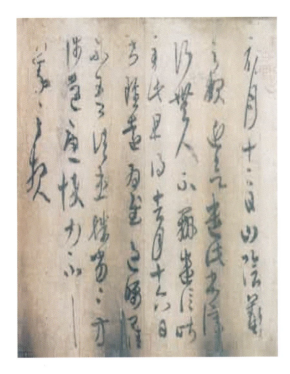

图 8-17 《初月帖》

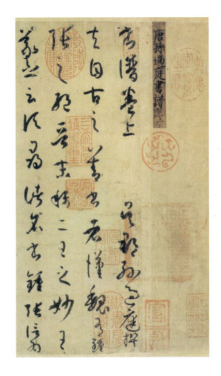

图 8-18 《书谱》

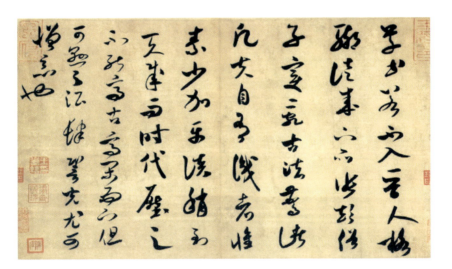

图 8-19 《论草书帖》

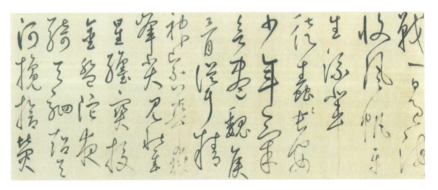

图 8-20 《杜甫魏将军歌》

图 8-21　草书七绝诗屏（傅山）

3. 狂草

狂草是今草发展到极端的产物，相传狂草为唐张旭所创，后人称张旭为"草圣"。狂草的特点是突破了今草的规范，夸张了今草的结构体势，运笔连续不断，起伏跌宕，奔放豪爽，纵情发挥，大开大合，富于变化，故最易宣泄情感，也最具艺术感染力。图 8-22 所示的《古诗四帖》就是张旭的狂草作品，图 8-23 所示的《自叙帖》是唐书法家怀素的草书。

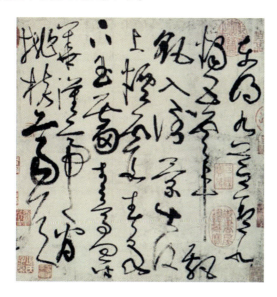

图 8-22　《古诗四帖》

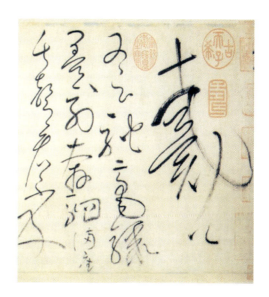

图 8-23　《自叙帖》

总之，草书是一种比行书更流动、更加奔放的字体。其共同特点是在艺术上采用夸张的手法，使点画连绵不断，运笔更具节奏感。与行书相比，草书书写速度和节奏更快，起伏更大，点画呼应更明显，更流畅，从而更能表现浪漫气息和丰富的情感，是一种高雅书体，具有很高的欣赏价值和艺术魅力。

小结

创作书法作品是为了供人们欣赏,而欣赏是要讲究方式方法的。只有掌握了欣赏的规律、标准和方法,才能正确地、客观地进行书法欣赏。本章对书法欣赏的规律、原则和方法进行了一般性的阐述和讲解。书法之美体现在点画美、结构美、章法美、气韵美等方面。书法欣赏要由面到点、由点到面,视静为动、展开联想。书体的类型有篆书、隶书、楷书、行书、草书等。了解各类书体的特点,有助于我们欣赏书法艺术作品时获得愉悦的、深厚的美感。

第九章
音乐艺术欣赏

> **学习目标**

通过本章的学习,掌握声乐艺术的表演形式及其体裁、器乐艺术的演奏乐器及其体裁;重点掌握音乐艺术的主要特征;了解音乐的起源和音乐的审美培养方法;了解中外具有代表性的音乐家和音乐作品。

第一节 音乐的起源及类别

一、音乐的起源

音乐是通过声波振动,在时间中展现,用以表达人们思想感情、反映社会现实生活的艺术门类。在今天,音乐已经成为人类精神生活中重要的组成部分。然而对音乐究竟是怎样产生的,在认识上却一直存在着模糊、不够全面的问题。众多的音乐起源观,如音乐起源于劳动、求爱、模仿、巫术等单源之说都给人们的认识以极大的影响。对音乐的起源这一问题,古今中外有不少学者进行了大量的探求,然而观点各异,莫衷一是,现列举如下。

1. 情感表达说

情感表达说认为音乐的产生与人类的情感表达密不可分。如以"进化论"而闻名于世的英国生物学家达尔文认为音乐起源于人类的异性求爱,我国春秋战国时期公孙尼子所著的音乐美学论著《乐记》也认为音乐是人的心灵中产生的,音乐歌舞产生本源在于人的心灵受到外界事物的影响,在于情感的表达。

2. 劳动起源说

劳动起源说认为音乐产生于人类的劳动,认为劳动促使了人的肢体、器官和大脑的进化,为音乐的产生创造了必需的客观条件,同时劳动实践本身给予音乐以内容,其动作和呼声给予音乐以节奏和音调。如德国经济学者布赫在其著作《劳动与节奏》中,系统地收集了希腊从古至今的歌谣及南洋原始民族的各种劳动歌曲287首,来研究劳动与节奏的关系,将音乐起源归结于原始社会的集体劳动中为了求得统一所产生的节奏。

3. 模拟自然说

模拟自然说认为音乐产生于远古时期人类对大自然的模仿。如英国音乐出版家罗威斯特认为自然界有许多声音,如虫鸣声、鸟叫声、风声、流水声等,人类对这些自然声响进行模仿并从中得到灵感而创造了人类的音乐。我国古代也曾有此观点,如《吕氏春秋·古乐篇》载"伶伦……听凤凰之鸣,以别十二律"及"质乃效山林溪谷之音以歌",都认为音乐产生于人类对自然界声响的模仿。

4. 巫术起源说

巫术起源说认为音乐产生于原始民族的宗教——巫术。如我国近代著名学者王国维认为"歌舞之兴,其始于古之巫乎"。

此外，对音乐的起源还有生性本能说、语言抑扬说、信息传递说及游戏说等。

音乐大约产生于人类有了语言，但尚无文字的时期。通常认为音乐的起源与人类早期的生产劳动密切相关。当时的劳动环境恶劣，生产工具原始，原始人只能以集体劳动的方式谋求生存。人们在劳动中为了协调动作而发出"哼哟"之声，这"哼哟"在当时不啻是一支动听的歌。伴随着"哼哟"的发展，逐渐形成了具有一定的高低、强弱和间歇的呼喊，成为最早的劳动号子。应该说，从此便有了音乐，因为劳动号子是民歌的"开山祖"，虽然简单，却表达了当时人们一定的思维活动和朴素的感情，而且具有音乐的基本特征。同时，人类早期的乐器大都是由劳动工具演化而来的。据考古学家分析，我国的古代乐器就起源于劳动工具，像磬和石刀、琴和弓弦、钟和犁铧等就有着亲近的"血缘"关系。

因此，对于音乐这门古老的艺术的起源虽然有种种说法，但普遍比较认可的观点是起源于劳动。

二、音乐的类别

音乐发展到现在，已经成为一门内容丰富多彩、形式千变万化、种类繁多的，表达人们审美感情、反映社会现实生活的艺术。它的类别，如果按地域来分，可分为中国音乐和外国音乐；如果按时代来分，可分为古典音乐和现代音乐；如果按创作者来分，有人民群众创作的民间音乐和专业音乐工作者创作的艺术音乐；如果按使用工具来分，可分为声乐和器乐；如果按有无标题来分，可分为标题音乐和无标题音乐等。每一类音乐又可以再分为若干小的类别。比如，声乐就可以以歌唱者组合的情况分为独唱、重唱、合唱等。当然，这些分类，都是以音乐的某一具体特征为依据的。实际上，如果综合考虑音乐的内容、题材、情趣、格调、表现方式等方面的特征，则可将其分为通俗音乐和严肃音乐两种。通俗音乐，指那些清新、明快、优美、活泼、具有娱乐性的音乐。它的范围十分广泛，包括那些在人民大众中产生、流传，并得到再创造的民间音乐，以及音乐工作者创作的曲调流畅、节奏轻松、语言通俗易懂的"轻音乐"作品。严肃音乐，指那些内容比较严肃、题材比较重大、情趣格调庄重、表现形式又比较复杂的音乐作品，包括交响乐、室内乐、大合唱等。

下面重点谈谈按使用工具来分的声乐艺术与器乐艺术。

（一）声乐艺术

1. 中国民歌体裁

（1）民歌的概念。

民歌是一综合词，它有广义和狭义之分：广义讲，泛指民众口头创作中所有的韵文作品；狭义讲，则是指民歌、民谣、小调等短小的、抒情成分较重的作品，而不包括长篇和叙事诗在内。我国现见最古老的一部民歌集是《诗经》，它反映了从西周到春秋中叶五百年间，十五个地区繁杂的社会生活，以及劳动人民多方面的生活状况。

（2）民歌的特点。

我国民歌的主要特点，一是音乐语言、艺术形式及其手法简明和简练，善于运用经济的材料、精练的手法和音调语言，创造出准确生动的音乐形象；二是它的表现手法、艺术技巧丰富。

山西民歌《交城山》（见图9-1）是深受群众喜爱的一首民歌，歌声从徵音区开始，全曲除了第二小节外，其徵音均在抢拍上进行。前六小节的曲调是按照节拍单位一起一落进行的,跳动幅度大。这种写法适合表现坚定自豪、欢欣鼓舞、信心百倍的感情。第七小节曲调很顺畅地落到低音区,语言亲切,感情深厚,进一步增加了歌曲的感情。

图 9-1　山西民歌《交城山》

(3) 民歌的分类。

劳动号子:劳动号子也叫号子,所谓号子就是指劳动歌曲。它是劳动人民在劳动过程中创造出来的,是直接配合劳动的歌曲。在劳动生产过程中主要起组织劳动、指挥劳动、鼓舞劳动者情绪、调节劳动者精神的作用,也是劳动人民对其强烈生活气息和精神面貌的再现。在民歌中,劳动号子占有重要地位,是民歌音调中最早的根源和基础之一。

山歌:山歌是劳动人民在山野劳动、生活中抒发内心思想感情的一种抒情小曲。山歌的作用不仅是消愁助兴、自娱自乐,而且表达了劳动者对丑恶现象的憎恨及对自然、对生活、对美好事物的赞颂和向往。山歌的歌词一般为即兴创作,内容题材极为广泛,看山唱山,看水唱水,边唱边想,随意性很强,歌唱青年男女纯真爱情的题材尤为多见,颇具特色。

山歌的节奏自由舒展,有字密腔长的特点,开头处常用"哎""呀""来"等衬词拉开节奏,结尾时常用甩腔。山歌分为高腔山歌、平腔山歌、短腔山歌三种类型。流传的山歌有四川的《槐花几时开》、云南的《小河淌水》(见图9-2)、陕西的《兰花花》和《三十里铺》等。

小调:小调是我国民歌数量最多的一类,应用范围极为广泛。小调不像号子那样受劳动场景的限制,不像有的山歌那样要宽广的嗓音,因此其群众基础扎实,通俗流行性强,传播甚广,经民间艺人不断演唱加工,艺术性日益成熟。由于小调表现的题材渗透到社会的各个角落,大到政治事件,小到民俗风情,因而在丰富社会生活、拓宽思路、传递信息等方面都起到积极作用。

小调的歌词比较固定,并有一定格律,每段歌词字数大体相同,常借"十想""四季""十二月"等固定格式

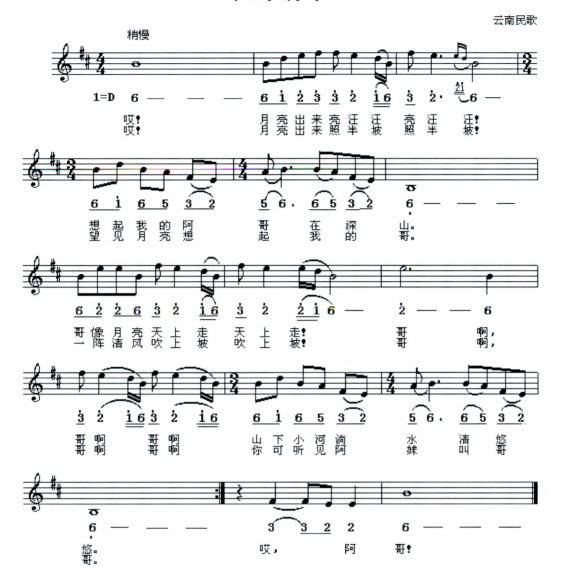

图 9-2　云南民歌《小河淌水》

来叙述主题思想;以分节歌为基本结构,衬词为原样重复,形成了规整、对称原则。小调节奏匀称,韵律平衡,旋律流畅、细腻、委婉。小调的演唱形式以独唱为主,配以二胡、琵琶等乐器伴奏。流传广泛的小调有江苏的《孟姜女》、河北的《小白菜》、江苏的《茉莉花》(见图 9-3)、陕北的《走西口》等。

2. 中外声乐体裁

（1）一般声乐体裁。

① 抒情歌曲,是一种速度适中、节奏舒展、旋律优美的歌曲。它所表现的题材内容非常广泛,既能表达对祖国大好山河的无限颂扬,又可抒发对故乡、亲人的爱恋之情;既可表达各族人民团结,为建设祖国而拼搏的精神风貌,又可表达对人生的信念、理想的追求和探索。抒情歌曲往往以第一人称的感情叙说,篇幅上比民歌稍大,可分为两种风格类型。一种不带明显民族个性特点,唱法上表现为美声唱法。这类歌曲有《教我如何不想她》(赵元任曲)、《松花江上》(张寒晖词曲)、《我爱你,中国》(郑秋枫曲)等。另一种是带有明显

图 9-3　江苏民歌《茉莉花》

民族个性特点的抒情歌曲,在唱法上一般表现为美声和民族唱法结合或纯民族唱法。这类歌曲有《谁不说俺家乡好》(吕其明等词曲)、《人说山西好风光》(张棣昌曲)等。抒情歌曲在声乐作品中占有很大比例,成为声乐作品的主体。

② 叙事歌曲,是一种具有叙事特性的歌曲。它的主要特点是在歌词内容上具有一定的情节性和叙事性,曲调与词的朗诵音调结合紧密,具有口语化特点。这类歌曲有《听妈妈讲那过去的事情》(瞿希贤曲)、《歌唱二小放牛郎》(李劫夫曲)等。

③ 队列歌曲,是以群集性与行进性为主要特征的歌曲。节奏简明有力、强弱分明,结构对称,旋律朗朗上口,音域不宜过宽,速度一般较快。这类歌曲具有群众易唱的特点,给人以朝气蓬勃、奋进向上的精神影响,如《义勇军进行曲》(聂耳曲)、《歌唱祖国》(王莘词曲)、《我们走在大路上》(李劫夫词曲)、《喀秋莎》(苏联勃兰切尔曲)等。

④ 劳动歌曲,是伴随劳动节奏演唱的歌曲,一般以劳动内容和劳动情绪为题材,表现劳动场面的热烈气氛或表现劳动者各种情绪,与民歌中的号子有相同作用。这类歌曲有《码头工人歌》(聂耳曲)、《采茶舞曲》(周大风词曲)等。

⑤ 诙谐歌曲,是音乐形象具有幽默情趣的歌曲。歌词幽默而风趣,音乐妙趣横生,具有说唱音乐的风格,比喻生动,形象鲜明,表演风趣。这类歌曲有《三个和尚没水喝》(孙凯曲)、《不老的爸爸》,以及西班牙歌

曲《幸福拍手歌》和穆索尔斯基作曲的不朽作品《跳蚤之歌》等。

⑥ 歌舞曲,是一种适宜于载歌载舞、具有幽默情趣的歌曲。它节奏鲜明,富有舞蹈的律感特点,音乐情绪往往欢快奔放,生活气息浓郁,抒情的旋律中体现出热情、欢畅的情绪。歌舞曲在青海、西藏、新疆、云南等少数民族地区较常见。如北方广泛流行的传统小调《对花》、根据青海民歌《四季调》改编的《花儿与少年》、维吾尔族民歌《新疆是个好地方》和藏族风格的《洗衣歌》(李俊琛词、罗念一曲)等。

⑦ 摇篮曲,也叫催眠曲,原是母亲在摇篮旁催婴儿入睡而哼唱的歌曲,后逐渐发展成为一种专门的音乐体裁。其节奏徐缓平稳,旋律优美流畅,常表现出母亲对婴儿的亲昵,以及哄孩子入睡的自由哼鸣。著名歌曲有舒伯特的《摇篮曲》,中国歌曲有郑建春根据东北民歌改编的《摇篮曲》等。

⑧ 校园歌曲,从严格意义上说是表现校园学生生活、适合大学生特点的歌曲。20世纪70年代,港台歌曲纷纷传入内地,其中有一些轻快的、内容较健康的歌曲在大学校园流传。近年来,很多大学生自己作词作曲并伴有吉他弹唱,抒发大学生精神情怀,形成了校园歌曲的基本特征。校园歌曲一般有轻松活泼、蓬勃向上、短小精悍、易于上口和传唱的特点。应该说校园歌曲源于社会歌曲,但格调上应高于社会歌曲,内容上以歌颂大学生蓬勃向上的精神,并且贴近学习生活为主,曲调上洋溢着高尚与淳朴感,能体现校园歌曲特有风格。目前原创校园歌曲不多,正处于发展阶段,校园里更多还是演唱社会上流行的歌曲。因此,音乐工作者有责任为大学校园写出适合大学生特点的优秀歌曲,使校园歌曲朝着健康方向发展。

⑨ 通俗歌曲与流行歌曲,是民众易懂、易唱的歌曲。这约定俗成的概念在中国广泛引用是在20世纪70年代初期。改革开放以来,随着港、澳、台地区音乐的不断引入和音乐创作的不断繁荣,出现了一大批雅俗共赏的优秀歌曲,形成了通俗歌曲的大舞台。一般来说,大部分通俗歌曲结构短小而方正,民族气息浓郁,与艺术歌曲一样有经久不衰的特点。中国歌曲如《秋水伊人》(贺绿汀词曲)、《难忘今宵》(王酩曲)、《烛光里的妈妈》(谷建芬曲)等,外国歌曲如苏联歌曲《莫斯科郊外的晚上》(见图9-4)、《小路》和美国歌曲《铃儿响叮当》等。

流行歌曲是区别于艺术歌曲,在群众中特别是在青年人中广为传唱的歌曲。它属于通俗歌曲的分支,英文意思有大众的、人民的、普及的、通俗的、流行的、廉价的等多种解释。流行歌曲的内容表现题材较为广泛,但以歌颂爱情、友谊居多,在音乐结构上以简明、易于普及为特性,在音乐节奏上很多歌曲都以休止符、切分音为标志,在旋律上更倾向于口语化。流行歌曲与通俗歌曲有很多相近之处,很难严格区分,但其中有个时间概念可以把握。一般来说,通俗歌曲更经得起时间考验,有的作品流传了几个世纪,仍然受人青睐;相形之下,流行歌曲更接近于个人感受,加之新闻媒体的作用,在青年人中更易于流传。

现代的流行歌曲创作,并不像有些理论家所认为是脱离生活、脱离传统、脱离民间土壤的,相反从传统音乐中吸取了许多有用的东西。现在港台流行歌曲不仅在旋律上运用了民族调式,在伴奏乐器上也有了变化,不仅使用电声乐器,而且融入了中国传统乐器,如古筝、二胡、竹笛等,尤其在前奏、间奏中使用较多,使得流行歌曲具有浓郁的民族风格,成为老、中、青都喜爱的歌曲。如目前舞台上较为活跃的"流行音乐小天王"周杰伦,其演唱的《青花瓷》《东风破》《菊花台》等曲目很好地融入了浓郁的民族风格。流行与民族风相结合是被大众一致认可的,更有目前深受观众喜爱的"英伦组合"(著名歌唱家宋祖英和流行音乐小天王周杰伦的组合)。

⑩ 艺术歌曲,是一种主要区别于民谣的专业性创作歌曲,19世纪起源于德国。它以结构严谨、格调高雅、寓意深刻、节奏宽广、旋律大气为其特点。中国作品在内容上多以讴歌祖国大好河山、祖国的繁荣富强及抒发高尚的精神情怀为题材,唱法上采用纯美声唱法或美声与民族相结合的唱法,这一点是区分艺术歌曲与其他歌曲类型的重要标志之一。艺术歌曲与抒情歌曲有相近之处。艺术歌曲演唱者必须通过专业训练才能达到相应的艺术境界。这类歌曲除中外歌剧唱段外,中国歌曲如《黄河颂》和《黄河怨》(冼星海曲)、

图 9-4　苏联歌曲《莫斯科郊外的晚上》

《长江之歌》(王世光曲)、《祖国,慈祥的母亲》(陆在易曲)、《多情的土地》(施光南曲),外国歌曲如俄罗斯歌曲《三套车》以及意大利歌曲《我的太阳》《重归苏莲托》《负心人》等。

⑪ 牧歌,是欧洲文艺复兴时期的一种世俗歌曲。14 世纪作的牧歌由田园风格的独唱歌曲演变而成,仅一两个声部作为伴奏。歌词多以爱情或自然为题材。16 世纪牧歌在意大利盛行,这时的牧歌已与 14 世纪的牧歌没有直接联系,而是以意大利家喻户晓的两种民谣"弗罗托拉"和"维兰奈拉"为基础发展而成,已构成五六个声部的合唱曲。其和声丰满而清新,节奏多样,主调突出,各种音程运用自如,表现了细腻和深刻的思想内涵,形成了意大利牧歌的风格。其抒情性和戏剧性为以后的抒情歌曲、戏剧音乐奠定了基础。

(2) 大型声乐体裁。

① 声乐套曲。

声乐套曲是大型声乐体裁,由数首歌曲编辑在一起组成,内容可相同也可相对比,其性格和速度各异。

② 咏叹调。

咏叹调又称"咏唱",原意是一种高难度的抒情独唱曲。起源于 17 世纪初叶,最初是意大利的歌剧、清唱剧中常以歌谣体裁出现的独唱曲,通常篇幅较大,且富于戏剧性。其特点是声乐部分包含高难度艺术技巧,旋律起伏大,歌曲结尾常采用华彩段,致力于音乐上的独立发挥,是典型的美声唱法。著名咏叹调有莫扎特的歌剧《费加罗的婚礼》第一幕费加罗演唱的《你再不要去做情郎》、普契尼的歌剧《蝴蝶夫人》第二幕巧巧桑演唱的《晴朗的一天》等。

③ 大合唱。

大合唱属于多乐章的声乐套曲,起源于欧洲 17 世纪,由独唱、齐唱、对唱、重唱、混声四部合唱(有时穿插朗诵词)所组成。其内容富于戏剧性或史诗性,气势磅礴,表现力极为丰富。

④ 清唱剧。

大型声乐套曲,又称"神剧""圣剧"。16 世纪末起源于罗马,最初以《圣经》故事为题材,形式与歌剧相似,但无音乐以外的表演动作。17 世纪中期开始发展成为在音乐会上演出的声乐作品并以合唱为主。著名作品有海顿的《创世纪》等,中国作品有《长恨歌》(黄自曲)等。

⑤ 康塔塔。

大型多乐章声乐套曲,近似于现代的大合唱。17 世纪起源于意大利,最初以情歌为主,用于独唱或数字低音的伴奏。17 世纪中期传入德国后发展成为一种包括独唱、重唱、合唱的声乐套曲。其内容偏于抒情,故事情节简单,多取材于世俗生活或《圣经》。18 世纪后期,康塔塔指宗教的或世俗的合唱作品,不一定包含独唱,以乐队伴奏,类似小型清唱剧。

⑥ 赞美(歌)诗。

赞美诗属宗教歌曲,是在教会以管风琴伴奏的合唱曲。以《圣经》或其他教会文字为歌词,曲调上简明、对称、方正,演唱上多采用无颤音的直声唱法,给人一种至高无上的神圣感。其中包含独唱的称为"独唱赞美歌",无独唱的称为"合唱赞美歌"。

3. 声乐艺术的表演形式

我们主要从表演的角度将声乐演唱形式分为以下几种。

① 独唱:由一人进行的演唱形式。按音色分为男声独唱、女声独唱、童声独唱等;按音域和音色性质分为男高音独唱、男中音独唱、男低音独唱、女高音独唱、女中音独唱、女低音独唱等。

② 重唱:多声部声乐作品,且每个声部由一人担任的演唱形式。按声部组合和人数可分为男女声二重唱、女声二重唱、女声三重唱、男声四重唱、混合唱等。

③ 对唱:由两人或分组进行单声部对答性质的表演形式。按音色分为男声对唱、女声对唱、男女声对唱等,人数不限。

④ 齐唱:多人同唱一个声部的演唱形式。按音色可分为男声齐唱、女声齐唱、男女混声齐唱、童声齐唱等。

⑤ 小合唱:10 人左右同唱一个声部或分唱几个声部的演唱形式,又可称"小组唱""表演唱"。按音色可分为男声小合唱、女声小合唱等。演唱时可带有简单的表演动作。

⑥ 合唱:十几个人至上万人的多声部演唱形式。按音色可分为男声合唱、女声合唱、混声合唱及童声合唱等。

(二) 器乐艺术

用乐器演奏的音乐叫器乐。器乐是以乐器为物质基础,借助乐器的性能特征,结合演奏技巧的应用,表现一定情绪与意境的音乐作品。器乐是相对于声乐而言的,完全用乐器演奏而不用人声或人声处于附属地位的音乐。演奏的乐器可以包括所有种类的弦乐器、木管乐器、铜管乐器和打击乐器。有的器乐曲也应用部分人声,一般没有歌词,例如贝多芬写作的《第九交响曲》中也加入合唱部分《欢乐颂》,但总的来说交响曲属于器乐而不属于声乐。另外像人声演奏的口哨、哼唱等也经常被加入器乐曲中以增加某些效果。如果按照体裁的不同,器乐可分为独奏、齐奏、重奏、交响曲、协奏曲、奏鸣曲、组曲等。

1. 演奏的乐器

(1) 弦乐器,是乐器家族内的一个重要分支,在古典音乐乃至现代轻音乐中,几乎所有的抒情旋律都由弦乐声部来演奏。柔美、动听是所有弦乐器的共同特征。弦乐器的音色统一,有多层次的表现力:合奏时澎湃激昂,独奏时温柔婉约;又因为丰富多变的弓法(颤、碎、拨、跳等)而具有灵动的色彩。弦乐器是依靠机械力量使张紧的弦线振动发音,故发音音量受到一定限制。弦乐器通常用不同的弦演奏不同的音,有时则需运用手指按弦来改变弦长,从而达到改变音高的目的。弦乐器从其发音方式上来说,主要分为弓拉弦鸣乐器(如提琴类)和弹拨弦鸣乐器(如吉他)。弓拉弦鸣乐器有小提琴(violin)、中提琴(viola)、大提琴(cello)、倍低音提琴(double bass)、二胡等;弹拨弦鸣乐器有竖琴(harp)、吉他(guitar)、电吉他(electric guitar)、电贝斯(electric bass)、古琴、琵琶、古筝等(见图9-5)。

小提琴　　　　　　　　　　竖琴　　　　　　　　　　古筝

图 9-5　弦乐器

(2) 木管乐器,包括长笛、双簧管、单簧管、排箫和低音管,它们都有一个可以吹出空气的中空管子。木管乐器的得名是由于它们起初都是木制的,但是现在许多木管乐器也用金属和塑料制造。

木管乐器靠气流振动来发声,一般有两种振动方式。如果是最简单的木管乐器,当往里面吹气时,进入和通过吹孔的空气会撞击管子中的一些部位,并促使空气振动从而发出声音。如果是其他木管乐器,它们都有簧片,进入吹孔的空气使簧片振动,并引起簧片下面的管内的空气振动,声音就这样发出来了。

木管乐器起源很早,从民间的牧笛、芦笛等演变而来。木管乐器是乐器家族中音色最为丰富的一族,常被用来表现大自然和乡村生活的情景。在交响乐队中,不论是作为伴奏还是用于独奏,都有其特殊的韵味,是交响乐队的重要组成部分。木管乐器大多通过空气振动来产生乐音,根据发声方式,大致可分为唇鸣类(如长笛等)和簧鸣类(如单簧管等)。木管乐器的材料并不限于木质,同样有选用金属、塑料或是动物骨头等材质的。它们的音色各异、特色鲜明。从优美亮丽到深沉阴郁,应有尽有。正因如此,在乐队中,木管乐器常善于塑造各种惟妙惟肖的音乐形象,大大丰富了管弦乐的效果。木管乐器有长笛(flute)、短笛(piccolo)、单簧管(clarinet)、双簧管(oboe)、大管(bassoon)、萨克斯管(saxophone)、口琴(harmonica)、笛子、笙、唢呐、箫等(见图9-6)。

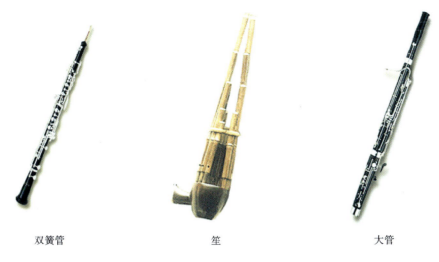

| 双簧管 | 笙 | 大管 |

图 9-6　木管乐器

(3) 铜管乐器(brass instrument),是一种将气流吹进吹嘴之后,造成嘴唇振动的乐器。它们也被称为"labrosones",字面上的意思是"嘴唇振动的乐器"(baines)。要在按键乐器上改变音高,有两个方法能够办到:其一,压下按键,改变管子的长度;其二,演奏者所吹出的气流改变嘴唇的振动频率。多数人认为,被称为铜管乐器,应该是由乐器所发出的声音来决定,而不管乐器是否由金属做成。因此,有的时候会发现用木头制成的铜管乐器,像山笛、角笛以及蛇形大号;也有许多木管乐器是由金属做成,例如萨克斯管。铜管乐器的前身大多是军号和狩猎时用的号角。在早期的交响乐中使用铜管乐器的数量不大。在很长一段时期里,交响乐队中只用两只圆号,有时增加一只小号。到 19 世纪上半叶,铜管乐器才在交响乐队中被广泛使用。铜管乐器的发音方式与木管乐器不同,它们不是通过缩短管内的空气柱来改变音高,而是依靠演奏者唇部的气压变化与乐器本身接通附加管的方法来改变音高。所有铜管乐器都装有形状相似的圆柱形号嘴,管身都呈长圆锥形状。铜管乐器的音色特点是雄壮、辉煌、热烈,虽然音质各具特色,但宏大、宽广的音量为铜管乐器的共同特点,这是其他类别的乐器所望尘莫及的。铜管乐器有小号(trumpet)、短号(cornet)、长号(trombone)、圆号(French horn)、大号(tuba)等(见图 9-7)。

| 小号 | 短号 | 圆号 |

图 9-7　铜管乐器

(4) 打击乐器,也叫敲击乐器,是指敲打乐器本体而发出声音的乐器。其中有些有固定音高,如云锣、编钟等；还有一些无固定音高,如拍板、梆子、板鼓、腰鼓、铃鼓等。若根据打击乐器不同的发音体来区分,可分为两类：革鸣乐器,也叫膜鸣乐器,就是通过敲打蒙在乐器上的皮膜或革膜而发声的乐器,如各种鼓类乐器；体鸣乐器,就是通过敲打乐器本体而发声的乐器,如钟、木鱼及各种锣、钹、铃等(见图9-8)。

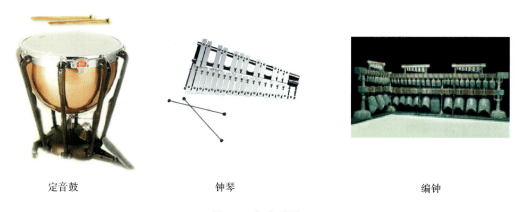

定音鼓　　　　　　　　　钟琴　　　　　　　　　编钟

图9-8　打击乐器

大多数打击乐器有一个确定的音,甚至连鼓的音也是确定的。但一般来说,打击乐器的分类是看一个乐器是否有一个确定的音高。定音鼓、木琴、马林巴、颤音琴、铃、管钟、古钹和钟琴都有一定的音高。小鼓、大鼓、沙槌、响板、响棒、牛铃、吊钹、齿轮刮响器、勺、木鱼、嗵嗵鼓、蒂姆巴尔鼓、三角铁、擦衣板、鞭、南梆子一般没有确定的音高。但也有些打击乐器手在录唱片或演奏特别的作品前确定他们的鼓的音高。锣分为有确定音高的和没有确定音高的两种,西方的锣一般没有确定的音高。吊钹也有确定音高的,但很少见。

2. 器乐体裁

(1) 独奏。

独奏是由一个人演奏的器乐作品,根据使用乐器的不同再做进一步划分,如钢琴独奏、小提琴独奏、二胡独奏、琵琶独奏,等等。

(2) 齐奏。

齐奏是多人演奏的单声部器乐,如二胡齐奏、小提琴齐奏、民乐齐奏等。

(3) 重奏。

重奏是多声部的乐曲及其演奏形式,每个声部均由一人担负。根据乐曲的声部数目,可分为二重奏、三重奏、四重奏以至七重奏、八重奏。根据使用乐器的不同,又可进一步划分,如弦乐四重奏、管乐四重奏等。弦乐四重奏是最常见的重奏形式,一般由两把小提琴、一把中提琴和一把大提琴组成。

(4) 交响曲。

交响曲是充分发挥各种乐器的功能和表现力的大型乐曲。古典交响曲形式确立于18世纪。典型的古典交响曲的结构形式是四个乐章,第一乐章为快板,第二乐章为慢板或稍慢,第三乐章为快板或稍快,第四乐章为终曲。19世纪的交响曲进入浪漫主义时期,内容、形式和技巧有了很大的发展。20世纪的交响曲更加致力于探索和创新,呈现多元化发展的趋势。

(5) 协奏曲。

协奏曲是一件或几件乐器的独奏与管弦乐队的演奏相配合的大型乐曲,一般以独奏乐器而定名,如钢琴协奏曲、小提琴协奏曲,等等。

(6) 奏鸣曲。

奏鸣曲是由三个或四个乐章构成的大型乐曲,可以由钢琴独奏,也可以由一件其他乐器与钢琴合奏。

（7）组曲。

组曲是几个相对独立的乐曲根据统一的构思组织成的器乐套曲,例如由舞蹈音乐或电影音乐编创而成的组曲等。

第二节 音乐艺术的特征

音乐,以它独特的艺术美装点着人们的生活,使生活更富有情趣和意义。中国著名的音乐家冼星海说:"音乐,是人生最大的快乐;音乐,是生活中的一股清泉;音乐,是陶冶性情的熔炉。"生活,需要音乐。

有这样一个动人的故事更能说明音乐的魅力。德国音乐家梅耶贝尔(1791—1864年)与妻子发生了口角,为了不使争吵扩大,音乐家强忍着愤怒,弹起了钢琴。他弹的是波兰著名音乐家肖邦的夜曲。那美妙的旋律和节奏,使他逐渐平静下来,慢慢沉浸在诗一般的境界中。妻子也慢慢被乐曲所打动,她轻轻走近钢琴,也沉浸在美妙的乐曲中。两颗心,在音乐的吸引下渐渐靠拢。终于,他们热泪盈眶地拥抱在一起……

难怪贝多芬说:"音乐,有人将它比作花朵,因为它铺满在人生的道路上,散发出不绝的芬芳,把生活装饰得更美。"捷克著名诗人伏契克热烈称颂音乐说:"生活里没有歌唱,就像没有阳光。"

音乐之所以如此受到人们的推崇,与它所具有的独特审美特征是分不开的。

一、音响美和旋律美

音乐使用的物质材料,是由物体振动所发出的音响,是音响的艺术,因此也只能诉诸听觉。作为艺术,音乐所需要的不是一般的自然音响,而是具有确定音高的符合规范的乐音。各种不同音高的乐音,按照一定的意图并遵循一定的规律组织起来,才能成为音乐作品。

音乐艺术的实体是乐曲。乐曲由旋律、节奏和调式、曲式、和声、复调等要素构成。

1. 音响美

音乐的物质材料是悦耳的音响,是美的声波。这声波是流动的,它既没有语言的语文性,也不具备颜料、色彩等材料的造型性,不能够形成看得见、摸得着、可以再现客观事物的具体的艺术形象和抽象的概念。它只具有时间上的持续性和变动性,而不具有空间性。

音乐,有着动人心魄的音响美:清脆美,声如裂帛;高亢美,响遏行云;纤弱美,莺语蝶舞;浑厚美,黄钟大吕;流利美,溪水潺潺;连腔美,珠圆玉润;婉转美,余音绕梁。中国抗日战争时期的《大刀进行曲》,音调高昂,气势豪壮,犹如火山爆发;而《长城谣》则苍凉悲壮,质朴自然,感情深切而不缠绵。

2. 旋律美

旋律也称曲调,是音乐最有表现力的因素。19世纪俄国作曲家和音乐评论家谢洛夫曾经指出:音乐的"主要魅力、主要的诱人力量就在旋律中"。这个结论是具有代表性的。旋律因此也常常被看作是音乐的灵魂。旋律是一系列乐音的创造性构成,乐曲的情感和形象特征主要由旋律来确定。旋律是比较单纯的单声部音乐。它可以是单声部乐曲的整体,如在独唱、独奏和齐唱、齐奏中,旋律贯穿于整个乐曲的始终;它也可以是多声部乐曲的主要声部。比较复杂的乐曲中,旋律可以按照重复、变奏、展开、对比这样几种方式进行发展。

旋律离不开节奏。节奏是组织音响的必要手段,也是情感表达的重要因素。在特殊的音乐形式和技巧中,节奏也可能被不同程度地淡化。进行曲、舞曲和现代一部分通俗音乐中,节奏表现得特别鲜明或突出。节奏不同于节拍,而是节拍、速度、音符时值的长短、重音的位置、休止等几个因素相结合而成的。节拍也称拍子,表现乐曲中一定单位长度(一小节)的时值和强弱关系,如通常所说的二拍子、三拍子、四拍子等。不同乐曲中的节奏所表现出来的不同特征,称为节奏型。例如进行曲、舞曲的节奏型,节奏比较鲜明;爵士乐的节奏型比较独特。节奏是音乐中出现最早的因素。原始的音乐可能只有节奏;民间打击乐所依赖的也基本上是节奏。

旋律通常体现出一定的调式特征。调式是乐曲中以一个音为中心而形成的音响体系,其他音围绕这个中心音来展开,而且不断地回到这个中心,有一种凝聚感或循环感。各种调式都有自己独特的表现力,如大调一般表现得比较明朗雄壮,小调比较淡雅柔和。现代的无调性音乐则采用不建立主音而取消调式特点的手法。

旋律是按照一定曲式结构进行的。曲式是音乐作品的结构方式,由作品的内容决定。乐段结构是最小规模的曲式结构,短小的群众歌曲、舞曲等,多采用这种结构。其他小型结构还有单二部式和单三部式。中型和大型曲式有复二部式、复三部式以及变奏曲式、回旋曲式、奏鸣曲式、套曲曲式等。

旋律还可以得到和声、复调等手法的配合,以便丰富色彩和提高表现力。和声是两个以上不同的音按一定法则同时发声构成的音响组合。复调是几个声部按照对位法则结合。

二、抒情美

在学术领域,人们很早就注意到了音乐与情感的内在联系。成书于汉代的《毛诗序》说:"情发于声,声成文谓之音。"指出音乐中的声音,是由感情生发出来的。在西方,古代艺术理论虽然崇尚模仿说,强调艺术是对客观事物的再现,但是3世纪时的雅典学者朗吉弩斯在他的名著《论崇高》中就指出,音乐有一种"惊人力量,能表达强烈的情感"。

虽然情感不是音乐所专有的,而是在一切艺术中普遍存在,但是音乐特别专注于表现情感。这是由音乐本身的特性所决定的。

1. 音乐不再现现实生活中的物质形式,而只是表现从中体验到的情感

音乐中体现出来的情感,当然也来源于现实生活。但是音乐对现实生活的反映,不像美术、戏剧和小说那样,显示出具体的生活图景和人物、事件,而是仅仅表现出人在生活体验中获得的感受和产生的情绪、欲望等情感性的东西。如古代文献《乐记》所说,这是"感于物而动,故形于声"。仿佛作为情感产生的基础的具体情景、事件等都被过滤掉了,只是保留了情感本身。换言之,音乐只表达情感而不去揭示这种情感所产生的那些依据。这就是音乐反映现实的特殊方式。贝多芬的《田园交响曲》,是比较具有描述性的,在乐曲

中甚至可以听到鸟鸣和流水的声音等。但是作曲家自己说:《田园交响曲》不是绘画,而是表达乡间的乐趣在人心里所引起的感受,因而是描写农村生活的一些感觉。"器乐曲中也有称为"音画"的样式,这样的乐曲能够在听者的想象中唤起某种图景或境界,但是这样的图景或境界仍然是十分缥缈、浮泛的,远不如诗歌和散文中所描述的那样明晰,更没有绘画所描绘的那么确定、直观。在这类乐曲中,也仍然如贝多芬在谈到他的《田园交响曲》时所说的那样:"感受多于音画"。

2. 音乐中表现的情感是抽象的、直接的

音乐中表现的情感,因为是从作为生活依据的具体情景事件中提升出来的,它就不再是具体的感受,不再是与具体的人和事直接联系起来的喜怒哀乐和爱憎等,而是更加具有概括性和一般性。也可以说,音乐中表现的某种情感不是个别的、特定的,而是这种情感本身。例如,表现战争胜利的欢乐,就不只是某一次的战争胜利之乐,而是比较抽象的、宽泛的,它可代表一般性胜利的欢乐情绪。

也因为如此,音乐表现的情感是直接的。如著名的匈牙利音乐家李斯特所说:"感情在音乐中独立存在,放射光芒,既不凭借'比喻'的外壳,也不依靠情节和思想的媒介。"在这里感情是"坦率无间的、极其完整的倾诉"。音乐如果要表现对具体对象的爱或憎、对具体情景的感受或具体历史事件所怀有的情感意愿等,只有同其他某些艺术类型结合起来才有可能。比如在歌曲中,之所以表达的感情比较具体化,是由于歌词对作为内容的情景、事件等所做的确定性描述,而歌词是属于文学范畴的。再如音乐在戏剧、电影中的使用,也使音乐表达的感情同场面、人物和情节密切联系起来,而变得具体化。音乐中也有以具体时间或人物为题材的作品,例如柴可夫斯基的《1812序曲》,反映俄国人民抗击拿破仑侵略军的殊死斗争,但乐曲除了借助文学性的标题和其他注释对内容做了一定的具体规定外,所表现出来的情感氛围仍然是抽象的、概括的。这首交响曲中,虽然使用特定的音乐语言(如让法国歌曲《马赛曲》的片段出现,象征拿破仑军队入侵,使用俄国风格的曲调表现俄国人民的生活与性格等),但表达出来的情感也只是依存于一个大的历史背景之中,并没有像文学那样表现出在这个背景下的具体事件、场景、人物、情节和行为所引起的具体情感和其他心理活动。

3. 音乐表达感情的方式特殊,还带来欣赏的特殊性

当代波兰音乐理论家丽莎说:"在(音乐的)欣赏过程中,逻辑因素让位于感情因素,居于次要地位。"这就是说,在音乐欣赏中,感情因素多于理性因素。音乐对于欣赏者心灵的感染是直接的,无须借助于推理,也无须通过具体生动的艺术形象。而更值得注意的是,音乐的听众往往不是像戏剧和电影的观众那样,以旁观者的身份来对待其中的人和事,而是把乐曲中的感情化作自己的感情来体验,仿佛乐曲转移到了自己心中,成为自己的"心声"。

这种情感体验带有更为直接的、个人的性质。也正是因为这样一个特点,与音乐相结合的歌词常常以第一人称来表述,不仅演唱者而且欣赏者都会把自己的感情投入其中。就欣赏者来说,这种心理与对文学或戏剧的形象所产生的同情、反感等是不一样的。在其他艺术门类中,只有文学中的抒情诗接近于这种情况。音乐欣赏的这种特点,使音乐能够对人的情绪产生直接而强烈的影响。当然,欣赏音乐必须具备一定的主观条件,如马克思所说要有"音乐的耳朵"。特别是对于非通俗的交响乐等样式作品,更需要了解有关的形式结构、表现手法和风格流派等,以至于有关的背景情况,并且能够懂得乐曲的进行过程,才能收到较好的欣赏效果。

第三节 音乐审美

美国著名的音乐教育家雷默说："如果可以用一个唯一的、压倒一切的目的作为当代音乐教育的特征，那就只能说这个领域正力图成为'审美教育'。"他还说："如果音乐教育要成为音乐教育，并同时成为审美教育，它的起点必须是清楚地理解音乐的审美本质和审美价值。"苏联著名教育家苏霍姆林斯基说："能够欣赏、懂得音乐，这是审美修养的基本标志之一。"从上面的话中可以看出，音乐教育的本质就是审美教育。因此，新的《普通高中音乐课程标准》也确立了以审美为核心的基本理念。而在实施审美教育的全过程中，审美能力的培养无疑是重要的、基本的任务之一。音乐教育作为实施审美教育的一个重要途径，培养学生的审美能力也就成为落实审美教育目标、全面提高学生素质的关键所在。

审美能力的培养，除了应该具备必要的音乐基础知识，了解音乐表现的手法和技巧外，还需要我们参加大量的音乐欣赏活动，培养对音乐的感知能力、想象能力和评价能力，加深对音乐的理解。下面就谈谈在音乐欣赏中审美能力的培养。

一、细心聆听、学会感知

音乐欣赏活动离不开人的想象联想、情感体验。而想象联想、情感体验的前提是人的感知觉。感知是一切音乐欣赏活动的心理基础。所谓感觉指的是客观事物直接作用于人的感觉器官，通过传入神经的传导作用，在人脑中产生的对这些事物的个别属性的反应。知觉是客观事物直接作用于人的感觉器官，通过传入神经的传导作用，在人脑中产生的对这些事物的整体反应。可以说，感知是人的基本心理活动形式。音乐欣赏作为一种审美活动，需要审美主体有捕捉审美对象所蕴含的审美信息的能力。只有当人的听觉器官从纯生理器官上升到审美器官的高度，才真正成为一个能感受音乐美、体验音乐美的人。

然而，人感知音乐美的能力并非与生俱来。人感知音乐美的能力，是在感受音乐音响过程中逐步形成的。学会感知就是学会用审美的耳朵去发现、探寻音乐作品中的美。

音乐，是声音的艺术、抒情的艺术。它通过旋律、曲式、速度、力度等来表现艺术构思，通过听觉引起人们生理上的刺激和心理上的反应，使大脑和神经系统处于兴奋状态，从而得到美的享受。美国当代著名钢琴家、作曲家和音乐教育家科普兰在其著作《怎样欣赏音乐》的扉页上写着："如果你要更好地理解音乐，再也没有比倾听音乐更为重要的了。什么也代替不了倾听音乐。"在音乐欣赏的感知活动中，音响感知是整个音乐欣赏的前提和基础。音乐欣赏中一切感情体验与形象联想都要以音响感知为基础，而细心聆听就是获得音响感知的主要手段。

当我们聆听一首乐曲的时候，必定会受作品中各个音乐要素的影响，而产生各种不同情绪的反应。我们对音乐作品的这种情绪的反应是感性的，它并不需要经过理性的过程，所以我们要有目的、有意识、全神贯注地去聆听音乐，养成良好的聆听习惯，运用有意注意和无意注意的交替使用。在欣赏过程中，必须注意发展感知能力，比如感受声音的高低、长短、强弱及音色变化的能力。一般来讲每个人都具有这种能力，但是对音乐的旋律、节奏、调式、速度、力度、和声、织体、曲式的听辨能力，就不是每个人都具备，这就需要由浅入深、由初级到高级、循序渐进地对音乐进行欣赏、感受，从而对音乐作品有整体性的感知能力。

二、静心感受、学会想象

想象是人的大脑对已有的表象进行加工改造、重新组成新形象的过程。音乐欣赏过程中的想象属于审美想象。审美活动中，审美主体直接感受对象时，并不以机械消极的感受为满足，而总是积极地调动和改造由于审美对象的信息刺激再现出来的过去记忆中的表象，按照主体的审美理想进行新的结合，从而充实和丰富审美形象，或创造新的审美形象。因此，英国现代著名美学家科林伍德认为："我们所倾听的音乐并不是听到的声音，而是由听者的想象力用各种方式加以修补过的那种声音，其他艺术也是如此。"

由于音乐是非语义的，具有自由性、模糊性和不确定性，这就赋予听众以丰富的想象空间。人们可以通过听觉传递感染和刺激情绪去激发想象。在欣赏过程中，在音乐语言的感召下，在进行情感体验的同时，头脑中会产生许多想象和联想，正如德国作曲家门德尔松所说："同样的歌词对不同的人，有着不同的意义。没有任何两个人的答案是完全相同的。"这反映了人们在欣赏音乐时，主观意识所产生的作用。同一首作品，不同的人的感受必定是不同的，甚至同一个人在不同时间里对同一首作品的感受也可能是不同的。正所谓"一千个读者，就有一千个哈姆雷特"。

音乐欣赏是一种审美活动。当我们聆听一首音乐作品时，自己的情绪往往会自觉或不自觉地受音乐的感染，产生各种情感体验。所以，欣赏音乐的过程就是情感体验的过程。在这其中，音乐所表达的情感和我们心中潜在的情感互相交融，产生了对音乐的共鸣。我们可以通过音乐欣赏获得的情感体验联想到自己以往现实生活中的情境而获得审美享受。

三、用心探究、学会评价

审美评价是审美主体在审美活动中对审美对象审美属性、审美价值所做出的判断。审美评价与审美主体的审美趣味、审美能力、审美理想等有着密切的联系。评价包括人对事物的认知与情感的反应。审美评价在审美活动中属于较高的层次。学会评价、具有音乐评价的能力涉及审美主体对音乐音响的感受能力、对音乐要素知识的综合感知能力、音乐文化知识的积累程度、音乐欣赏的个人趣味、音乐审美价值观等。

古往今来，在音乐作品中，总是真、善、美与假、恶、丑互相比较而存在，互相斗争而发展。近些年来，社会上也流行着一些低级趣味较浓甚至是庸俗不堪的音乐，或是些格调不高、艺术性差的音乐，使正在成长的学生误以为这是"音乐艺术的时代性"，而那些优美、艺术性高的抒情歌曲在学生看来总是平淡无味，深入不下去。所以，培养学生的音乐审美评价能力，使学生划清真善美与假恶丑的界限，掌握分辨是非的标准的同时，关键是要使他们有能力去评价判断音乐作品的社会价值及艺术价值。而学会这些，就要在掌握有关的音乐知识、技能的基础上，用心探究音乐作品的题材、内容、体裁、风格、情绪、曲式等表现手段，深入地认识音乐作品的内容美、形式美、情绪美、表现美，进而提高学生的音乐鉴赏能力和评价能力。

第四节 中外音乐艺术作品欣赏

一、古琴曲《高山流水》

1. 出处

《高山流水》为中国十大古曲之一。此曲为古琴曲,唐代分为《高山》《流水》二曲。同名古筝曲《高山流水》与古琴曲无传承关系。

"高山流水"最先出自《列子·汤问》,传说伯牙善鼓琴,锺子期善听。伯牙鼓琴志在高山,锺子期曰:"善哉!峨峨兮若泰山。"志在流水,锺子期曰:"善哉!洋洋兮若江河。"伯牙所念,锺子期必得之。子期死,伯牙谓世再无知音,乃破琴绝弦,终身不复鼓。后用"高山流水"比喻知音或知己,也比喻乐曲高妙。

《高山流水》原为一曲,自唐代以后,《高山》与《流水》分为两首独立的琴曲。其中《流水》一曲,在近代得到更多的发展,曲谱初见于明代《神奇秘谱》(朱权成书于1425年)。管平湖先生演奏的《流水》曾被录入美国太空探测器"旅行者一号"的金唱片,并于1977年9月5日发射到太空,向茫茫宇宙寻找人类的"知音"。

《高山流水》书画如图9-9所示。

图9-9 《高山流水》书画

2. 历史

《吕氏春秋·本味》版:

凡贤人之德,有以知之也。伯牙鼓琴,锺子期听之。方鼓琴而志在太山,锺子期曰:"善哉乎鼓琴!巍巍乎若泰山。"少选之间,而志在流水,锺子期又曰:"善哉乎鼓琴!汤汤乎若流水。"锺子期死,伯牙破琴绝弦,终身不复鼓琴,以为世无足复为鼓琴者。非独琴若此也,贤者亦然。虽有贤者,而无礼以接之,贤奚由尽忠?犹御之不善,骥不自千里也。

《列子·汤问》版：

伯牙善鼓琴，锺子期善听。伯牙鼓琴，志在登高山。锺子期曰："善哉！峨峨兮若泰山！"志在流水，锺子期曰："善哉！洋洋兮若江河！"伯牙所念，锺子期必得之。

伯牙游于泰山之阴，卒逢暴雨，止于岩下，心悲，乃援琴而鼓之。初为霖雨之操，更造崩山之音。曲每奏，锺子期辄穷其趣。伯牙乃舍琴而叹曰："善哉！善哉！子之听夫！志想像犹吾心也。吾于何逃声哉？"

3. 乐曲赏析

《流水》主要通过"泛音、拂、绰、注、滚、上、下"等指法，来描绘流水的各种动态，抒发了志在流水、智者乐水之意。整首乐曲总共包含十段，每一段都有各自要表达的情怀，以下简单分析各段所表达的意境。

第一段：引子部分，旋律在宽广音域内不断跳跃和变换音区，犹见高山之巅，云雾缭绕、飘忽无定的感觉，虚微的移指换音与实音相间，旋律时隐时现。

第二、三段：节奏活泼，泛音清澈，息心静听，愉悦之情油然而生。犹如"淙淙铮铮，幽间之寒流；清清泠泠，松根之细流"。

第四、五段：旋律轻快如歌，如同行云流水，扬扬悠悠。

第六段：旋律跌宕起伏，上、下滑音大幅度增加。接着连续的"猛滚、慢拂"作流水声，并在其上方又奏出一个递升、递降的音调，两者巧妙地结合，犹如独坐危舟过巫峡，惊心动魄，目眩神移，此身在激流峡谷中，真似"极腾沸澎湃之观，具蛟龙怒吼之象"。

第七段：在高音区连珠式的泛音群，先降后升，音势减弱，如同"轻舟已过激流处，独见平湖自畅游"的意境。

第八、九段：此两段属古琴曲结构中的"复起"部分，旋律加入了新音乐材料，对前面如歌的旋律进行变化后的再现。音乐充满着热情，流水之声再度响起，富于激情，颂歌般的旋律由低向上引发，稍快而有力的琴声令人回味。第九段末再次出现第四段中的音乐素材，最后结束在宫音上。

最后一段：尾声，声情并茂，令人们沉醉在思绪中，久久不能自拔。

此曲气势磅礴，形象生动，对祖国的壮丽河山进行了完美的诠释和赞颂，使人听后心旷神怡，激起一种进取的精神。

二、二胡曲《二泉映月》（阿炳）

二胡曲《二泉映月》是阿炳（华彦钧）创作的作品，阿炳是我国著名的民间艺人，对我国近代民间器乐的发展有突出的贡献。

1. 阿炳简介

阿炳（1893—1950年，见图9-10），江苏无锡人，熟悉道教音乐，又掌握了大量的民间音乐。1927年前后双目失明，因此人们都叫他"瞎子阿炳"。他生活无所依靠，成为在街头流浪的艺人，饱尝了人间的辛酸。他将自己对生活的感受通过音乐抒发出来，留下了《二泉映月》《寒春风曲》等二胡曲和《大浪淘沙》等琵琶曲。著名的二胡曲《二泉映月》产生于1938年前后，这首有悲有愤、有血有泪、如泣如诉的乐曲，深刻地反映了作者内心的忧愤，同时也感动了中外许许多多音乐爱好者。据说阿炳能够演奏的乐曲共有二三百首（其中一部分是他自己创作的），但是流传下来的只有六首。1950年夏，中央音乐学院民族音乐研究所的杨荫浏等人去无锡为阿炳录下了《二泉映月》等六首作品，本希望在半年后再录其他的乐曲，但阿炳在同年的冬天便病逝了,也带走了他演奏和创编的音乐。

阿炳的照片

阿炳的雕像

图 9-10 阿炳的照片与雕像

2.《二泉映月》

《二泉映月》的曲体结构是一首传统的变奏曲。音乐一开始,短短的引子,音阶下行的旋律,犹如一声百感交集的轻轻的叹息,把人们带进了一个深沉的意境中去。主题音乐使人联想到一个拄着竹棍的盲艺人在坎坷不平的人生道路上徘徊流浪,无限伤感,无尽凄凉。《二泉映月》就是在上述音调的多次变奏下逐渐展开构成全曲的,它通过变奏使音乐形象得到层层深化,使人感受到阿炳怀着难以抑制的感情,一遍又一遍地向人们诉说他的种种苦难和遭遇。乐曲的后半部分,音乐获得进一步的发展,积聚起来的感情迸发了,乐曲推向高潮,强烈而激愤,表达了他对命运的抗争和对美好未来的向往。

《二泉映月》层次分明而又浑然一体,旋律动听而又质朴苍劲,音乐感人但更促人激愤。它是中国一位穷苦盲艺人的传世杰作,深受国内外听众喜爱。泉凄月冷,曲情感人。

三、《革命练习曲》(肖邦)

1. 肖邦简介

弗雷德里克·肖邦(1810—1849 年),全名 Fryderyk Franciszek Chopin,弗雷德里克·弗朗西斯克·肖邦,伟大的波兰音乐家、作曲家(见图 9-11)。代表作有《玛祖卡舞曲》《圆舞曲》《葬礼进行曲》《革命练习曲》。肖邦自幼喜爱波兰民间音乐,从六岁时开始学习钢琴,在七岁时写了《波兰舞曲》,八岁登台演出,十六岁时进入了华沙音乐学院作曲班,不满二十岁已成为华沙公认的钢琴家和作曲家。后半生正值波兰亡国,在国外度过,创作了很多具有爱国主义思想的钢琴作品,以此抒发自己的思乡情、亡国恨。其中有与波兰民族解放斗争相联系的英雄性作品,如《第一叙事曲》《降 A 大调波兰舞曲》等;有充满爱国热情的战斗性作品,如《革命练习曲》《b 小调谐谑曲》等;有哀悼祖国命运的悲剧性作品,如《降 b 小调奏鸣曲》等;还有怀念祖国、思念亲人的幻想性作品,如不少夜曲与幻想曲;有《离别》等钢琴曲。

肖邦一生不离钢琴,所有的创作几乎都是钢琴曲,被称为"浪漫主义的钢琴诗人"。他在国外经常为同胞募捐演出,为贵族演出却很勉强。1837 年严词拒绝沙俄授予他的"俄国皇帝陛下首席钢琴家"的职位。舒曼称他的音乐像"藏在花丛中的一尊大炮",向全世界宣告:"波兰不会亡。"肖邦晚年生活非常孤寂,痛苦地自称是"远离母亲的波兰孤儿"。他临终嘱咐姐姐路德维卡把自己的心脏运回祖国。

肖邦肖像　　　　　　　　　位于华沙的肖邦雕像

图 9-11　肖邦肖像和雕像

2.《革命练习曲》

《革命练习曲》又称《c 小调练习曲》，是一首主要用来锻炼左手技巧的练习曲。1831 年，离开故国多年的肖邦，于返回祖国的途中，在德国斯图加特得知了波兰的华沙起义失败，俄国军队已占领华沙的消息。于是他在悲愤慷慨之余，写下了这首练习曲。左手奏出代表着失望与愤怒的上下行音节，似狂浪波涛般滚动，犹如同仇敌忾的热血在沸腾；右手同时奏出壮烈的八度和音旋律，似号角般铿锵有力，仿佛是肖邦自己在宣告"波兰不会亡"。此曲难度极大，演奏者不仅要有娴熟的技艺，而且还要兼顾曲中的重音及许多渐强、渐弱的变化。

本曲为有魄力的快板，c 小调，4/4 拍，"ABA"三段体式。第一段从 c 小调起经各种转调至降 B 大调，反映出极度的悲愤与激昂。第二段的情绪稍显平和，但仍是洋溢着满腔悲愤的曲调。第三段为第一段的再现，从 c 小调起又经多种转调，最后回到 c 小调而终了。

四、《g 小调第四十交响曲》(莫扎特)

1. 莫扎特简介

沃尔夫冈·阿玛迪乌斯·莫扎特(Wolfgang Amadeus Mozart，1756—1791 年，见图 9-12)，1756 年 1 月 27 日生于奥地利萨尔茨堡粮食街 9 号，1791 年 12 月 5 日卒于维也纳，终年 35 岁，奥地利作曲家，欧洲维也纳古典乐派的代表人物之一。作为古典主义音乐的典范，他对欧洲音乐的发展起了巨大的作用。莫扎特一共创作了 22 部歌剧、41 部交响乐、42 部协奏曲、一部安魂曲及奏鸣曲、室内乐、宗教音乐和歌曲等作品。

歌剧是莫扎特创作的主流，他与格鲁克(Gluck)、瓦格纳(Wagner)和威尔第(Verdi)一样，是欧洲歌剧史上四大巨子之一。他又与海顿、贝多芬一起为欧洲交响乐写下了光辉的一页。另外，他的《安魂曲》也成为宗教音乐中难能可贵的一部杰作。作为 18 世纪末的欧洲作曲家，莫扎特的音乐深刻地反映了这个时代的精神，尤其是体现在歌剧作品中的市民阶层的思想，在当时无疑具有进步的意义。莫扎特赋予音乐以歌唱的优美、欢乐性，然而，其中又深含着悲伤，这正反映了莫扎特时代知识分子的命运。并且，莫扎特是欧洲当时唯一一个不接受贵族供养的音乐家。

2.《g 小调第四十交响曲》

《g 小调第四十交响曲》是莫扎特最后的三大交响曲之一，是他的交响曲中最广为人知的作品，完成于 1788 年。整部交响曲热情洋溢，有着充满感情化的乐念。这首交响曲虽然仍能听出巴洛克音乐的痕迹，但

莫扎特肖像　　　　　　萨尔茨堡的莫扎特雕像

图 9-12　莫扎特肖像和雕像

还是促使当时的绝对音乐向前迈进了一步。它在 19 世纪初于莱比锡演奏之际,曾得到"战栗"或"沉缓"等字眼的评语。这部作品可以说是一步步接近浪漫派的作品。

这部作品共分四个乐章:第一乐章,很快的快板,g 小调,2/2 拍子,开头在中提琴和弦的伴奏下,由小提琴演奏充满优美哀愁的第一主题,这段主题非常出名,后来经常被改编成轻音乐曲单独演奏;第二乐章,行板,降 E 大调,6/8 拍子,奏鸣曲形式;第三乐章,小步舞曲,稍快板,g 小调,3/4 拍子,具有第一乐章那种哀愁感的民谣风味;第四乐章,甚快板,g 小调,2/2 拍子,奏鸣曲形式,乐章充满令人亢奋的狂热情绪,但仍有抑郁的色彩。

五、《c 小调第五(命运)交响曲》和《英雄交响曲》(贝多芬)

1. 贝多芬简介

路德维希·凡·贝多芬(1770—1827 年,见图 9-13),伟大的德国作曲家,维也纳古典乐派代表人物之一,对世界音乐的发展有着举足轻重的作用,被世人尊称为"乐圣"。1770 年 12 月 16 日生于莱茵河畔距法国不远的小城——波恩。他出生于夫拉芒家族,一个音乐世家。祖父叫鲁特维克,是波恩宫廷乐团的乐长,父亲是一个宫廷男高音歌手。母亲是一个女佣,一个厨子的女儿。贝多芬自幼便已显露出他的音乐天才,父亲急于把他培养成为一个像莫扎特那样的神童,从小就逼着他学习钢琴和小提琴,八岁时他已开始在音乐会上表演并尝试作曲,零乱的学习和恶劣的家庭环境摧残了贝多芬的童年生活,但也锻炼了他的独立精神。

十二岁时,他已经能够自如地演奏,而且担任了管风琴师聂弗(1748—1798)的助手。就在这时他开始正式跟聂弗学习音乐。聂弗是一位具有多方面天才的音乐家,他扩大了贝多芬的艺术视野,使贝多芬熟悉了德国古典艺术的一些优秀范例,并巩固了贝多芬对崇高的目的的理解。贝多芬的正规学习和有系统的教养,实际上是从聂弗的细心教导和培养开始的,聂弗还引导他在 1787 年到维也纳求教于莫扎特。莫扎特听过他的演奏之后,就预言有朝一日贝多芬将震动全世界。贝多芬到维也纳不久便接到母亲的死讯,他不得不立即赶回波恩。由于家庭的拖累,一直到 1792 年秋他父亲死后,他才第二次来到维也纳,但这时莫扎特却已不在人世了。贝多芬第二次来到维也纳后,很快便赢得了维也纳最卓越的演奏家(特别是即兴演奏)的称谓。1792 年,海顿途经波恩与贝多芬初次见面,便邀请他去维也纳随自己学习。后来贝多芬又向音乐家阿尔布雷希茨贝格、萨列里学音乐理论和作曲。他还广泛涉猎荷马、莎士比亚、歌德、莫里哀等大师的诗歌、文学、戏剧、哲学著作,通过刻苦的自学使自己成为一个有高度文化修养的音乐家。

贝多芬肖像

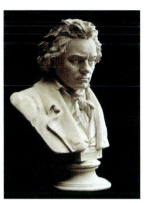
贝多芬雕像

图 9-13　贝多芬肖像和雕像

贝多芬是世界艺术史上的伟大作曲家之一，他的创作集中体现了他那巨人般的性格，反映了那个时代的进步思想，他的革命英雄主义形象可以用"通过苦难走向欢乐，通过斗争获得胜利"加以概括。他的作品既壮丽宏伟又极朴实鲜明，他的音乐内容丰富，同时又易于为听众所理解和接受。贝多芬的音乐集中体现了人民的痛苦和欢乐、斗争和胜利，因此它过去总是那样激励着人们、鼓舞着人们的斗志，即使在现在也使人们感到亲切和鼓舞。

贝多芬的作品第九"合唱"交响曲，第五"命运"交响曲，第六"田园"交响曲，第四、第五"皇帝"钢琴协奏曲，"月光"钢琴奏鸣曲，"悲怆"钢琴奏鸣曲，庄严弥撒曲等，都是摆脱古典主义、展现自由、热情奔放的美丽乐章。

2.《c 小调第五(命运)交响曲》

此曲完成于 1807 年末至 1808 年初，是贝多芬最为著名的作品之一。此曲声望之高、演出次数之多，可谓交响曲之冠。

贝多芬在交响曲第一乐章的开头，便写下一句引人深思的警语——"命运在敲门"，从而被引用为本交响曲具有吸引力的标题。作品的这一主题贯穿全曲，使人感受到一种无可言喻的感动与震撼。贝多芬在《英雄交响曲》完成以前便已经有了创作本曲的灵感，一共花了五年的时间推敲、酝酿，才得以完成。乐曲体现了作者一生与命运搏斗的思想，"我要扼住命运的咽喉，它不能使我完全屈服"。这是一首英雄意志战胜宿命论、光明战胜黑暗的壮丽凯歌。恩格斯曾盛赞这部作品为最杰出的音乐作品。整部作品精练、简洁，结构完整统一。

全曲共分四个乐章。

第一乐章，灿烂的快板，c 小调，2/4 拍子，奏鸣曲形式。乐章的开始由单簧管与弦乐齐奏出著名的四个音乐动机，并发展为第一主题，即命运主题，极富男性粗壮的气息。通过圆号对第一主题的号角式变奏，引出明朗、抒情的第二主题。

第二乐章，稍快的行板，降 A 大调，3/8 拍子，自由变奏曲。第一主题抒情、安详、沉思，由中提琴和大提琴奏出。与之对应的第二主题先由木管奏出，后由铜管乐器奏出豪迈的英雄凯旋进行曲，表现了战士们的信心和勇气。

第三乐章，快板，c 小调，3/4 拍子，诙谐曲形式。在这一乐章中，命运主题的变奏依然凶险逼人，但在大提琴和低音提琴跃跃欲试的曲调后，乐队奏出旋风般的舞蹈主题，引出振奋人心的赋格曲段，象征着人民加入与命运斗争的行列中,黑暗必将过去,曙光就在眼前。在低音乐器震撼人心的渐强声中,不间断地进入第四乐章。

第四乐章,快板,C大调,4/4拍子,奏鸣曲式。乐章的主题是乐队以极大的音量全奏出辉煌而壮丽的凯歌,如长江大河,浩浩荡荡,表现了这一场与命运的斗争最终以光明彻底的胜利而告终。

3.《英雄交响曲》

贝多芬在《英雄交响曲》中所体现的,也是在他那个时代优秀人物的观念中所形成的英雄的理想形象,包括在伟大的革命时代许多有名和无名的英雄的优秀品质——勇敢、乐观的斗争精神,坚强的意志和真挚的感情。全曲共分四个乐章。

第一乐章是规模宏伟壮观的场面。由一个简短引子严峻有力地冲击之后,河堤被冲决了,生活的泉流以其不可遏制的力量浩浩荡荡冲击海洋,各种乐器奏出的声音汇成一股激流,强烈地冲击着每个人的心弦,紧张情绪的浪潮,循环不息,翻滚向前。中间情绪虽有所缓和,但英雄意志的激流仍然没有停息,惊慌的沙沙声、悲戚的申诉、崇高的筹思,以及胜利的呼喊,仍是乐曲的主旋律。

"这是一幅庞大的壁画,在这里,英雄的战场扩展到宇宙的边界。而在这种神话般的战斗中,被砍碎的巨人像洪水前的大蜥蜴那样重又长出肩膀;意志的牛颅重又投入烈火中冶炼,在铁砧上锤打,它裂成碎片,伸张着,扩展着……不可胜数的主题在这漫无边际的原野上汇成一支大军,无限广阔地扩展开来。洪水的激流汹涌澎湃,一波未平,一波复起;在这浪花中到处涌现出悲歌之岛,犹如丛丛树尖一般。不管这伟大的铁匠如何努力熔接那对立的动机,意志还是未能获得完全的胜利……被打倒的战士想要爬起,任他再也没有气力;生命的韵律已经中断,似乎已濒陨灭……我们再也听不到什么(琴弦在静寂中低沉地颤动),只有静脉的跳动……突然,命运的呼喊微弱地透出那晃动的紫色雾幔。英雄在号角声中从死亡的深渊站起。整个乐队跃起欢迎他,因为这是生命的复活……"复活的英雄战胜了敌人,凯旋。一切都染上了喜悦的光彩,紧张不安的呼喊第一次销声匿迹,尖锐冲突而激动的音调,转化为安宁、悦耳、素朴而欢乐的音响。困难已经克服,斗争以胜利告终,一切都被卷入轮舞中去,现在只是痛饮、欢呼、狂舞!

第二乐章,贝多芬把它称为《葬礼进行曲》。这是第一乐章的继续,英雄死了,全体人民抬着他的棺材,怀着沉痛的心情缓步前进。音乐由激动紧张转化为沉思悲哀、缓慢的速度,小提琴在低音区发出的低微的音响,抒情诗般的旋律,像浮雕一样构成一幅庄严肃穆的葬礼行列。悲痛之中,人们又开始回忆英雄生前的战斗业绩,明朗的英雄性旋律取代了伤悼的情绪,可以听到军鼓和军号声,在我们面前仿佛又出现了刀光剑影和战士的呐喊声。这是对英雄业绩的缅怀,对英雄功绩的赞颂。英雄虽死,但他获得了永恒的荣誉,他所殉身的事业胜利了。缅怀英雄业绩,人们更为悲哀,音调时断时续,送葬的人们已泣不成声了。

第三乐章,诙谐曲,为终曲胜利狂欢场面的出现做准备。乐章开始时隐隐约约的弦乐器发出一阵阵沙沙响声,起初虽然还很轻微,却充满精力和朝气,而且它还逐渐发展为一种愉快激昂和富于色彩的声响,在这一背景上出现的基本主题,旋律清晰、活泼,像一股激流那样在崎岖的道路上飞奔、前进。整个乐章充满活力和乐观的情绪,一个英雄倒下了,千百万人民站起来,胜利属于人民。

第四乐章表现了人民群众庆祝胜利的狂欢场面。整个乐章声势浩大、热闹、隆重,人们尽情地跳着各式各样的舞蹈,庆祝英雄的胜利和凯旋。

贝多芬一生向往自由、平等、博爱,所以他真心拥护法国资产阶级革命,并于1802年开始创作这首交响曲,准备奉献给他所崇拜的拿破仑。1804年总谱完成时扉页上写着"题献给拿破仑·波拿巴",但当他听说拿破仑称帝的消息后,勃然大怒,撕掉了扉页,同年十月出版时总谱改成了这样的标题:为纪念一位伟大的人物而写的英雄交响曲。

六、《蓝色多瑙河》圆舞曲（小约翰·施特劳斯）

1. 小约翰·施特劳斯简介

小约翰·施特劳斯（Johann Strauss，1825—1899 年，见图 9-14）是圆舞曲之父老约翰·施特劳斯的儿子，奥地利著名的作曲家、指挥家、小提琴家，施特劳斯家族的杰出代表。他的两位弟弟约瑟夫·施特劳斯和爱德华·施特劳斯也是著名的音乐家，不过小约翰是整个家族中成就最大、名望最高的一位，并为 19 世纪维也纳圆舞曲的流行做出了巨大的贡献。他"圆舞曲之王"的称号来源于他把华尔兹这种原本只属于农民的舞曲形式提升为哈布斯堡宫廷中的一项高尚的娱乐形式。此外他的作品的艺术成就大大超越了他的前辈们（例如约瑟夫·兰纳和老约翰·施特劳斯），也更为人所熟知。1844 年组成自己的乐队，演奏自己的作品和父亲的作品，1855—1865 年应邀在圣彼得堡指挥夏季音乐会达十年，1863—1870 年任皇室宫廷舞会指挥，后又从事轻歌剧的创作。

小约翰·施特劳斯肖像

小约翰·施特劳斯雕像

图 9-14　小约翰·施特劳斯肖像和雕像

其创作以《蓝色多瑙河》《维也纳森林的故事》《艺术家的生活》《春之声》等一百二十余首维也纳圆舞曲著称，被后人冠以"圆舞曲之王"的头衔。曾带领乐队访问欧洲各国，使维也纳圆舞曲风靡全欧洲。他的圆舞曲独具特色，旋律酣畅，柔美动听，节奏自由，生机盎然，是每年维也纳新年音乐会的主要曲目。他还作有《雷鸣电闪波尔卡》和《安娜波尔卡》等一百二十多首源自捷克的波尔卡舞曲及几十首其他舞曲。1870 年起创作了《蝙蝠》《罗马狂欢节》《阿里巴巴与四十大盗》《吉卜赛男爵》等十六部轻歌剧，对欧洲轻歌剧的发展有着相当深远的影响。

2.《蓝色多瑙河》圆舞曲

《蓝色多瑙河》创作于 1866 年。当时，小约翰·施特劳斯任维也纳宫廷舞会指挥。维也纳男声合唱协会的指挥赫贝克约请小约翰·施特劳斯为他的合唱队写一首合唱曲。这时的小约翰·施特劳斯虽已创作出百余首圆舞曲，但还没有创作过声乐作品。这首合唱曲的歌词是他请诗人哥涅尔特创作的。

1867 年，这部作品在维也纳首演。因为当时的维也纳在普鲁士的围攻之下，人们正处于悲观、失望之中，因此作品也遭到不幸，首演失败。直到 1868 年 2 月，小约翰·施特劳斯住在维也纳郊区离多瑙河不远的布勒泰街五十四号时，把这部合唱曲改为管弦乐曲，在其中又增添了许多新的内容，并命名为《蓝色多瑙河》。

这部乐曲同年在巴黎公演时获得了极大的成功。仅仅几个月之后,这部作品就得以在美国公演。顷刻间,这首圆舞曲传遍了世界各大城市,后来竟成为作者最重要的代表作品。直至今日,这首乐曲仍然深受世界人民喜爱。在每年元旦维也纳举行的"新年音乐会"上,本曲甚至成了保留曲目。

乐曲由序奏、五个圆舞曲和尾声组成。

序奏开始时,小提琴在 A 大调上奏出徐缓的震音,好像是多瑙河的水波在轻柔地翻动。在这个背景上,圆号吹奏出这首乐曲最重要的一个动机,它象征着黎明的到来。

第一圆舞曲描写了在多瑙河畔,陶醉在大自然中的人们翩翩起舞时的情景。

第二圆舞曲首先在 D 大调上出现,巧妙而富于变化的第二圆舞曲描写了南阿尔卑斯山下的小姑娘们穿着鹅绒舞裙在欢快地跳舞;突然乐曲转为降 B 大调,富于变化的色彩显得格外动人。

第三圆舞曲属歌唱性旋律,这段音乐采用了切分节奏,给人以亲切新颖的感觉。

第四圆舞曲在开始时节奏比较自由,琶音上行的旋律美妙得连作曲家本人也很得意,仿佛春意盎然,沁人心脾。

第五圆舞曲是第四圆舞曲音乐情绪的继续和发展,只是转到 A 大调上。起伏、波浪式的旋律使人联想到在多瑙河上无忧无虑地荡舟时的情景。接下去的部分,是全曲的高潮和结尾。

乐曲的结尾有两种,一种是合唱型结尾,接在第五圆舞曲之后,很短。另一种是管弦乐曲结尾,较长,依次再现了第三圆舞曲、第四圆舞曲及第一圆舞曲的主题,最后结束在狂风骤雨式的狂欢气氛之中。

小结

音乐是在时间中展示的诉诸听觉的一门艺术,其基本手段是用有组织的乐音构成有特定精神内涵的音响结构形式。一种普遍认可的观点,即音乐是"以声表情"的艺术。一个是"声",即音响旋律美;另一个是"情",即特殊、抽象、直接的抒情美。音乐种类繁多,常见的是声乐艺术和器乐艺术,本章重点介绍了声乐艺术,包括中国民歌体裁、中外声乐体裁中的一般声乐体裁和大型声乐体裁。中外优秀的音乐家、音乐作品很多,中国如古琴曲《高山流水》、阿炳创作的二胡曲《二泉映月》等,国外如肖邦、莫扎特、贝多芬等人都是大音乐家,曾创作出许多经典的、脍炙人口的音乐作品。

Maixue Jichu yu Yishu Xinshang

第十章
影视艺术欣赏

> **学习目标**

了解电影艺术和电视艺术的起源、特点与类型,掌握电影和电视艺术的审美特征,了解一些中外著名影视作品,并对其艺术特征进行分析与评价。

影视艺术是时间艺术与空间艺术的复合体,它既像时间艺术那样,在延续时间中展示画面,构成完整的银幕形象;又像空间艺术那样,在画面空间上展开形象,使作品获得多手段、多方式的表现力。影视艺术包括电影、电视及两者所表达的艺术效果。电影是影视艺术的起源,电视是影视艺术的衍生物之一。

第一节 电影艺术

一、电影的产生和发展

(一) 电影产生的条件

第一,第二次工业革命使人类进入电气化时代,科学技术和生产力得到迅猛发展。19 世纪末电学、光学、化学、机械学等学科技术的发展,为电影的出现奠定了物质基础。

第二,社会的巨大变化和人类新的精神需求、商业利润的驱动是电影艺术发展的动力。电影是在第二次工业革命背景下产生的满足人们感性娱乐和精神需求的文化。随着社会的发展,观众的精神需求提高,需要不断地推出满足观众需求的作品。

(二) 电影的发展

电影,从它一诞生就以非同凡响的魅力吸引着人们。

电影的发展经历了从无声走向有声,从黑白转向彩色,由小规模、低技术制作形成大规模、系列化和专业化制作的转变过程。

1. 电影发展的萌芽阶段

电影最早是建立在人类自觉运用"视觉暂留"现象的基础上。"视觉暂留"是人类的一种生理现象,特指出现在视网膜上的形象不会立即消失而有瞬间的暂留。这一现象最早被用于诡盘玩具的制作。诡盘转动时,小鸟就好像关在鸟笼里了——"视觉暂留"原理,让重叠在一起的形象在我们的眼里产生一种动感。

1872 年,两个美国人斯坦福与科恩就"马在奔跑时,是否会有瞬间四个蹄都是腾空的"这个问题发生了激烈的争执,英国摄影师爱德华·麦布里奇用实验验证了这个问题,人们惊奇地发现,在连续的画面里,马不再是静止的单张照片,而变成运动的图像,它竟然"活"起来了,也意外地拉开了电影的序幕。

1881 年,麦布里奇发明了电影摄影机。这种摄影机的工作原理是把分解照片一张张地洗印在玻璃上,以同等间隔顺序贴在玻璃圆板的周围。又在同样大小的金属板上,对着照片的位置开个窗口。

1885 年,美国人发明赛璐珞胶卷。接着,爱迪生把这种胶卷应用于电影,他制造了一种摄影机,这种摄影机的原理和现在的一样,能用胶卷连续一分多钟拍摄分解运动的照片。

1893年，爱迪生发明了放映机。其工作原理是运动的胶片从带有凸透镜的窗口通过，一格画面来到窗口正面时，正好电灯闪亮又立即熄灭，下一格画面来到窗口时，电灯又闪亮和熄灭，如此不断反复，胶片上的画面放映出来，好像物体在连续不断地运动。但是，当时它只能供一个人看。当时，美国人詹金斯在胶片的两侧穿一连串的小孔，卷绕装置的爪插入孔中拉引，当一格格的画面来到透镜正面时，使之瞬间停留，这时快门打开并立即关闭，这样，放映的图像就更清晰。胶片的卷绕装置和快门同时由马达驱动，每秒可输送胶片6格、18格。这样，电影的影片、摄影机和放映机已经齐备，现代的电影设备终于完成。

2. 电影无声片（又称"默片"）的发展与全盛时期（20世纪初）

电影是在摄影的基础上发展起来的。1889年，狄克逊在美国拍摄了一小段连续的画面，只是表现一个人打喷嚏的短暂过程，被看作电影的萌芽。初期电影只是生活片段的简单记录，还不具备艺术的性质。进入20世纪，有情节的戏剧内容才被引入电影。

1895年，法国卢米埃尔兄弟设计了一种手提式摄影机和一种把动画图像投射到宽大银幕上去的机器。同年12月，他们在巴黎卡普辛路大咖啡馆的印度厅里，公映了自己摄制的《工厂的大门》等12部影片。电影史专家们都把1895年12月28日定为电影诞生日，并尊称卢米埃尔兄弟为"电影之父"。

1911年，意大利诗人和电影先驱者里乔托·卡努杜发表的一篇论文中第一次宣称电影是继建筑、音乐、美术、雕塑、诗歌、舞蹈这六种艺术后的一种新兴艺术，它是把所有这些艺术都加以综合，形成运动中的造型艺术形式。

3. 电影艺术的成熟期（20世纪20—40年代）

1925年，美国电话电报公司所属的贝尔实验室投资数百万美元，终于解决了有声电影的关键技术——音画同步的问题。

1926年，美国华纳兄弟电影公司率先购买了该技术。

1927年，该公司拍摄了电影《爵士歌王》，这部影片其实只是在无声片中加进四支歌、一些台词和音乐伴奏，但它使对白、音乐、歌唱融为一体，它标志着电影史上一个新时期——有声片时期的开始，从此电影由纯视觉艺术成为视听综合艺术。

1935年，第一部彩色影片《浮华世界》拍摄成功，标志着彩色电影的问世。自此，电影具备了画面、声音和色彩三大要素。

4. 电影艺术的多元化时期

第二次世界大战后，电影艺术的发展呈现出更加多元化的趋势，主要表现在欧洲、亚洲出现了具有民族风格的电影。欧洲电影主要通过普通人的日常生活反映了反法西斯斗争的重大历史题材，意大利、联邦德国出现了一些优秀的电影，如《罗马，不设防的城市》《罗马11时》。其主要原因是第二次世界大战给人类带来深重的灾难，艺术家从不同的角度给予反思。美国电影发展的核心集中体现在好莱坞电影《星球大战》《侏罗纪公园》《外星人》等这些高科技的科幻片上。美国电影《泰坦尼克号》中绚丽的画面、悲壮的爱情成为全球传颂的经典，该片获得1998年奥斯卡最佳影片、最佳导演、最佳音效、最佳摄影等11项大奖。亚洲电影中，20世纪80年代后中国电影屡屡获奖，表明了中国电影事业水平的提高，更反映了改革开放的中国越来越引起国际社会的关注。

二、电影艺术的审美特征

电影艺术是现代科学技术与艺术相结合的产物，作为人类所创造的一种崭新的文化形态，具有"实录现实"和"审美现实"的双重特征,同时也形成了不同于其他艺术样式的独特的艺术特征。

1. 直观视象性

电影艺术主要提供的是由银幕所显示的直观视觉形象,"看"是观众的最基本的心理要求。电影所要表现的一切东西,包括思想、情感、梦幻等,都应该转化为可见的视觉形象。为了不破坏"可见性",人物对话语言(比起戏剧)都应压缩、高度精练。这是因为电影是与摄影分不开的,而摄像机所处理和完成的仅仅是世界的"象"(包括未经改动的客观物象和经过选择、加工、改造的物象),即电影的主要材料就是物象的真实记录。因而,法国电影理论家马塞尔·马尔丹明确地指出,"画面是电影语言的基本元素","电影的存在是由于画面的不可替代的必要性,电影的视觉特性绝对要比电影作为思想或文学容器的性质更为重要"。

电影所展示的直观视象,几乎可以是无所不包,从宏观到微观,从物质世界到精神活动,人们能见到的一切,以及人们难以或不可能见到的,都能用画面的形象来表现。例如,它能将内心活动具象化,可以通过外在物象的变化来反映(如天旋地转,可以用房屋、树木等的旋转来表现),也可以通过人物动作和面部表情来表现(如《魂断蓝桥》中的经典镜头——女主人公在火车站突遇男主人公时的长达几秒钟的面部大特写)。即使是潜意识,它也能用画面形象来表现,如伯格曼导演的《野草莓》、费里尼导演的《八部半》等,在这方面都做出了有价值的探索。电影的这一特性,使它更易于被接受和理解,易于超越国界和民族,因而,让·爱泼斯坦认为"电影是一种世界性语言",即它是一种"象形符号"式的国际语言。

2. 幻觉逼真性

电影是以视觉形象的逼真性为生命的,它无法容忍对自己的本性——视觉可信性的丝毫破坏。比起其他艺术,这种幻觉逼真性,是电影艺术的优势所在。它能最大限度地酷似生活原貌和自然形态,它拥有绘画和雕塑所失去的运动、音乐失去的造型,突破了戏剧的时空局限,把文学形象转化为直接可观的形象。虽然,银幕在瞬间给观众展示的是世界的一个片断,但它却能使人信服这个片断是与世界的其他部分连为一体的。银幕不是画框,而是窗户,是将事件的局部展示给观众的窗户。电影空间不像绘画空间和舞台空间那样是嵌入世界之中的,而是代替世界而产生、存在的。电影的幻觉逼真性还来自于艺术家的努力。例如演员,为了逼真性,也必须付出巨大的努力。如电影《甘地传》的主角为了逼真性,甚至绝食数日,使形体和精神体验更接近原型,来满足观众对逼真性的审美要求。

电影技术的发展,也成就了逼真性更高的电影。我国20世纪60年代就拍摄了立体电影《魔术师的奇遇》。观众戴上特制的红绿镜,银幕上的景物就产生了立体的感觉。这是利用类似人的两眼不同视角摄制成有水平视差的两幅画面放映到同一银幕上,成为叠加的双影画面。但是观看立体电影戴红绿镜,不能真实地显示影片的色彩。我国现在采用戴偏光眼镜看立体电影。当然,看立体电影比较先进的是"光栅银幕法",观众透过放在银幕前的光栅板,两眼分别看到相应的画面,产生立体感,但看时头不可移动。

环幕电影也已经于1955年在美国和观众见面。环幕电影大大扩展了观众的横向视野。今天,它的足迹已遍布许多城市。电影院是一个高大的圆周,弧形的墙壁四周挂有11幅月白色银幕,银幕与银幕之间相缀相连,构成一幅巨大的360度的环形银幕。银幕之间的接合处开有放映窗,放映时11部放映机从四周的放映窗口向对面同时投影。放映厅内装有多路立体声还音装置。观众在大厅内可以朝任何方向观看,你会觉得像是置身于一种神奇的世界。有人在观看了美国迪士尼乐园环幕电影后写道:"当银幕上出现华盛顿广场时,银幕上的游人就在我们前后左右走来走去,我们也好像在和他们一起参观。""当银幕上出现波涛汹涌的大海的时候,我们仿佛置身在船头浪尖,左右摇摆,颠簸起伏。一会儿飞机在上空盘旋,整个大厅又好像腾空而起,我们就像坐上飞机,穿过繁华的城市上空,越过白雪皑皑的崇山峻岭……"

与环幕电影有着某些相似之处的另一种独具特色的是半球形大屏幕电影。放映这种电影的电影院在我国的上海、西安、北京等城市已经建成。这种电影通俗的叫法是球幕电影。它不仅从横向上扩展了银幕长度,还从纵向上延伸了银幕的高度,纵横范围几乎涵盖了观众所有的视野。电影院的外观像个半圆球搁置在地面上。里面的银幕是个半球形的,从台口一直延伸到大厅顶端,观众的席位距银幕很近,仅能容括二三百人。厅内采用现代化的全立体声还音装置。放映时,临场感极强。当出现摩托追踪汽车,然后摩托隐去时,观众立刻会感到像乘坐摩托追赶汽车一样;当出现大海中的汽艇时,就会感觉好像就乘着汽艇在大海中颠簸;当出现飞机时,就感觉好像乘着飞机在天空遨游……

随着技术的发展,又出现了可感电影和可嗅电影。美国环球电影公司发行的可感电影《大地震》曾经轰动一时。当银幕上大地震时,震耳的轰鸣声中,天崩地坼、房毁楼塌、烈焰蔽空、洪水横溢……而此刻观众感到地板、座椅在晃动,令人胆战心惊,真像亲身经历了一场大地震。1959年,西班牙试制成功了第一部香味电影《神秘之香》,放映时随着剧情的发展竟能散发出一种奇异的芳香。这些技术把电影幻觉逼真性提升到更高的程度。

3. 时空再造性

其他艺术也能进行时空重组,比如戏剧艺术是必须再造时空,但是由于舞台和剧场的限定,其再造的能量是有限的。而电影在这方面有着其他艺术所无法比拟的自由度。摄影技术和剪辑技巧的发展,使得保持在胶片上的影像可以自由地分切和组合,实质上这就意味着可以从特定的艺术材料中抽取出时间和空间来重新构造。这就是所谓的蒙太奇技巧。这样,电影就能打破现实时空和上演时空的束缚,既可以集中、压缩,又可以延伸、扩展;既可以自由地转移、反跳,又可以灵活地跨越、并列,可以说能用心理时空代替物理时空,引导我们自由地穿越时间和空间。

电影艺术再造时空,构建起符合心理的审美空间,可以有多种方式和手段,例如可以在两个因果性镜头之间建立起一种纯虚拟的空间连续关系,这种连接的合理性通过内容的呼应而获得。例如,在英国影片《灯塔看守人》中,一个发高烧者呼唤着他未婚妻的名字,紧接着出现的是远在他方的未婚妻突然惊醒,就像听到了他的叫声一样。还可以按照视线(内在的)与内心活动来进行空间组合。例如美国影片《党同伐异》中,一个妇女双手捧头,然后惊愕地转向正面,下一个镜头则是她关在狱中的丈夫。甚至还可以直接按照主题,理性地组接空间。例如苏联影片《十月》中,一尊大炮正从吊车上下降到工厂的大厅中,下一个镜头便是壕沟中的士兵低下头……这些组接的空间,在实际生活中,人们是无法感知的,但是在心理上却是合理的。而"任何电影表现手段只要它在心理上是合理的,不论它在物质上是否真实,都是有价值的"。

如果说,电影世界作为一种构造的时空连续体,其空间的性质与真实空间相比,并没有发生根本性质的变化,那么,它重构的时间则在一定程度上改变了自然时间的性质。在影视中,时间可以加速和放慢,几天才能完成的花朵开放;数秒即可,而几分之一秒的时间流程,却可以用较长的时间来显示,如子弹的射出。也可以将时间颠倒,如各种各样的闪回手法,阿仑·雷乃导演的《广岛之恋》,在这方面就取得了巨大的成功。甚至,可以让时间停止(定格),让时间消失(跨越)等。其实,影视艺术的空间重构,常常是按时间的重构来进行的,如果说绘画和雕塑是将时间空间化,那么影视则是将空间时间化了。

当然,电影再造时空,也不是可以无限自由的,作为艺术,它再造时空的方式必然受到所表现的内容的制约,也应该符合观众的心理活动规律。

4. 画面运动性

从本质上看,电影是一门采取空间形式的时间艺术。"空间形式"决定了造型性(画面)在电影艺术中的重要地位,而"时间艺术"又决定了运动性的重要地位,所以,画面运动性是电影艺术的主要审美特征。正是连绵不断的运动着的画面,给电影带来了巨大的魅力,抓住了观众的感知和注意力。法国电影艺术家雷内·克莱尔说过:"如果确实存在一种电影美学的话,那么,这种美学是在法国,在卢米埃尔兄弟发明摄影机和影片的同时诞生的。这种美学可归结为两个字,即'运动'。"可以说,没有画面的运动,就没有影视艺术。

这种画面运动性有两重含义:一是指被拍摄对象自身的运动,电影能够完整地、真实地展示事物的运动,而电影也对运动着的事物特别感兴趣;二是指包含着因摄影机的移动及镜头焦距的变化所造成的运动感。所谓"摄影机的移动",不仅可以追随正在运动着的人物和其他物象,也可以使物象活动的背景不断变化,这就可以造成一种特殊的运动感。这种运动感并非在于事物自身的运动,而是由于镜头的推、拉、摇、移与变焦所造成的运动的幻觉。

画面的运动,是一种有节奏的运动。这种节奏主要是由蒙太奇技巧和长镜头的运用所制造出来的,是将镜头按不同的长度(这既取决于镜头的实际长度,又取决于内容刺激观众所产生的时间延续感)和强度(景愈近,心理冲击愈大)关系连接起来而产生的。电影画面运动的节奏,是情节发展的脉搏,能够创造出不同的情绪气氛,或紧张、兴奋、恐怖、喜悦,或沉闷、压抑、伤感等,能修饰和强化情节内容所表现的情感。画面运动的节奏,不仅仅是根据拍摄对象的运动速度和强度来确定,也不只是根据情节进展来确定,更重要的是要根据画面内容所激发起的观众的兴趣的程度来确定。例如,镜头短,不足以展示内容的内蕴,但镜头冗长,就使人厌烦。如果镜头正好在注意力降低时切断,并由另一个镜头所替代,注意力就会不断被抓住。因此,所谓电影艺术的节奏并不仅仅意味着抓住镜头的时间关系和景深的变化,更是镜头的延续时间和画面的强度与它们所激起并满足了注意力运动的一种结合。

三、电影的风格及流派

电影艺术是多片种、多形式的艺术。不同的片种和形式有着不同的风格,不同国家和地区也有着不同的流派。

(一)电影的风格

1. 纪实风格

纪实风格的影片要求逼真性而摒弃假定性,少用人为强化的冲突和情节,最好按照生活原型"纪实"。电影艺术家多用这种风格来处理重大历史题材和人物传记,使史诗题材富于纪实性,让观众信服。这种风格的影片,常常采取在扮演镜头中穿插纪录片镜头,并以彩色和黑白相区别的方法,或是使彩色镜头"老化",以引起"历史回忆"的方法拍摄。重要镜头常在历史现场拍实景,对历史人物避免神化与丑化,甚至用特型演员扮演近现代历史人物。非历史题材的纪实风格片,尊重生活的原始形态,并按照这种形态去构建作品,使作品的叙述方式尽量显示生活的本来痕迹,结构一般多层而分散。情节方面力求非戏剧化,对人物和矛盾的复杂关系,不做人为的雕饰,仿佛没有经过艺术的铺排,如同生活一样自然。它所追求的是反映生活本身就存在的"戏剧性",重视生活细节的真实描写。技术上采取拼贴法、长镜头、无技巧剪编等。意大利的新现实主义作品《罗马11时》《偷自行车的人》和我国的《见习律师》《开国大典》等都是这类风格的影片。

2. 融合风格

融合风格即把几种不同的风格融合为一种风格。在传统的电影分类中,正剧、喜剧、悲剧的风格样式历来是泾渭分明的,而实际生活却是复杂多样的。艺术家为了反映真实生活,有的在严肃的正剧中渗入喜剧的幽默和讽刺;有的又在喜剧中渗入悲剧的痛苦与哀伤;还有的甚至把悲剧、喜剧、闹剧、打斗等糅杂在一起,产生特殊的艺术效果。卓别林的影片就是悲喜交集的严肃作品。

3. 共现风格

过去电影拍摄风格分戏剧式电影,如《于无声处》《陈毅市长》《茶馆》等;诗的电影,如美国片《黑马》、法国片《红气球》等;散文电影,如《苦恼人的笑》《巴山夜雨》《乡情》等;史诗性电影,如《列宁在1918》《从奴隶到将军》《南昌起义》等,以及绘画式电影、小说式电影等。共现风格是20世纪六七十年代,苏联电影文学的一种新风格。提出这种风格的电影理论家认为,随着时代的发展,生活本身变得更加丰富多样,它的反映形式也必然跟着变化。电影作为一种综合艺术,已经从初级的综合走向高级综合,因此应在综合各种风格的基础上,形成一种"共现风格",以便更全面、更真实地反映生活。这种风格的特点是采用多线索、多层次、多角度的结构,艺术概括复杂、广阔,形象的发展也是多侧面的,容量比过去扩大了。这种风格的代表作品有《恋人曲》《这里的黎明静悄悄》等。

4. 绘画风格

绘画风格是20世纪60年代出现的一种电影风格,强调挖掘镜头内的丰富表现力,注重镜头结构、场面调度、影调、照明、色彩变化,以及各种新的摄影方法,而且爱用长镜头。这种风格讲究纯观赏性、造型的图解性,力求以纯画面的、风格化的静态形象来表达影片的内容,并以此与戏剧化的电影相对立。瑞典影片《梦幻世界》、捷克影片《非凡的艾玛》、苏联影片《画家苏里柯夫》等都是具有绘画风格的影片。

(二) 电影的流派

1. 早期现代主义——欧洲先锋派电影

先锋派电影主要是在法国和德国兴起的一种电影运动,影响遍及整个欧洲,从1917年至1928年,延续了十余年之久。先锋派电影的主要特点是不以营利为目的,不叙说故事,主要对默片纯视觉形式的美学形态和表现功能进行各具风格的实验和探索的影片。这种影片一般由创作者独立拍摄,大多为短片。

先锋派电影兴起的原因有两点:一是好莱坞电影占领了欧洲的电影市场,使欧洲电影艺术商业化倾向严重,促使欧洲电影艺术家产生了振兴民族电影的愿望;二是第一次世界大战带来了巨大的冲击,人们试图以新的方式来重建对世界的认知和理解,加速了19世纪末现代主义文艺思潮的发展,先锋派电影应运而生。

先锋派电影并不是一个统一的创作流派,它包括了纯电影、达达主义电影、超现实主义电影、表现主义电影等相互关联又相互区别的创作流派。纯电影认为电影并非叙事艺术,不需要情节和演员表演,而应成为"眼睛的音乐""视觉交响曲";达达主义的艺术家们主张探索新的电影形式,试图通过表现几何图形和线条的运动,来显示一种节奏感,让观众从抽象的银幕图像的运动中获得如同欣赏音乐一样的感受;超现实主义是在达达主义的无逻辑、无理性的美学基础上"试图把梦境、心理变化、无意识或潜意识过程搬上银幕",创造出一种存在于艺术家内心的、超越梦幻与现实的绝对现实的电影作品,代表作有《一条安达鲁狗》。超现实主义成为许多先锋派电影艺术的最终归宿。

2. 苏联电影学派——诗电影与散文电影

苏联电影学派形成于20世纪20年代,诗电影和散文电影的创作与发展,深深地影响了后世的电影创作,使苏联电影形成了鲜明独特的文学诗意风格。

诗电影是一种以否定情节、探索隐喻和抒情功能为主旨的电影创作主张,运用比喻、寓意、象征、主观情感性等艺术创作手法,使电影呈现出诗歌的艺术韵味。苏联的诗电影理论认为,电影创作应从本民族民间文艺中汲取营养,具有深厚传统的民间文艺(童话故事、民间传说、民歌、民族舞蹈)应成为诗电影创作的源泉。诗电影在艺术手法上也应借鉴民间文艺中的表现手段。代表作有《战舰波将金号》(1925),该片很好地处理了内容与形式的关系,并将诗的隐喻与电影叙事紧密结合,显示出影片的大气和场面的惨烈。中国的诗电影代表作有《小城之春》《城南旧事》。

散文电影是苏联另一种极具文学色彩的电影体裁形式,电影创作借鉴小说与戏剧的艺术表现特点,并以更加纪实的方式使影片能够真实地反映现实生活,表现人物丰富多彩的性格特征。苏联散文电影的主要代表有尤特凯维奇与格拉西莫夫。他们认为电影艺术的中心任务是塑造"能够使观众喜爱的主人公",影片中主要的是"人、他们的行动、他们的相互关系","形象只有通过与其他人的相互关系、与事件的相互关系,才有可能创造出来",主张电影"向散文学习"。代表作品有《夏伯阳》《列宁在1918》、"马克辛三部曲"等。

3. 好莱坞商业电影——类型电影

好莱坞是驰名全世界的美国影城,它制作的《魂断蓝桥》《罗马假日》《关山飞渡》《克莱默夫妇》等大批优秀影片,在世界影坛上独领风骚,拥有成千上万的观众。好莱坞有"梦幻工厂"之美称。

第二次世界大战前的好莱坞影片,在思想内容上往往逃避社会现实生活,缺乏思想深度,但在艺术上却相当精美而考究,经常采用舒展流畅、循序渐进的叙事手法和戏剧性结构方式。这期间,好莱坞生产了独具特色的警匪片、西部牛仔片、喜剧片、科幻片等。这些影片大都不是通常说的艺术片,而是具有高度娱乐性的娱乐片。当然这些娱乐片也是寓教于乐的,如其中著名的西部牛仔片,往往塑造正义勇敢的牛仔形象,歌颂行侠仗义、除暴安良的英雄主义精神,并有一定的社会批判性。好莱坞精心制作的这些娱乐片,吸引了全世界的广大观众。

20世纪60年代以后,好莱坞电影的品种和风格发生了一些变化。这主要表现在现实主义传统的恢复和发展,其次还表现在对艺术的新追求、新探索。如现实主义影片《克莱默夫妇》《金色池塘》等,都把镜头对准了普通人的家庭生活和内心世界,并从中反映出一些尖锐的社会问题。这类影片不加粉饰和雕琢,强调和突出纪实性,追求朴素自然的风格,真实深刻地反映生活,表现人们丰富细腻的内心世界,使人的生命放射出壮美的光彩。

不过,好莱坞电影的主流仍然是商品化的娱乐片。这些娱乐片色彩缤纷、光怪陆离、千姿百态,可以满足各层次观众的欣赏要求,其中最为流行的影片类型是科幻片、恐怖片、西部片、强盗片等。

(1) 好莱坞电影的文化特征包括:

① 商品化特征,电影首先是商品,其次是大众娱乐,最后才是艺术;

② 梦幻特征,20世纪40年代的类型片,总体上是不反映现实生活的,营造的是不食人间烟火、远离现实的虚幻之景;

③ 唯美倾向,好莱坞电影追求唯美主义的审美情趣;

④ 戏剧化结构,严格遵守戏剧的"三一律",有一套固定的剧作结构。

(2) 新好莱坞影片的艺术特点包括:

① 对真实性的追求;

② 揭露和触及社会现实问题;

③ 对传统类型片模式的突破和融合;

④ 文化价值取向的时代特征;

⑤ 艺术电影和商业电影的相互融合与平行发展。

4. 意大利新现实主义电影

意大利新现实主义电影,是世界电影发展史上光辉的一页。这一电影潮流是顺应第二次世界大战后的新形势而产生的。作为"二战"战败国的意大利,战后社会一片动乱,人民在极度贫困和绝望中挣扎。面对这样的社会现实,进步的意大利电影艺术家,把自己的艺术目光从形式主义转到现实主义,努力反映意大利人民的现实生活,创造了一批著名的新现实主义电影。这股清新蓬勃的电影潮流,影响极为深远,至今仍被许多进步电影艺术家奉为楷模。

意大利新现实主义电影的主要特点是:注意表现日常生活和普通小人物的命运,强调纪实性,反对矫揉造作,排斥戏剧性因素,追求朴实自然的艺术风格,靠真情实感打动观众,并激励观众思索生活、改变命运。如新现实主义的代表作《罗马11时》,影片的故事梗概:某公司要招聘一名打字员,因为当时人们大量失业,就业又极为困难,所以前来应聘的达上千人。天刚蒙蒙亮,就有人在排队等候了,之后,陆续到达的妇女们挤满楼梯,你推我搡,破楼梯突然倒坍,把这些可怜的妇女们压在了石头下面,使许多妇女受了伤。影片着重从不同侧面描写了 10 个不同命运的妇女,反映当时意大利社会的贫困、动乱和腐朽。影片的结尾新颖别致、余韵悠长:惨案过后的第二天,一个幸存者一大早又来排队,因为那个打字员的职位仍未确定。这部影片没有任何曲折离奇的戏剧性情节,只是按照生活本身的"日常性"加以表现。

新现实主义电影的另一个特点,是打破传统的明星制,大胆起用非职业演员扮演角色,从而给新现实主义电影带来充满活力的新面孔,使电影更具有写实性、更加生活化,如《偷自行车的人》的主演,就是一个生活中的失业者。

新现实主义电影的再一个特点是纪实性。影片几乎全用实景拍摄,导演鼓励摄影师扛上摄影机到街头拍片子。这类影片往往没有完整的剧本,只有个故事梗概或剧本大纲,对话也是即兴式的。另外,新现实主义电影不强调蒙太奇的主观性,而是让画面以生活的本来面目呈现出来。

5. 法国新浪潮电影与现代主义流派

20 世纪 50 年代末,在法国兴起了新浪潮电影,这股电影思潮的主要特点是反对传统的艺术表现手法,强调生活化和纪实性,有的往往带有现代派艺术的荒诞性和精神分析特点。例如,《四百下》(又译为《胡作非为》)这部新浪潮电影的代表作品,着力表现了一个失去了家庭温暖的孩子逃学、撒谎、闲逛等一系列不含有戏剧冲突的日常生活琐事,全片绝大部分镜头在现场用实景拍摄,造成一种自然而然的"生活流"。

这类电影的另一个突出的特点,是用意识流手法揭示人的潜意识。它往往自由转换时间和空间,使时空错位的电影画面成为一种人的潜意识的外化。例如,被称为电影史上的一颗"原子弹"的《广岛之恋》,大幅度自由运用镜头,电影画面一会儿是 20 世纪 40 年代,一会儿又回到 50 年代;一会儿是日本的广岛,一会儿又回到法国的德寇占领区。过去和当前两种场景,用对白和音乐穿插在一起。在法国的地窖里,出现的是日本酒吧间的音乐;在日本又出现法国音乐。影片通过这种时空错位的表现手法,着力揭示和渲染人物心灵深处一般难以显露和表现出来的潜意识。

新浪潮影片和现代主义流派,有的独具特色,别开生面;有的则比较晦涩难懂,甚至令人不知所云。有的导演往往只顾表现个人的风格,而对影片的内容不感兴趣。如《去年在马里昂巴德》这部现代派电影,没有故事情节,连人物姓名也没有,人物用 X、Y 等代号。另一部现代主义电影《蚀》也有这种情况。

新浪潮和现代派电影,作为一种思潮,对后来的意大利、德国电影以及世界影坛,都有深远影响。

四、电影艺术的表现手段

1. 电影艺术的法宝——蒙太奇

蒙太奇是法语 montage 的音译,原为建筑学上的一个常用术语,意思是装配、构成。它不仅指镜头的衔接,而且是对电影的各种组成要素,如时间、空间、运动、画面、音响、表演、光效、色彩、节奏等的组织和综合。在电影艺术中,它是构成方法与构成手段的总称。引申用在制作方面就是剪辑和组合的意思。在电影制作中,按剧本或影片所要表现的主题思想,分别拍摄许多镜头(画面),然后再按原定创作进行构思,把这些不同镜头(画面)有机地、艺术地组织、剪辑在一起,使之产生连贯、对比、联想、衬托、悬念、快慢不同的节奏等效果,从而有机地组成一部表达一定的思想内容、为广大观众所理解的片子,这些构成形式与方法统称为蒙太奇。通过蒙太奇手段组接画面、调度音响,就能打破现实时空和上演时空的束缚,创造银幕形象。

说简单点,蒙太奇就是电影艺术的表现方法。蒙太奇,首先是指画面与画面的承继关系,也包括时间和空间、音响和画面、画面和色彩等相互间的组合关系。

请看下面的例子：把以下A、B、C三个镜头以不同的次序连接起来，就会出现不同的内容与意义。

A：一个人在笑。

B：一把手枪直指着。

C：同一人脸上露出惊惧的表情。

如果用A→B→C次序连接，会使观众感到那个人是一个胆小鬼；而用C→B→A次序连接，则这个人的脸上先是露出了惊惧的表情，因为有 把手枪指着他，但他很快就镇静了，觉得没什么可怕的，所以他笑了，镜头使观众觉得他是一个勇敢的人。

如此这般地改变一个场面中的镜头次序，而不用改变每个镜头本身，就完全改变了一个场面的意义，得出截然相反的结论，收到完全不同的效果。由此可见，使用蒙太奇可以使镜头的衔接产生新的意义，从而大大丰富了影视艺术的表现力，增强了影视艺术的感染力。

电影的语言是画面，但一个个单独摆放的画面，还不能表现出完整的意义。如写一篇文章，必须先把句子组织成段落，还要再把段落组织成文章。电影蒙太奇的主要功能，首先是把画面组成完整故事的叙述功能和结构功能。其次，蒙太奇是一种广义的电影修辞手段和艺术阐释方法。蒙太奇使生活画面显现出内在的思想意义和审美意义。电影艺术家认为：单个的画面无非是一个摄录过程的产物，这个过程虽然是由人来控制的，但它从表面上看来，却只不过是复制自然而已。可是蒙太奇就不同了，人是参与蒙太奇的过程的，时间被打断了，在时间和空间上没有关联的事情被连接到了一起，这看来更像是一个显而易见的创作过程和造型过程。

比如苏联艺术家库里肖夫和普多夫金曾把下列五个场面加以连接。

A：一个青年男子从左向右走来。

B：一个青年女子从右向左走来。

C：他们遇见了，握手，青年男子指点着。

D：一幢有宽阔台阶的白色大建筑物。

E：两人走上台阶。

前三个镜头是在莫斯科市区拍摄的，后两个则是在美国白宫拍摄的。可是当连接后让观众一看，俨然是一场完整的戏。

对电影艺术家来说，蒙太奇是第一流的创作手段，是电影艺术的重要基础，就像没有语法修辞就无法写出文章一样。他们认为，蒙太奇能帮助他们强调或丰富所描绘的事件的意义。从一个场面所包含的一整段时间中，他只选取他最感兴趣的那一部分；从事物所占据的整个空间中，他只挑出最紧要的那一部分。他强调某些细节，而完全删掉另一些细节。有时候用蒙太奇连接起来的一些镜头并没有现实的联系，而只有抽象的诗意的联系。如有些电影中的空镜头，用漫天阴雨表现人悲愤的心情，用鸟语花香表现快乐的心情等。电影艺术学家巴拉兹说："创造戏剧紧张局面的就是蒙太奇，把上下镜头连接起来后，原来潜藏在各个镜头中的异常丰富的含义便像电火花似的发射出来。当然，一个镜头即使不与其他镜头相组合，它也可以有它自己的意义。在一个孤立的镜头里，笑就是笑，不过，笑的是什么，引起笑的原因是什么，笑的效果和笑的戏剧意义又是什么，这一切问题，只有从前后组合联系来看，才能得到解答。"他还强调了蒙太奇的隐喻能力："深藏在下意识里的联想可以通过这种蒙太奇手法而浮现或被激发出来。"

如影片《母亲》中罢工一场戏：春天里，工人在大街上示威游行，与游行场面并行出现一段春冰解冻的画面——先是一泓细流，然后变成一条小河，一股急流，一片汹涌的洪水。在阳光下闪闪发光的融融春水像是光明的希望，而在工人的眼睛里也同样闪烁着希望的光芒……各种画面一经接触，便会引起互为因果的联想。又如苏联电影《战舰波将金号》那段起义水兵炮击沙皇在敖德萨的司令部的戏：影片用睡卧的石狮、抬起头的石狮、跃起怒吼的石狮三个镜头快速闪接炮击场面，隐喻人民忍无可忍、奋起反抗沙皇残暴的专制制度，成为蒙太奇的典范。蒙太奇手法在电影电视中有着十分重要的作用，它可以完整地叙事，可以抒情与写意，可以表现同时的动作，可以创造独特的时空。

蒙太奇，是一个极其复杂而又十分关键的问题，可以说，要进行电影艺术美的欣赏，它是一把重要的金钥匙。

2. 电影艺术的精华——影视特效

在影视业中，人工制造出来的假象和幻觉，被称为影视特效。影视特效作为电影、电视产业中不可或缺的元素之一，为影视业的发展做出了巨大的贡献。影视作品中出现特效的原因有：虚拟场景或生物的构建、避免演员处在极端危险的境地、减少电影的制作成本、增加作品的观影感等。

影视特效的类别包含视觉特效、声音特效、三维特效、合成特效、数字绘景、概念设计等。

早期胶片时代，在计算机未普及之时，所有影视作品中如特效化妆、搭景、烟火特效等，都依赖传统特效完成。大家熟知的1986版《西游记》，里面人物角色全部由传统特效化妆完成，天宫场景也是建造类似于天宫的建筑，再放烟雾来营造出天宫云雾缭绕的景象。

CG 时代，随着计算机技术的广泛运用，传统特效无法满足影片的要求，CG 特效应运而生。CG 特效制作大体分为三维特效和合成特效。三维特效由三维特效师完成，主要负责动力学动画表现，比如建模、材质、灯光、动画、渲染。合成特效由合成师完成，主要负责各项效果的合成，比如抠像、擦威、调色、合成、汇景。CG 特效电影的代表作有《阿凡达》《变形金刚》《侏罗纪公园》《指环王》等。

数字绘景和概念设计可以理解为数字绘画。随着影视业不断发展，影片中虚拟全景宏大，三维特效实现成本高，数字绘景师可以通过 CG 插画来实现全景效果。概念设计通常用于影视前期制作参考，比如影片中需要出现一个怪物，怪物的设定需要概念设计师根据导演要求以 CG 概念插画来完成，确定形象后，由三维特效师完成后期建模。

科技的发展带来了技术的革新，影视特效改变了原有传统电影制作的流程和方式，也完美地诠释了现代特效技术在影视行业的魅力，为观众带来了巨大的视觉享受。

第二节 电 视 艺 术

一、电视的起源与发展

电视是在第二次世界大战后才进入实际应用的，但是它依靠最新的录制和传播手段，以惊人的速度进入人们的生活，甚至使电影受到巨大冲击。电视涵盖极广，包括新闻、知识传播、市场信息等诸多方面的内容，具有艺术属性的只是其中的一部分，如电视剧。所以在这里使用的电视这一概念，应当理解为"电视艺术"。

电子技术等方面的进步、社会巨大变化和人类新的精神需求及商业利润的驱动是电视能够普及的条件。电视机经历了从黑白到彩色,从电子管、晶体管电视迅速发展到集成电路电视,目前,电视正在向智能化、数字化和多用途化迈进;电视转播也由卫星传播到卫星直播。

20世纪20年代,"第二次浪潮"的世界新技术挑战推动了量子力学和微电子学理论的发展,出现了靠无线传真将声音、形体诸因素合成的活动图像输送到千家万户的艺术——电视。

电视的英文television是由希腊文tele(从远处、远的)和vision(景象)组成的,它的意思是远距离传送可视画面。电视的发明主要与图像传输技术有关。图像传送的关键是扫描和同步技术。随着电话技术的成熟,人们开始尝试通过一根电线传送整个图像,但是失败了。直到1880年人们发现眼睛扫描的原理:图像在人眼中不是一下子完整地出现,而是一点接着一点出现的。这个发现解决了电视传送信道的问题。

19世纪末,少数先驱者开始研究设计传送图像的技术。1904年,英国人贝尔威尔和德国人柯隆发明了一次电传一张照片的电视技术,每传一张照片需要10分钟。1924年,英国和德国科学家几乎同时运用机械扫描方式成功地传出了静止图像。但有线机械电视传播的距离和范围非常有限,图像也相当粗糙。

1923年,俄裔美国科学家兹沃里金申请到光电显像管、电视发射器及电视接收器的专利,他首次采用全面性的"电子电视"发收系统,成为现代电视技术的先驱。电子技术在电视上的应用,使电视开始走出实验室,进入公众生活之中,1925年,英国科学家研制成功电视机。1928年,美国纽约31家广播电台进行了世界上第一次电视广播试验,由于显像管技术尚未完全过关,整个试验只持续了30分钟,收看的电视机也只有十多台,此举宣告了作为社会公共事业的电视艺术的问世,是电视发展史上划时代的事件。

1929年,BBC开始电视的试播,最初播的是无声的影像,一年之后,播出了有声多幕电视剧《花言巧语的男人》,尽管图像质量不好,扫描线只有30行,但已经是声像俱全。1935年,BBC创立了世界上第一家电视节目机构。

1933年,兹沃里金又研制成功可供电视摄像用的摄像管和显像管,完成了使电视摄像与显像完全电子化的过程,至此,现代电视系统基本成型。今天电视摄影机和电视接收的成像原理与器具,就是根据他的发明改进而来。

1936年,英国广播公司在伦敦建立了世界第一个正规的电视播放机构——电视台,这段时间为电视的初创期。

第二次世界大战之后,电视进入了第一代——黑白电视时代。这时期的电视不仅改进了初创时期存在的录像、录音、接收等技术,而且开始重视电视内容的艺术性。

1954年,美国正式开播彩色电视节目,标志着电视正式走进彩色世界。

1962年,美国建立第一个太空电视转播站,使英、美、法能进行跨洋性试验转播,这是世界上第一次电视卫星转播。

20世纪70年代,电视进入了第三代——电视多路广播。它使电视节目化,大大提高了电视频道利用率和电视播映质量。这一时期,世界各国涌现出一大批优秀电视艺术家及优秀剧目,还出现了电视连续剧;另外,对观众心理的研究及对电视文学的创作改编都得到足够的重视。

二、电视艺术的分类与特征

(一)电视文学类

所谓电视文学,主要是指通过特殊的屏幕造型手段,运用文学创作的一般规律,形象地反映生活,塑造人物,抒发感情,充满文学的氛围,给观众以文学审美情趣的电视艺术作品。

1. 电视小说

所谓电视小说，就是把已发表和出版了的小说，通过对其进行图像与音乐的加工，将文学小说搬上电视荧屏。它必须忠于原作的结构、语言和艺术风格，但又比原作丰富，把原作的精神通过画面和音乐这两大电视语言表达出来，使看小说比读小说原作更有韵味，更入脑、入心，更震撼。古今中外，小说作品浩如烟海，是电视创作者取之不尽、用之不竭的创作源泉。

2. 电视散文

将一篇好的散文作品，用电视语言画面和声音展现出来，就是电视散文了。电视散文的制作，对篇目、音乐、画面尤其是朗读的选择，要追求一种情趣之美、风格之美。电视散文通过文学的美感作用和电视媒体，向广大观众介绍一些优秀的中外散文作品和起感染观众的作用。

3. 电视诗

中国是诗的国度，如果把一些感人的诗篇，配上音乐和画面，再配上朗读者优美的画外音，就是一个或一组好的电视诗节目。一部好的电视诗的情感作用是不言而喻的。

4. 电视报告文学

电视报告文学是兼有文学的美学风格与新闻的时效性和真实性这两种长处的一种新兴的电视文学式样。

（二）电视艺术片类

所谓电视艺术片主要是指遵循电视艺术的创作规律，利用电视的技术和艺术手段，将多种艺术样式，如文学、戏剧、音乐、舞蹈、绘画、摄影等兼容在一起，创造一种诗的意境，以期达到以情感人的目的的特殊屏幕艺术样式。电视艺术片又分为以下七种。

1. 电视风光艺术片

所谓电视风光艺术片，主要是指以独特的屏幕造型、精美的画面语言，艺术地展现自然景观的秀丽和壮美，为其主要内容，在自然景观的展现中，注入创作者浓重的主体意识，具有较强主观抒情色彩的电视艺术片种。

2. 电视风情艺术片

所谓电视风情艺术片，主要是指运用电视技术和艺术手法，以介绍、歌颂和赞美某一地域、某一民族、某一地区独特的风土人情为其主要内容，以充满民族风味和地方色彩的音乐、歌曲、舞蹈为其主要表现形式的电视艺术片种。

3. 电视民俗艺术片

所谓电视民俗艺术片，主要是指运用电视的技术和艺术手段，艺术地反映由于自然条件和社会环境的不同，所形成的各民族不同的行为规范和生活方式，诸如婚丧嫁娶、节日庆典、崇尚禁忌、衣冠服饰、烹调饮食等。通过这种民间习俗的展现，揭示不同民族的心理、志趣、信仰，以及历史发展和文化特征。

4. 电视音乐艺术片

所谓电视音乐艺术片，主要是指运用电视的技术和艺术手段，以音乐语言为其抒情表意的主要艺术方式，以画面语言为其烘托渲染的辅助表现形态，给观众以音乐审美愉悦的电视艺术片种。

5. 电视舞蹈艺术片

所谓电视舞蹈艺术片，主要是指以舞蹈的艺术形式为主体的电视艺术片，其中的舞蹈表演，既具有独立的观赏价值,又是为表现统一的、完整的思想意念而设计的,是纳入整体艺术构思的一个重要组成部分。

6. 电视专题艺术片

所谓电视专题艺术片,主要是指遵循电视艺术的创作规律,采用多种艺术的表现手段,反映真实的社会生活,揭示一个共同主题,阐明一个统一思想,具有鲜明的新闻性和艺术性,达到一定审美品格的电视艺术片种。

7. 电视文献艺术片

所谓电视文献艺术片,主要是指以历史文献资料为其画面的主要内容,通过电视技术的画面切换和组接,以及诸多艺术表现手法的运用,介绍历史事实,表达浓厚情感的电视艺术片种。要注意史和情的结合。

(三)电视戏剧类

电视戏剧,就是依据戏剧的构成方式或电影的时空转换,通过电视的传播媒介、制作方式和艺术手段,独立制作的充分电视化的屏幕艺术作品。包括电视小品、电视剧、电视短剧、电视单本剧,都是标准的叙事文本。这里详细讲讲电视小品与电视剧。

1. 电视小品

电视小品是一种有戏剧性因素的小型电视作品。它类似绘画中的速写,用快速简洁的笔法勾画出人物性格的某一特征、某一个侧面,于细微处揭示事物的本质。电视小品多从日常生活中易于被人们忽略却又值得注意的平凡小事里,挖掘其深意,阐明一个富于哲理寓意的思想主题。

由于它短小明快,新颖活泼,形式多样,讲求情趣,针砭丑事物时尖锐犀利,歌颂美好事物时强烈热情,且播放时间只有几分钟或十几分钟,褒贬分明,深入浅出,是电视戏剧中的匕首和投枪。已播出的《受教育者》《应该怎么办》《红绿灯》,以及中央电视台播出的《广而告之》等,都是较为典型的电视小品。

电视小品从宏观上可以分为两大类。

一类是特色小品,如魔术小品、戏曲小品、音乐小品、哑剧小品、口技小品、体操小品等。它们用一种或几种其他门类的表演手段(包括道具)来组织作品,这些表演手段是作品的主导,是贯通上下左右、传达愉悦信号的中枢神经。

另一类是语言小品,它以对话作为外在形态,又可分为相声小品和喜剧小品两种。相声小品最早被称为化妆相声,它以岔说、歪讲、谐音、倒口、误会、点化等语言包袱取胜。喜剧小品则借鉴了戏剧的结构,以情节的发展和变化见长。常以人物错位、关系错位制造结构错位和情节错位,进一步导致行为错位和情感错位,从而产生幽默效果。

2. 电视剧

电视剧是一种适应电视广播特点、融合舞台和电影艺术的表现方法而形成的艺术样式。电视剧是随着电视广播事业的诞生而发展起来的。一般生活中,电视剧的定义已经狭义化,仅指电视系列剧,而非其他形式。电视剧类型包括:

(1)电视戏剧,主要是按舞台剧的法则创作的电视剧,带有浓郁的戏剧艺术特色;

(2)电视电影,亦称电视影片,基本上是按蒙太奇技巧摄制的电视剧;

(3)狭义的电视剧,主要是根据面对面交流的特点和"引戏员"的结构方式制作的电视剧。

(四)电视综艺节目类

电视综艺节目是综合多种艺术形式并以审美性、娱乐性、观赏性和趣味性为突出特点的电视节目。随着网络的普及和技术环境的优化,互联网和移动传媒等新媒体呈爆发式发展态势,互联网综艺节目纷纷产生,新兴的综艺形式逐步发展成熟。

我国电视综艺节目发展到今天,经历了晚会时期、娱乐时期、竞猜时期、真人秀时期四个时期。从1983年央视春节联欢晚会和1990年开播的《综艺大观》开始,电视综艺节目开始受到人们的关注。《快乐大本营》《欢乐总动员》等地方电视台娱乐节目的开播掀起了电视综艺节目的第二次浪潮。随着《幸运52》《开心辞典》等益智竞猜节目的推出,综艺节目走向了平民化,各大卫视又掀起新一轮"竞猜时代"的高潮。《超级女声》《奔跑吧兄弟》《向往的生活》《奇葩说》等真人秀节目迅速发展,镜头开始对准素人或明星的纪实表现,开启了电视媒体史新的转折点。

随着人们文化水平和审美能力的提高,观众渴望看到更多思想内涵深刻、内容积极健康的文艺作品,电视综艺节目只有具有文化内涵,以多样形式创新传播主流价值理念,才会具有持久的吸引力和生命力,得到观众的认可。

三、电视艺术的审美特征

电视艺术同其他艺术一样,从本质上说都是创作主体按照审美的规律对客观世界予以艺术的把握,都是艺术地通过充满动感、充满活力的美学形态对物质世界和感情世界的审美观照。电视艺术有着自己独特的审美理想、艺术法则、叙述方式和抒情样式,这些便形成电视独特的审美特征。

1. 逼真性与虚幻性的统一

电视的逼真性是由现代科学技术和电视手段赋予的。科学技术的进步,使摄像机械、录音设备、感光材料、照相器材、编辑电子化系统越来越先进,使摄像机、录像机、录音机、调音台、磁带、激光视盘等具有惊人的保真度。山川之大、虫鸟之微,千里之遥、咫尺之距,人的一颦一笑、物的一抖一动,都可以摄入镜头;海啸龙吟、人声鸟语、管弦之乐、摇滚之音,均能进入话筒和录音机中。正是摄像机和录音机的特殊手段,给电视艺术带来不同于戏剧、绘画、音乐与文学等不同艺术形式的特质——逼真性。荧屏上的生活场景,无论是耳闻还是目睹的都是最接近于客观现实的自然形态和神韵的,所拍摄的对象具有特殊的逼真性、可信性和确实性。电视视听兼备、声画合一,既即时又逼真,这使得电视具有纪实性和临场感。然而,逼真性并不等于客观的绝对真实,而是逼近真实,"成为现实的接近线"。一切艺术都具有假定性,电视艺术也存在假定性和虚幻性。

电视一方面以其传真的即时性、现场感、临场感而获得了逼真性,使人有如临现场、如见真人、如察真情的感觉;另一方面又以其屏幕的边框局限和影像纷呈的虚幻性、非真人的气息与呼应性有别于现场的活生生的直观感受。它不像雕塑有可视、可触、可感的静止物体,也不像舞台戏剧有活人(演员、观众)台上台下的气息相通,而是流动的复现现实物象的"影像"和伴音;它不是真人活物和真实场景,而是物态化的"物象之实"和"幻觉真实"。它一方面是最接近生活的艺术,表现出的物象形态既具体形象,又直观逼真;另一方面它又在制作方法上"以假乱真",存在约定俗成的假定性。它是物象真实性与假定性的辩证统一,具有既实且虚、似真似幻的双重品格。

2. 再现与表现的统一

电视艺术是再现艺术与表现艺术的复合,电视画面最能表现再现艺术的特点,电视声音则体现出表现艺术的特征。电视声音和画面并不是独立的元素,而是融为一体、交相扶持、互相补充的符号系统,电视艺术将表现与再现融为一体，是表现与再现的统一。电视以声音侧重表现创作主体，把"情志"作为主要内涵，从而实现它的本质特征；电视以画面侧重再现创作主体，把真实地描绘对象的本质特征作为自己矢志追求的目标，从而揭示出它的本质特征。

在艺术领域内，再现与表现一般来说是两种不可缺少的因素，在不同种类的艺术中，这两种因素可以有所侧重，但二者应该得到一定程度的融合和统一，而不是相互对立、彼此割裂的。从审美意识的物化形态来看，电视艺术是再现与表现相结合的综合艺术。在人类艺术历史发展的长河里，再现艺术与表现艺术是一对孪生姐妹，它们代表着人类艺术不同倾向的两种艺术潮流。然而，再现艺术与表现艺术却不是孤立、割裂地发展的，而是互相渗透的、彼此影响的。纯而又纯的再现艺术或表现艺术是不存在的。任何一种艺术，再现与表现都在一定程度上得到结合。表现艺术主情，再现艺术重智；表现艺术强调感情，再现艺术突出形象。然而，这两种艺术潮流在艺术创作中总是互相结合的。在艺术中，单纯的"表现"与单纯的"再现"是不存在的，"表现"不能脱离"再现"而孤立存在，"再现"也不能排斥"表现"而单独生存。"再现"是"表现"的基础，"表现"是"再现"的升华。在电视叙事中，"再现"和"表现"是高度融合的，画面可以充分发挥其描写"再现"功能，声音可以充分发挥其叙述"表现"功能，但声音和画面功能的各自发挥并不抵消或排斥对方的功能，而是两者的高度统一。这种融合和统一，是一种必然，是艺术规律的反映。忽视这种必然性，就会违背艺术规律，走向其反面。

3. 具象性与完整性的统一

艺术在反映、描绘、表现对象时总是通过具体的、生动的个别现象来揭示事物的本质特征和普遍意义，因而艺术具有具象性的特征。就表现形式而言，具象性是指电视所反映的社会内容是具体可感的、形象化的、立体的。电视传播符号的形态主要是图像、声音、色彩、文字。电视具有再现现实的纪实功能和揭示功能，这一功能决定了电视艺术总是具体可感、形象、立体的。

艺术形象总是完整的。黑格尔把艺术的完整性作为"理想艺术"的重要条件之一，别林斯基也说，艺术作品应该是"一个完整特殊的、整个的、自成一体的世界，其中一切部分都适合整体，而每个独立存在的部分一方面是自成一体的形象，一方面还为了整体，当作整体的必要部分而存在，助成了整体的印象"，"在艺术的制作中，也必须没有任何不完整的、不足的或多余的东西，每个特征和每个形象都应该是必要的、恰当其位的"。

构成电视艺术形象完整性的因素是多方面的，其中主要的有内容与形式的统一，部分与整体的融合，人物性格的前后统一，人物性格与环境的和谐统一，人物性格的丰富、复杂性和性格的主要特征的辩证统一，人物形象的现实基础与艺术家的理想、倾向的融合统一，事件与事件之间的内在联系，等等。完整的艺术形象不是生活中的自然现象，而是艺术家艺术创造的成果、"心智的果实"，是艺术美的前提条件和重要标志。

4. 记叙性与情感性的统一

电视是再现事件的，从表现方式上看具有记叙性。所谓记叙性就是写人、记事、状物、绘景，它包含两层意义。一是叙述性。事件的发生、发展存在一个过程，这个过程不可能"一目了然"，只能在屏幕上通过画面——再现，通过声音"——道来"，这就是叙述性。二是造型性。事件是在一定的环境、空间发生发展的，是由一定的人物完成的，电视在画面中再现人物的活动、事件的发展、环境的情况，这便具有造型性。

在电视记叙中，记叙性与情感性是统一在一起的。作为大众传播，电视具有引导舆论的功能，这一功能决定了电视记叙性与情感性的统一。情感的内涵有三类：道德情感、理智情感和审美情感。这三种情感既相互联系又彼此独立，它们都是人的情感。我们不能在电视叙事中限制创作者情感的介入。电视是不宜向纯艺术发展的，因为电视属于大众传媒，情感的失落意味着真诚的失落，离开了真诚，电视便放弃了大众传媒的一大功能。

第三节 中外影视作品欣赏

一、电影作品

（一）《阿甘正传》

1. 剧情介绍

本片发生在二十世纪八十年代初的一天，美国佐治亚州某镇一个公共汽车站的长椅上，本片主人公阿甘向一同等车的人讲述自己奇特的经历（见图10-1）。

图 10-1 《阿甘正传》剧照

阿甘出身于美国亚拉巴马州，是个智商低下的残疾儿童，必须靠一副特制的脚撑才能行走，因此经常遭到周围人的歧视和欺侮。在母亲和童年好友珍妮的关怀和鼓励下，阿甘奇迹般地甩掉脚撑，一下变成了健步如飞的飞毛腿，被橄榄球队教练慧眼识中，顺利地进入大学，成为橄榄球明星，在白宫接受肯尼迪总统的接见。大学毕业后参了军，结识了一心想当捕虾船长的黑人小伙布巴。两人一同被派遣到越南战场，成为丹纳中尉的部下。在一次大伏击中，阿甘冒着生命危险救出了丹纳中尉等四名战友，布巴牺牲了，丹纳中尉失去了双腿，阿甘却成了越战英雄，获得了约翰逊总统颁发的国会勋章。凭着在军队里学会的一手精湛的乒乓球技术，阿甘居然成为中美乒乓球外交的一名使者，再次成为白宫的座上客，受到尼克松总统的接待。阿甘却无意中"以怨报德"，泄露了水门事件的天机。

之后阿甘稀里糊涂地加入了反越战的游行示威，还发表了"无声"的演说，并与浪迹天涯的珍妮重逢，却因不同的人生追求，两人再次分道扬镳。

阿甘退役回家，用自己的广告形象赚得的一笔丰厚酬劳，履行了他和布巴的诺言，投资到捕虾业当中。曾经一蹶不振的丹纳中尉受到鼓舞，与阿甘携手创业，终于成为捕虾业大王，继而又搭上了计算机工业的快车，成为亿万富翁。

母亲去世后，阿甘留在了家乡，珍妮也回到故乡，阿甘再次向她袒露自己多年的思念和深情，而珍妮自觉无法接受他的爱，还是不辞而别。阿甘陷入深深的伤感惆怅，他毅然拔腿开始漫长的横跨美国的长跑征途,一跑就是三年多。途中突然得到感悟,又回到了故乡阿拉巴马,却意外地收到珍妮发自乔治亚州的信,于是阿甘赶到了本片开始的那个公共汽车站。

结束了传奇经历的讲述,阿甘匆匆赶到珍妮的住处,找到了珍妮和他的孩子——小阿甘,三人回到故乡,度过了一段幸福而短暂的时光。不久珍妮因病去世,阿甘与儿子相依为命,开始了新的生活。

2. 影片剖析

"Life is like a box of chocolates. You never know what you're going to get."这句他妈妈曾经说过的话一直印刻在阿甘的脑海里,这就是他的"巧克力精神"。它是阿甘生命中的精神支柱和人生信条。尽管不知道人生中将会遇到什么风暴、挫折,冥冥中注定的是福还是祸,只要尽自己的全力去尝试,把握自己的命运,把上帝的恩赐发挥到极致,这就是真正的人生。

阿甘是常人眼中的弱智和白痴,但他天性善良单纯,加上心无杂念的"傻劲",使他先后成为大学美式橄榄球明星、越战英雄、世界级乒乓球运动员、摔跤选手、国际象棋大师和商业大亨,获得肯尼迪总统的接见、约翰逊总统的授勋,甚至还无意间发现了水门事件的真相。阿甘轰轰烈烈的传奇一生,看似荒诞不经,其实正是美国20世纪50年代到70年代历史与社会的缩影,以独特的角度对美国几十年来社会政治生活中的重要事件做了展现,它使美国人重新审视国家和个人的过去,重新反省美国人的本质。透过阿甘的眼睛,也让我们看到了世态的险恶复杂与庸俗市侩,而更觉人性真诚的可贵。

(二)《霸王别姬》

1. 剧情介绍

《霸王别姬》(见图10-2)讲述的是自小被无力抚养自己的母亲送到梨园谋生的小豆子在被别人欺负时,总有大师兄小石头帮扶,两人感情渐渐超越兄弟,小豆子因为天生丽质被选作旦角取名为程蝶衣,小豆子演生角取名为段小楼,小豆子由于对艺术的执着对自己的身份是男是女产生了混淆之感,因此经常遭受师父毒打,小石头一直冒死相助。

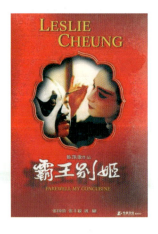

图10-2 《霸王别姬》剧照

长大之后两人因合演京剧《霸王别姬》而成为一时名角,红遍整个北京城。一直不懂蝶衣感情的师兄段小楼想娶妓女菊仙,为此蝶衣伤心欲绝。依恋师兄的蝶衣,心情沉重地来到师兄住处,把他用屈辱换来的、师兄向往已久的名贵宝剑赠给小楼,并决定不再与小楼合演《霸王别姬》,与段小楼的关系也渐渐疏远,甚至要决裂。

抗战结束后,两人被迫给一群无纪律无素质的国军士兵唱戏,段小楼与士兵发生冲突,混乱中菊仙流产,而后有士兵以汉奸罪抓走蝶衣。段小楼倾力营救蝶衣,不惜低声下气去求官僚袁世卿。菊仙要蝶衣说谎苟且求释,并将小楼不再与蝶衣唱戏的字据给蝶衣看,蝶衣在法庭上始终不屈,却因其技艺被国民党高官营救。

解放后,两人的绝艺并没有受到重视,误尝鸦片的蝶衣在一次表演中破嗓,决心戒毒,在段小楼夫妻的共同帮助下,历经毒瘾折磨后终于重新振作,却被当年好心收养的孩子小四陷害,小四逼着要取代他虞姬的位置与段小楼演出,段小楼不顾后果罢演,菊仙为了大局劝他,段小楼最终进行了演出。蝶衣伤心欲绝,从此与段小楼断交。

"文革"时期,两人迫于各种原因只能互相出卖,可两人终究没有逃过被批斗的命运,菊仙也在批斗中绝望上吊自杀。

打倒"四人帮"后,历经沧桑的程蝶衣与段小楼在分离了22年后重新合演《霸王别姬》,对艺术与现实的绝望使得蝶衣最终含笑自刎在台上,也结束了这出灿烂的悲剧……

2. 影片剖析

《霸王别姬》是中国电影的巅峰,所谓人生如戏,戏如人生,影片围绕两位京剧伶人半个世纪的悲欢离合,展现了一个真实的年代,讲述了程蝶衣和段小楼俩人一路走过的风风雨雨。此片借助小人物的命运,以小见大,窥视了一个国家的兴衰荣辱。三个小时的影片里,时代的转换与人物命运的转折紧密相连,社会性与民族性紧密相连,信仰与现实紧密相连,展现了对传统文化、人的生存状态及人性的思考与领悟。

(三)《怦然心动》

1. 剧情介绍

《怦然心动》(见图10-3)讲述了青春期男孩女孩之间的有趣战争。布莱斯全家搬到小镇,邻家女孩朱莉前来帮忙。她对布莱斯一见钟情,心愿是获得他的吻。两人是同班同学,朱莉一直想方设法接近布莱斯,但是他避之不及。朱莉每天喜欢爬在高高的梧桐树上看风景,但因为施工,树要被砍掉,她誓死捍卫,希望布莱斯与自己并肩作战,但是他退缩了。朱莉的事迹上了报纸,布莱斯外公对她颇有好感,令他十分困惑。朱莉凭借鸡下蛋的项目获得了科技展第一名,成了全场焦点,令他黯然失色。她把自家鸡蛋送给他,他听家人怀疑她家鸡蛋不卫生,便偷偷把鸡蛋丢掉。她得知真相,很伤心,两人关系跌入冰点。朱莉跟家人诉说,引发争吵。原来父亲一直攒钱照顾傻弟弟,所以生活拮据。朱莉理解了父母,自己动手,还得到了布莱斯外公的鼎力相助,布莱斯向朱莉道歉,但是并未解决问题。终于,在一次一次的失望中,朱莉难过了,她不想再喜欢布莱斯,然而这时,布莱斯却发现自己喜欢上了朱莉,开始关注她。鸡蛋风波未平,家庭晚宴与"午餐男孩评选"又把两人扯在了一起,朱莉在两家家庭聚会晚餐中不看布莱斯也不和他讲话,在"午餐男孩评选"拍卖大会中也没有选布莱斯,布莱斯终于做出了冲动的事,他想当着全校的面吻朱莉,当然,被拒绝了。朱莉很伤心,布莱斯从来不为她着想,她不想再理布莱斯了。在回避了两个星期后,布莱斯在她家的院子里种了一棵她喜欢的梧桐树,这让朱莉感到十分开心。布莱斯开始想走进她的内心,朱莉接受了他,那棵树就是他们感情的见证。

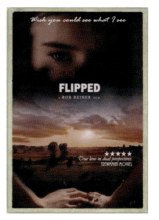

图10-3 《怦然心动》剧照

2. 影片剖析

一棵树，一个男孩，一个女孩，几个鸡蛋，就是这部影片的战争，它将青春期男女之间的感情刻画在几件小事中，却将青春期爱情的青涩和淳朴体现得淋漓尽致。这部集幽默、温情、感动、平凡、深刻于一体的电影，包含了关于大自然、人生、贫富、艺术、亲情、爱的很多简单而深刻的道理，生活原来如此美好。

朱莉有一颗敢于爱人的心，十来岁的小小年纪却有超脱的自省意识，审视自己爱的人到底值不值得爱，和我们经常看到的不一样，朱莉爱得有自尊，爱得有底线，爱得潇洒不卑微，她直面真实情感的勇气，最是让人羡慕钦佩。相信朱莉和布莱斯的那棵小梧桐，会伴随他们在爱里不断成长，恰如朱莉在爱里学会了自尊，布莱斯在爱里学会了勇敢。

二、电视作品

（一）《西游记》

1. 剧情简介

《西游记》（见图10-4）讲述的是唐玄奘经菩萨指点奉唐朝天子之命前往西天取经，收服白龙马；途经五行山，收得齐天大圣为徒，取名悟空；继而在高老庄又遇到了因调戏嫦娥被逐出天界的猪八戒，收服后取名悟能；师徒来到流沙河，收服水妖，取名悟净。至此，师徒五人历经八十一难，最终来到灵山，取回了真经，回到大唐长安，广宣佛法……而一路勇敢无畏的孙悟空成为斗战胜佛，八戒、沙僧、白龙马分别成为净坛使者、金身罗汉、八部天龙，功德圆满。

2. 剧情剖析

央视版《西游记》电视剧忠于原著，唐僧慈悲执着、不畏艰苦，孙悟空机敏勇敢、疾恶如仇，猪八戒愚直滑稽、贪恋食色，沙和尚憨厚忠勇、任劳任怨，白龙马沉稳坚毅、默默奉献。该剧通过描述唐僧师徒经历九九八十一难，降妖除怪，西天取经，引领我们在人生路上不断地去克服内心、战胜心魔，最终取得"真经"、成就人生。

剧中的唐僧、悟空、八戒、沙僧、白龙马师徒五人具有象征意义，唐僧是人的身体，悟空是人的心智，八戒是人的情欲，沙僧是人的本性，白龙马是人的意志。形形色色的妖魔鬼怪是对当时社会的折射，一路西行最后取得真经，说明经历才是最重要的，修行亦是修心，永葆初心，心已成佛。

（二）《士兵突击》

1. 剧情简介

来自乡村的许三多和同伴在部队里经受了一次次磨炼，并最终凭着努力和过人的素质成为集团军的尖子，在学习中俘获了"敌人"的大队长（见图10-5）。

图10-4 《西游记》剧照

图10-5 《士兵突击》剧照

由于部队整编,许三多与寂寞为伍,在坚持中被锻造成了钢铁一般的战士。在极其残酷的野外生存实战中,许三多与战友成为最后的胜利者,进入了享誉全军的 A 大队。

单纯的许三多在执行任务中杀死了敌人,精神上经受了巨大考验,家乡的父亲又因故进了监狱,是战友和亲人们的感召,使他终于明白了什么是真正的士兵——一群真正的男儿,他们是祖国和人民的坚强守护者。

2. 剧情剖析

《士兵突击》是一部刻画当代中国军人成长历程的震撼之作,故事曲折、情感真实、场面宏大、制作精美。首次展现我军现代化武器装备,细致逼真地描写了当代士兵的成长经历、生死与共的成长岁月、纯粹军人的传奇故事、意气飞扬的军旅生涯。

激情导演康洪雷携"傻根"王宝强挑战疯狂极限,打造了一支百炼成钢的钢铁之师,记载了普通士兵的心路历程,完全是男人的情感世界,它是极富感染力、震撼力的励志军事题材力作。

(三)《成长的烦恼》

1. 剧情简介

美国纽约长岛住着这样一家人。父亲杰森是一位心理医生,为了支持妻子玛姬重新回到记者的工作岗位,杰森毅然决定将心理诊所搬到自己的家里。而这样,他也有了更多的时间与他的三个孩子相处。15 岁的大儿子迈克是个十足的捣蛋鬼,不务正业的他经常让家里感到烦恼;14 岁的二女儿凯萝是优等生,但学习优秀的她似乎有些不食人间烟火;小儿子本是机灵鬼,有时与大人一样成熟的他实际还是一个 9 岁的孩子。父亲提倡的启发式教育,在这个家庭起到了极大的作用,一家人和睦相处。爱与成长的故事伴随着欢笑,这就是西弗一家的故事,成长的烦恼(见图 10-6)。

2. 剧情剖析

剧情反映了一个美国家庭温馨有趣的故事,既是一部孩子们的成长史,也是父母与孩子们的沟通史。在这部剧中,孩子和父母之间是平等的,父母对孩子是民主的。父母和孩子之间虽然仍存在着不少摩擦,但是双方的互相爱护、理解总能化解这些麻烦。杰森夫妇在生活中要面对三个性格、年龄各不相同的孩子——迈克、凯萝和本。每个孩子在成长中都会遇到不同的烦恼,比如学习问题、人际交往问题、早恋问题等,父亲杰森总是像一位导师一样,给予他们正确的引导,让他们真正理解自己所遇到的问题,再去寻找解决问题的方法。

图 10-6 《成长的烦恼》剧照

小结

影视艺术经历了较长的发展演进过程,现代科技发展带来了艺术表现手段和方法的更新进步。影视艺术经历了由无声到有声、由黑白到彩色、由二维平面到三维立体等一系列的技术演进过程。电影艺术的审美特征在于直观视象性、幻觉逼真性、时空再造性、画面运动性等,其主要表现手段包括蒙太奇手法和影视特效。电视艺术的审美特征包括逼真性与虚幻性的统一、再现与表现的统一、具象性与完整性的统一、记叙性与情感性的统一等。中外著名影视作品有很多,如《阿甘正传》《霸王别姬》《怦然心动》《西游记》等。

参考文献
References

[1] 芦爱英.中国古建筑与园林[M].北京:高等教育出版社,2005.

[2] 张科,沈福煦,洪铁城,等.框架中的魅力——中外建筑艺术鉴赏[M].南宁:广西人民出版社,1990.

[3] 萧默.文化纪念碑的风采——建筑艺术的历史与审美[M].北京:中国人民大学出版社,1999.

[4] (德)奥尔夫·伯尔格,爱娃·伯尔格.世界经典与现代著名建筑赏析[M].汤国强,译.合肥:安徽科学技术出版社,2001.

[5] 中央美术学院美术史系中国美术史教研室.中国美术简史[M].北京:高等教育出版社,1990.

[6] (英)贡布里希.艺术的故事[M].范景中,译.北京:生活·读书·新知三联书店,1999.

[7] 王宏建,袁宝林.美术概论[M].北京:高等教育出版社,1994.

[8] 朱崇昌,等.中国书法[M].大连:东北财经大学出版社,2002.

[9] 陈志强,于万里.书法教程[M].北京:对外经济贸易大学出版社,2006.

[10] 仇春霖.大学美育[M].北京:高等教育出版社,1997.

[11] 王宏建.艺术概论[M].北京:文化艺术出版社,2010.

[12] 程天健.中国民族音乐概论[M].上海:上海音乐学院出版社,2004.

[13] 江柏安,周锴.音乐的文化与审美[M].武汉:武汉大学出版社,2007.

[14] 蔡际洲.民族音乐学文集[M].上海:上海音乐出版社,2007.

[15] 宋家玲,李小丽.影视美学[M].北京:中国广播电视出版社,2007.

[16] 廖海波.影视民俗学[M].北京:北京大学出版社,2007.

[17] 郝建.影视类型学[M].北京:北京大学出版社,2002.

[18] 鱼凤玲.美育[M].北京:中国科学技术出版社,2003.

[19] 王迪,王志敏.中国电影与意境[M].北京:中国电影出版社,2000.

[20] 陆弘石.中国电影:描述与阐释[M].北京:中国电影出版社,2002.

[21] 张朝丽,徐美恒.中外电影文化[M].天津:天津大学出版社,2003.

[22] 郝一匡,等.好莱坞大师谈艺录[M].北京:中国电影出版社,1998.

[23] 胡克,张卫,胡智锋.当代电影理论文选[M].北京:北京广播学院出版社,2000.

[24] 游飞,蔡卫.世界电影理论思潮[M].北京:中国广播电视出版社,2002.

[25] 彭吉象.影视美学(修订版)[M].北京:北京大学出版社,2009.

[26] 高鑫.电视艺术美学[M].北京:文化艺术出版社,2005.

[27] 胡先祥.景观规划设计[M].北京:机械工业出版社,2008.

[28] 胡先祥,肖创伟.园林规划设计[M].北京:机械工业出版社,2007.

[29] 封云,林磊.公园绿地规划设计[M].2版.北京:中国林业出版社,2004.